U0024006

>現代思潮與人物

大河之旁必有大城

毛澤東、蔣介石、胡適、茅盾、
林語堂、梁實秋、劉再復

沈衛威

目　次

影響力的兩個極端
——從毛澤東看胡適

一

新文化運動中的文化革命與「無產階級文化大革命」的文化革命有內在的關聯，卻是兩個性質不同的運動。前者的重心是一場思想革命，表現為自下而上的反封建（啟蒙）的、反權威的特質，以知識革命作為路徑，具有強烈的批判精神。後者的重心是一場政治運動，自上而下發動，為權力鬥爭，以群眾運動作為路徑和手段，表現出十分鮮明的封建權威性和個人迷信色彩。兩次革命的主角包括了胡適、毛澤東。一對師生，情形不同，個人的關係是明顯的，但內在的脈路卻是複雜的。這裏，我僅從思想史的意義上著重顯示二者的關聯。

在現代社會中，自由主義知識份子的使命應該是文化的承傳者和創造者，又是現實的批判者和社會的良心。這種現代使命建構了自由主義知識份子的基本人格。胡適的「民主感情」，他對待傳統文化、封建勢力的批判態度和有力進取，他立身學術，對政治的干預，使得他的「民主的性格結構」呈現超然獨立的特性。甚至可以說，從「五四」走過來的一代知識份子（當時的青年學生輩）沒有不受過胡適的影響。這裏，僅以青年毛澤東為例，因為毛澤東對現代中國產生了一種胡適最初不曾預料到的決定未來政治命運的影響。青年毛澤東後來步入政壇，取得政權後，出於政治的需要，發動了一場討伐胡適的運動，以消解胡適的政治人格魅力，達到對胡適文化象徵形象的超越。

同時也歷史性的完成了胡適所首倡卻並未完成的文學革命和白話文運動。[1]

長征勝利以後，毛澤東在延安接受美國記者斯諾的採訪時說，五四前後，「我非常欽佩胡適和陳獨秀的文章，他們代替了已經被我拋棄的梁啟超和康有為，一時成為我們的楷模」[2]。

這是真話。

一九一八年八月十九日，毛澤東應在北大任教的楊昌濟（留學日本、德國，曾任教湖南第一師範學校，與毛澤東結交）之召到北京，隨後入北大圖書館工作，同時旁聽胡適的課，成為胡適的學生。一九一九年三月十二日，毛澤東和一群準備赴法國留學的學生一道離開北京，十四日到達上海。送走留法學生後，他於四月六日回到湖南長沙。

毛澤東沒有赴法留學，胡適的影響則是不容忽視的一點。他在一九二〇年給好友周世釗的信中說：

> 我覺得求學實在沒有「必要在什麼地方」的理，「出洋」兩字，在好些人只是一種「迷」。中國出洋的總不下幾萬乃至幾十萬，好的實在少。多數呢？仍舊是「糊塗」；仍舊是「莫名其妙」，這便是一個具體的證據。我曾以此問過胡適之和黎劭西兩位，他們都以我的意見為然，胡適之並且作過一篇〈非留學篇〉。[3]

胡適寫於一九一四年的〈非留學篇〉初刊於一九一四年的《留美學生年報》第三年本，又刊一九一五年十月出版的《甲寅》第一卷第十號上。青年毛澤東讀過此文，並受到很大的啟發。胡適認為中國的

---

1 胡適晚年在美國讀到毛澤東的詩詞，發現有不合古典格律的地方，但他同時承認毛澤東的文章是最大眾化的白話文。毛澤東是胡適倡導的白話文運動最為有力，最成功的推動者。

2 （美）斯諾：《西行漫記》（董樂山譯）第一二五頁，生活・讀書・新知三聯書店一九七九年版。

3 《新民學會資料》第六三頁，人民出版社一九八〇年版。

留學界的現狀有三大缺點：苟且速成。重實業而輕文科。不講求祖國之文字學術。針對這種局面，胡適提出的對策是：慎選留學之法和學生，痛改其速成膚淺之弊，期於造成高深之學者，致用之人才，與能傳播文明之教師。增設大學，以國內教育為主，而以外國留學為振興國內教育之預備。然後使我國文明可以急起直追，有與世界各國並駕齊驅之一日。他的這段話頗發人深思：

> 吾人苟欲輸入新知識為祖國造一新文明，非多著書多譯書多出報不可。若學者不能以本國文字求高深之學問，則舍留學外，則無他途，而國內文明永無增進之望矣！吾每一念及此，未嘗不寒而慄，為吾國學術文明作無限之杞憂也。吾故曰：留學者，救急之策而非久遠之圖也。[4]

黎劭西即黎錦熙，是毛澤東在湖南第一師範讀書時的老師，此時為北京高等師範學校的教師。他回應胡適的白話文主張，為國語的推廣起到了極大的作用。

在長沙，毛澤東於一九一九年七月十四日創辦《湘江評論》。與此同時，胡適在北京的《每週評論》上發表了〈多研究些問題，少談些主義〉。於是，胡適和毛澤東都對對方的活動產生了反應。

毛澤東是如期把《湘江評論》寄給了胡適。胡適在八月二十四日的《每週評論》第三十六號上撰寫有〈介紹新出版物〉（署名「適」），高度評價了《湘江評論》，並表示支持湖南的學生鬥爭。他說：「《湘江評論》的長處是在評論的一方面。《湘江評論》第二、三、四期的〈民眾的大聯合〉一篇大文章，眼光很遠大，議論也很痛快，確是現今的重要文字。還有『湘江大事述評』一欄，記載湖南的新運動，使我們發生無限樂觀。武人統治之下，能產生出我們這樣的一個好兄

---

4 胡適：《胡適全集》第二十卷第十頁，安徽教育出版社二〇〇三年版。

弟，真是我們意外的歡喜。」而這篇文章正是毛澤東寫的。「民眾大聯合」的思想是毛澤東思想的一個重要方面，這一思想的確立是在《湘江評論》時期。

九月一日，毛澤東響應胡適「多研究些問題」的號召，在湖南起草了〈問題研究會章程〉，寄給北京大學的鄧中夏（〈鄧康啟事〉），刊發於十月二十三日的《北京大學日刊》。〈問題研究會章程〉中所列的大小一四四項問題（有的互為相容），是對胡適文章中所提到的問題的具體展示。思路和主旨與胡適基本一致。

一九一九年十二月十八日，毛澤東第二次到北京。這是他為反對湖南督軍張敬堯所領導的學生運動的具體工作。他前往北京，代表「新民學會」上書胡適，是想爭取胡適對湖南學生的支持。胡適晚年對助手胡頌平回憶說：「毛澤東在湖南師範畢業後到了北平，他和五個青年上書於我，——這封信，我是交給竹淼生的弟弟竹垚生保管的。在抗戰期間，放在上海，竹垚生怕生出事，把它燒掉了。」[5]毛澤東親自登門拜訪胡適之事，胡適的日記中有記錄。一九二〇年一月十五日的胡適日記中有：「毛澤東來談湖南事。」一九二〇年四月十一日毛澤東離開北京去上海。回湖南後，毛澤東寄給胡適一張明信片，內容如下：

> 適之先生：
>
> 在滬上一信達到了麼？
>
> 我前天返湘。湘自張去，（新）氣象一新，教育界頗有蓬勃之象。將來湖南有多點須借重先生（之處），俟時機到，當詳細奉商，暫不多贅。

---

5 胡頌平：《胡適之先生晚年談話錄》第三十五頁，聯經出版事業公司一九八四年版。

此頌

教安

毛澤東寄

寓長沙儲英源楚怡小學校

七、九[6]

胡適晚年旅居美國，讀了蕭三的《毛澤東的初期革命活動》和胡華的《中國新民主主義革命》後，追憶起當年他對青年毛澤東的吸引和影響。在一九五一年五月十六－十七日的日記上，胡適回憶說：

> 毛澤東依據了我在一九二〇年的〈一個自修大學〉的講演，擬成〈湖南第一自修大學章程〉，拿到我家來，要我審定改正。他說，他要回長沙去，用「船山學社」作為「自修大學」的地址，過了幾天，他來我家取去章程改稿。不久他就回[湖]南去了。[7]

胡適所說的是事實。這在毛澤東給朋友的信中可得到印證。一九二〇年二月和三月十四日毛澤東離開北京之前分別給陶毅、周世釗的信中說：「湘事平了，回長沙，想和同志成一『自由研究社』(或徑名自修大學)，預計一年或兩年，必將古今中外學術的大綱，弄個清楚。好作出洋考察的工具（不然，不能考察）。」[8]並且有進一步的設想：「我想我們在長沙要創造一種新的生活，可以邀合同志，租一所房子，辦一所自修大學（這個名字是胡適先生造的），我們在這個大學裏實行共產的生活」。「如果自修大學成了，自修有了成績，可以看情形出一本雜誌。」[9]

---

6 耿雲志主編：《胡適遺稿及秘藏書信》第二十四冊第六二六－六二七頁，黃山書社一九九四年版。

7 胡適：《胡適的日記》(手稿本）第十七冊，遠流出版事業股份有限公司一九九〇年版。

8 《新民學會資料》第六十一頁。

9 《新民學會資料》第六十四－六十五頁。

隨後的事情發展是，一九二一年八月十六日毛澤東在湖南《大公報》上發表了〈湖南自修大學組織大綱〉，同時他又起草了〈湖南自修大學創立宣言〉。九月，毛澤東利用船山學社的校舍開辦的自修大學開學。原船山學社的社長賀民範為校長，毛澤東任教務長。一九二二年四月，自修大學的校刊《新時代》創刊。十一月自修大學和刊物被湖南政府勒令停辦。

湖南自修大學的創辦，培養了一批青年人，他們中的大部分後來成了共產黨的幹部。胡適卻是潛在的老師。

但作為同時代的北京大學的旁聽生（在圖書館作管理員），毛澤東發現自己被《新潮》社的名人傅斯年、羅家倫等冷落了。他在致家人的信中也表露出他在北大受「洋大人」氣的怨尤。毛澤東對胡適的敬重和同傅、羅等人的接觸，反倒加重了他的自卑，增加了他的反智情緒，他心目中對知識份子的怨惱（他每月八元收入與胡適三〇〇元相比，反差太大），在日後的政治生涯中漸趨膨脹。在中國革命的軍事鬥爭中，他尤其看不起那些從書本到書本的人，視他們無用。加上近代以來湘人自曾國藩、左宗棠、彭玉麟、羅澤南、胡林翼、王闓運以下，魏源、譚嗣同、楊度、蔡鍔、熊希齡、唐才常，人才輩出，經世致用，傳統士大夫入仕精神強化，兼濟天下意識膨脹，影響了廣大湘鄉學子。他們從為學中出，又不為學問所羈，求知是為了踐行，踐行中又表現出一定的反智傾向。[10]因此，胡適在一九四九年以後大陸的政治命運完全由毛澤東決定。他的批判胡適和發動類似新文化運動、五四運動的「文化大革命」，都有個性心理上的癥結。他除了政治權力鬥爭的需要外，在心靈深處還有欲超越早年的自卑情緒，化解五四情結的目的，再來一次文化革命，以顯示自己的個人權威和魅力，達到對胡適及五

10 「反智」一詞我取自余英時的〈反智論與中國政治傳統〉一文。余認為「反智」是一種態度，其基本內涵為：一是對於「智性」本身的憎恨和懷疑，認為「智性」及由「智性」而來的知識學問對人生皆有害無益；另一方面則是對代表「智性」的知識份子表現出一種輕鄙以至敵視。見余英時：《中國思想傳統的現代詮釋》第六十三－六十四頁，江蘇人民出版社一九八九年版。

四一代人的超越，並滿足自己作為政治領袖的個人意志，進而找回他在五四時代心靈上留下的不平、損失。當然，毛澤東為中國歷史開闢了一個新的時代，使之成為一個從屈辱中奮起，成為敢於與西方抗衡的獨立、自主的大國。可以說，胡適以及一代啟蒙思想家的努力所帶來的西方化和現代化的最初基礎，為毛澤東時代營造了一個新的文化背景。正如墨子刻（即湯瑪斯・梅茨格——Thomsa.A.Metxger）所言這個背景「有助於在中國實現一些強烈的長期受挫的願望，特別是那種希望以宇宙論為基礎建立一個道德上相互依賴的社會的願望，這是一個『徹底的』集權化、並能解決它所遇到的『外在』問題的社會」[11]。毛澤東超越嚴復、梁啟超、胡適、孫中山這些早期現代化倡導者的努力，並借助他們所做的工作，加以整合、轉化——「早期改革家熱烈討論達到富強的新途徑，但未能將其視為宇宙、社會和『內在』的道德變革三者統一進程的一部分」。以一種新的意識形態的思想統攝和絕對集中的行政、經濟管理，解決人與社會、個體與集體、中國與世界的關係問題。

二

由於胡適的自由主義大師和國際著名學者、駐美大使的身價以及他的社會地位，在第二次世界大戰即將結束，國共將爭雄的特殊情況下，國共雙方都看中了他，並展開了對他的爭取。把他視為一種道義的力量和民主精神的象徵。只是後來的實踐證明，國共兩黨分屬美蘇兩大核心所建立起的陣營，胡適乃地道美國式的民主自由人士，無法與共產黨陣營相融。

一九四五年四月二十五日，以宋子文為首席代表，胡適、董必武、張君勱、王寵惠、魏道明、施肇基等一批具有外交影響的知名人士組

[11] 〔美〕墨子刻著、顏世安等譯：《擺脫困境——新儒學與中國政治文化的演進》第二一九－二二〇頁，江蘇人民 出版社一九八九年版。

成的中國代表團，出席在三藩市舉行的聯合國制憲會議。會議期間，董必武代表共產黨一方，爭取胡適在戰後民主建國過程中對共產黨的合理合法存在的支持。而胡適則向董必武提出他的「無為」政治主張，要共產黨解散軍隊、放下武器，從事單純的參政黨活動。

由於歐洲戰事的先行結束，反法西斯鬥爭的重心移向亞洲及太平洋地區，日本侵略者面臨全世界愛好和平的人的共同反抗，失敗是必然的。七月一日，蔣介石政府派出了國民參政會代表傅斯年、黃炎培、章伯鈞、左舜生等六人訪問延安，商談國共兩黨團結合作、民主建國之事。蔣介石之所以派出傅斯年，是想利用傅與毛澤東在北京大學時的舊交。而毛澤東則利用傅延安之行的機會，想通過傅爭取老師胡適的道義和精神上對共產黨的支持，特別是想通過傅斯年、胡適，聯絡美國人的感情，取得美國朝野對中國共產黨的好感。並首先通過傅向遠在美國的胡適轉達學生的問候。

延安之行，傅斯年等人不可能，也無法完成蔣介石交給他們的使命。傅斯年與毛澤東作為舊交，雖有一夜暢談——北大舊事、文學藝術、中國前途，但毛澤東的個人權威形象卻給傅斯年造成了一種他欲與蔣介石爭雄、稱雄的印象。特別是傅斯年謙稱自己五四時期的活動只不過是陳勝、吳廣而已，毛澤東、蔣介石才是劉邦、項羽時。卻引來毛澤東錄唐人詩句「竹帛煙銷帝業虛，關河空鎖祖龍居。坑灰未燼山東亂，劉項原來不讀書」[12]的手書回敬，頗有意味。

隨之傅斯年回到重慶，便通過報紙轉達了毛澤東對胡適的問候。而傅斯年對毛澤東欲與蔣介石爭雄的印象，在以後也同樣轉達給了胡適。因為在胡適、傅斯年等自由主義之士的心目中，毛澤東咄咄逼人的個人權威和政治作風，與他們理性的、自由民主思想是相悖離的。

在延安，傅斯年同毛澤東漫步禮堂時，發現了各處向領袖獻來的密密層層的錦旗，當即發出略帶諷刺的讚語：「堂哉皇哉！」而這點，

---

12 王汎森、杜正勝編：《傅斯年文物資料選編》第一一五頁，傅斯年先生百齡紀念籌備會印行，一九九五。

毛澤東當即便感到了其中的味道。所以，毛澤東也感到了通過傅斯年爭取胡適的可能性不大。於是，毛澤東及中共中央再次通過在美國的共產黨代表董必武，爭取胡適對共產黨的支持。但結果換來的卻是胡適倒向國民黨，並對共產黨的勸降。

八月二十四日，胡適致電王世傑說：「頃忽起一念，擬發一電勸告毛澤東君。乞兄與孟真一商。如兄等贊同，乞代為發出。此是閒人偶爾好事，不必向外發表也。」

而請王世傑代發給毛澤東的電文，王世傑便在八月二十八日毛澤東等飛抵重慶談判後，當面轉交，並將副本公開刊登於九月二日重慶《大公報》上：

> 潤之先生：頃見報載，傅孟真轉述兄問候胡適之語，感念舊好，不勝馳念。二十二晚與董必武兄長談，適陳鄙見，以為中共領袖諸公，今日宜審察世界形勢，愛惜中國前途，努力忘卻過去，瞻望將來，痛下決心，放棄武力，準備為中國建立一個不靠武力的第二政黨。公等若能有此決心，則國內十八年之糾紛一朝解決；而公等二十餘年之努力，皆可不致因內戰而完全消滅。美國開國之初，吉佛生十餘年和平奮鬥，其所創之民主黨遂於第四居大選獲得政權；英國工黨五十年前僅得四萬四千票，而和平奮鬥之結果，今年得一千二百萬票，成為絕大多數黨。若能持之以耐心毅力，將來和平發展，前途未可限量。萬萬不可以小不忍而自致毀滅！以上為董君談話要點，今特陳達，用供考慮。[13]

當然，這也絕對是胡適的一廂情願的「好事」，正如同共產黨爭取他胡適對共產黨的支持一樣。因為，胡適此時已傾向國民黨為正統，

---

[13] 胡頌平：《胡適之先生年譜長編初稿》第五冊第一八九四－一八九五頁，聯經出版事業公司一九八四年版。《胡適來往書信選》下冊第二十六頁所收錄此電稿的草本，文字上與此引文略有出入，中華書局一九八〇年版。

把民主建國的希望寄於國民黨一方。所以他和共產黨一方不可能有一個溝通的契機。

而以毛澤東為首的中國共產黨中央也並未把胡適的所謂「建議」當做一回事。他們背靠蘇聯「老大哥」的撐腰、輸血，已抱定要依靠自己的力量取得政權。因而毛澤東在隨後的〈關於重慶談判〉一文中曾表明了這時的態度：「人民的武裝，一枝槍，一粒子彈，都要保存，不能交出去。」[14]

後來的時局的變化也證明了胡適所說的共產黨會「自致毀滅」是對國際國內形勢的錯誤判斷。所以到一九五四年胡適為司徒雷登所著《在中國五十年記》作序時，不得不承認他此時給毛澤東發出的這封電報，是一種「天真」的做法。但同時，胡適與共產黨的公開的直接衝突、分野也由此而始。

最後，蔣介石以北京大學校長之位使胡適入彀。由此可見胡適的政治人格力量對國共雙方潛在或顯現的影響。國共內戰危機之時，美國朝野又把他作為自由主義的「第三勢力」、「中間路線」的代表來扶植，試圖超越國共之爭，但沒能成功。

吳晗為胡適執掌中國公學時的高徒，後來仗胡適引薦提攜而立足清華，治明史建樹成家。後來吳晗背叛師門，傾向共產黨，導致師生關係僵化。一九四八年國共兩黨軍事大較量時，吳晗兩次想爭取胡適，勸他不要跟蔣介石跑下去，終因冰寒三尺，話不投機，陽關獨木，分道揚鑣。就胡適棄校南去一事，大陸易幟後，吳晗曾對和自己一起搞民主運動的地下黨成員說過：「你們如果工作做好了，還可以把胡適留下的。」[15]言語之中，流露出未能使胡適改食周粟，而首陽採薇的惋惜之情。我個人曾對當時在胡適身邊工作的秘書鄧廣銘有過三次訪談，他回憶說，當兵臨城下後，傳聞很多，有人告訴胡適說：「聽說共軍圍而不打，西山那邊的

---

14 毛澤東：〈關於重慶談判〉，《毛澤東選集》第四卷第一一六一頁，人民出版社一九九一年版。

15 蘇雙碧、王宏志：《吳晗傳》第二二〇頁，北京出版社一九八四年版。

共軍廣播說，只要你不走，北大不動，共軍不會加害於你！」[16]意在勸胡適留下。也有人說胡適的得意學生，當時清華大學教授吳晗投奔共產黨佔領區受到毛澤東、周恩來的接見，吳晗向毛、周談到北平地下鬥爭及高校情況時，毛澤東說：「只要胡適不走，可以讓他做北京圖書館館長！」[17]近來龔育之在悼念胡繩的一篇文章中寫道：過去許多書上（白吉庵《胡適傳》、沈衛威《無地自由——胡適傳》）都寫過一個傳說，說是北平解放前夕共產黨爭取胡適，表示如果胡適不走，可以讓他當北京圖書館長。這個傳說一直沒有得到可靠的文獻證實。幾年前，我偶然查到了一篇文獻，那是陳毅關於一九四七年十二月中共中央會議毛澤東口頭報告的傳達記錄。記錄中說，毛澤東在批評三種過左傾向（侵犯中農、破壞工商業、把黨外人士一腳踢開）時說過：「你到北平，胡適捉不捉？還是不捉。可叫胡適當個圖書館長。」這個爭取胡適的意向，是查有實據的。

而當時這些傳聞到了胡適那裏，他卻嗤之以鼻說：「不要相信共產黨的那一套！」結果胡適乘蔣介石派來的飛機南下。於是中共權威人士便在後來宣佈他為戰犯[18]。

三

事實上，自由主義知識份子（「民主個人主義者」）所謂的「第三條路」（「中間路線」）是無路之路。在學理上講得通，但實際生活上卻

---

16 一九八六年七月，北京大學。

17 龔育之：《龔育之回憶：「閻王殿」舊事》第一八〇頁，江西人民出版社二〇〇八年版。

18 《胡適的日記》（手稿本）一九四九年一月二十六日上有不全的剪報，但未標明何報，其中據剪報所示：〔本報收音〕陝北二十六日廣播：「對於去年十二月二十五日中共某權威人士所提出的戰爭罪犯的初步名單，有人感覺名單遺漏許多重要戰犯，例如軍事方面的朱紹良、郭懺、李品仙、董釗、陳繼承、張鎮。政治方面的谷正綱、徐□、俞大維、洪蘭友、董顯光（沈按：以下斷殘，據葉青：《任卓宣評傳》補續後半部分）……重要的戰爭鼓吹者胡適、于斌及葉青等人。」

根本無法成行。在一九四九年的大轉變時，他們不得不面對國共兩大政體作出最終的依附性選擇。也就是儲安平在一九四七年〈中國的政局〉一文中所說的自由主義知識份子面對兩個政黨得天下時，自由是「多與少」、「有與無」的問題。選擇也許是不得不，不情願，或者是被迫的。因為這意味著他們主動或被動地放棄自己獨立的信念，承認自己的失敗，從此會無發言之權利。這一點很快被證實。共產黨取得大陸的統治權時，毛澤東有意借評論美國國務院的白皮書和艾奇遜的信件，對自由主義知識份子來了一次思想上的清算，這是共產黨繼延安整風對局部地區部分自由主義知識份子的清理之後，[19]對來自國統區的「民主個人主義者」的全面清理。毛澤東連續發表了〈丟掉幻想，準備鬥爭〉、〈別了，司徒雷登〉、〈為什麼要討論白皮書？〉、〈「友誼」，還是侵略？〉、〈唯心歷史觀的破產〉[20]五篇文章。毛澤東在〈丟掉幻想，準備鬥爭〉這篇文章中點名批評了胡適、傅斯年、錢穆。這是因為他們三人不食周粟，分別去了美國、臺灣和香港，沒有認同共產黨的政權。沒有走，留在大陸的大批自由主義知識份子，雖改食周粟，但毛澤東對他們並不放心，在文章（這些文章成了官方文件）中給予嚴厲的批評、教訓。毛澤東尖銳地指出：「有一部分知識份子還要看一看。他們想，國民黨是不好的，共產黨也不見得好，看一看再說。其中有些人口頭上說擁護，骨子裏是看。正是這些人，他們對美國存著幻想……他們的頭腦中還殘留著許多反動的即反人民的思想，但他們不是國民黨反動派，他們是人民中國的中間派，或右派。他們是艾奇遜所說的『民主個人主義』的擁護者。」[21]這裏，毛澤東已經把來自國統區的自由主義知識份子視為右派。對他們（所謂的「右派」）全面的徹

19 一九四二年僅就文藝界被清算的有王實味、丁玲、羅烽、舒群、艾青等。王實味因此遭殺身之禍。丁玲、羅烽、舒群、艾青在一九五七年反「右」時再次被整治。

20 收入《毛澤東選集》第四卷。

21 毛澤東：〈丟掉幻想，準備鬥爭〉，《毛澤東選集》第四卷第一四八五－一四八六頁。

底的清算是在一九五七年。同時也可以看出毛澤東的知識份子政策的一貫性——一九五七年的所謂「鳴放」，顯然是撒網之陽謀。

毛澤東把自由主義知識份子稱之為舊民主主義者，視他們為「杜魯門、馬歇爾、艾奇遜、司徒雷登們所矚望的和經常企圖爭取的所謂『民主個人主義』的擁護者」[22]。號召先進的共產黨人和覺悟了的工人、青年學生「用善意去幫助他們，批評他們的動搖性，教育他們，爭取他們到人民大眾方面來，不讓帝國主義把他們拉過去，叫他們丟掉幻想，準備鬥爭」[23]。這對於曾是一代啟蒙知識份子來說，如今是啟蒙的倒置——他們反過來要被民眾「幫助」、「批評」、「教育」、「爭取」和改造，直到被「打倒」，被「揪鬥」。

共產黨取得大陸的勝利後，在〈別了，司徒雷登〉一文中，毛澤東一方面承認人民解放軍橫渡長江時，「中國的自由主義者或民主個人主義者們也大群地和工農兵學生等人一道喊口號，講革命」[24]；但另一方面又要教訓在他看來「那些近視的思想糊塗的自由主義或民主個人主義的中國人」[25]，要他們消除糊塗思想，放棄幻想（對自由主義知識份子來說，這意味著放棄自己的思想，只接受毛澤東的思想），在共產黨的「說服、爭取、教育和團結」下，「站到人民方面來，不上帝國主義的當」[26]。

毛澤東的這一系列文章（包括隨後發表的〈反對自由主義〉），給自由主義知識份子定了性質，由此也就決定了他們在中國大陸的歷史命運。

這裏，由一代又一代啟蒙知識份子的歷史命運，我想起並認同霍克海默與阿道諾這兩位因受德國納粹迫害而流亡美國的學者所著《啟蒙辯證法》中所說的「天啟式」的悖論：「啟蒙總是致力於將人們從恐

22 毛澤東：〈丟掉幻想，準備鬥爭〉，《毛澤東選集》第四卷第一四八七頁。
23 毛澤東：〈丟掉幻想，準備鬥爭〉，《毛澤東選集》第四卷第一四八八頁。
24 毛澤東：〈別了，司徒雷登〉，《毛澤東選集》第四卷第一四九六頁。
25 毛澤東：〈別了，司徒雷登〉，《毛澤東選集》第四卷第一四九五頁。
26 毛澤東：〈別了，司徒雷登〉，《毛澤東選集》第四卷第一四九六頁。

懼中拯救出來並建立他們自己的權威，然而經過啟蒙的地球無處不散發著得意洋洋的災難。」[27]。這個「災難」在中國是兩代自由主義知識份子追求進步自由的理想演變成一場現代惡夢。「人能將他人從自然中學到的東西用來完全控制自然及其他人」，也就會出現啟蒙運動－政治革命「將人的靈魂從愚昧中解脫出來卻置於新的奴役之下」[28]的怪圈。

四

當然，共產黨高層領導人在發動批判胡適的同時，也沒有完全放棄對胡的爭取。這和抗戰勝利時，毛澤東通過董必武、傅斯年爭取胡適道義和精神上支持的情形完全不同了。當時毛澤東與共產黨人處於弱勢，是希望得到胡適作為一種力量的支持。胡適沒有答應，且站到了共產黨的對立面。一九四九年以後的爭取，則是一個強大的政體對於一個流亡異國他鄉的無聊寓公的「統戰」。

據唐弢回憶，一九五六年二月的一天，毛澤東在懷仁堂宴請出席全國政協的知識份子代表時，曾說：「胡適這個人也真頑固，我們托人帶信給他，勸他回來，也不知他到底貪戀什麼？批判嘛，總沒有什麼好話。說實話，新文化運動他是有功勞的，不能一筆抹煞，應當實事求是。到了二十一世紀，那時候，替他恢復名譽吧。」[29]毛澤東的話露了幾分政治家的真誠，也預示了胡適未來的歷史命運。

毛澤東說的「托人帶信給他」之事，在一九六二年三月一日臺灣《中央日報》上發表李青來的〈王世傑談：胡適與政治〉一文中也有披露：「在前幾年『共匪』大鳴大放的時候，『共匪』曾派人向美國的胡

---

27 轉引自趙一凡：〈法蘭克福學派旅美文化批評〉，載《讀書》一九八九年第一期。

28 轉引自趙一凡：〈法蘭克福學派旅美文化批評〉，載《讀書》一九八九年第一期。

29 唐弢：〈春天的懷念〉，《風雨同舟四十年》（一九四九－一九八九）第一一六頁，中國文史出版社一九九〇年版。

適先生說，『我們尊重胡先生的人格，我們所反對的不過是胡先生的思想』。胡先生聽了便哈哈大笑說：『沒有胡適的思想就沒有胡適』。」[30]

毛澤東希望胡適回來的目的，是要借他在海外華人中的影響，特別是他曾為北京大學校長在海外華人科學家中的感召力，帶動更多科學家回國為國家建設服務，為「兩彈」上天，作軍事強國出力。

由於毛澤東在公開場合發話，對胡適表明了他個人的態度。隨後，加上一九五六年政治氣候的相對寬鬆，中共出於統戰的需要，利用周鯁生到瑞士開會的機會，輾轉向胡適傳達資訊。

一九五六年九月十六日，中國外交學會副會長，外交部顧問周鯁生，到瑞士出席「世界聯合國同志大會」。周一九四九年前曾任北京大學教授兼政治系主任、武漢大學校長，與胡適頗有個人交情。在瑞士會議結束後，他又應「英國聯合國同志會」的邀請赴倫敦訪問。在倫敦，周鯁生會見了創辦《現代評論》時期的老友，同時也是他執掌武漢大學時的下屬陳源（陳在武大英文系任教，長期任文學院院長）。周鯁生代表共產黨上層人士周恩來等，勸陳源回大陸看看，同時通過陳源動員在美國的胡適也回大陸。陳源依老友之託，於九月二十日致信胡適，將周鯁生的原話轉告：

> 我說起大陸上許多朋友的自我批判及七八本「胡適評判」。他說有一時期自我批判甚為風行，現在已過去了。
>
> 對於你，是對你的思想，並不是對你個人。你如回去，一定還是受到歡迎。我說你如回去看看，還能出來嗎？他說「絕對沒有問題」。
>
> 他要我轉告你，勸你多做學術方面的工作，不必談政治。他說應放眼看看世界上的實在情形，不要將眼光拘於一地。[31]

---

30 臺灣《近代中國史料叢刊續輯》第九五二種《胡適之先生紀念集》第三十頁。

31 轉引自陳漱渝：〈飄零的落葉——胡適晚年在海外〉，刊於《新文學史料》一九九一年第四期。

然而，胡適並不相信周鯁生所說的話，他針對陳源的信中所說的「對於你，是對你的思想，並不是對你個人」一句話，在下面劃了線，並在一旁批註說：「除了思想之外，什麼是『我』？」

胡適與共產黨的對立，主要是在思想、信念上，他知道自己的思想是與共產主義思想無法相容的。故也就不可能相信來自共產黨一方的任何勸說。

共產黨高層爭取胡適一事，主要是在胡適的幾位朋友之間展開的。在一九四九年以前的武漢大學領導層多是胡適的朋友。兩任校長王世傑、周鯁生和文學院院長陳源分別在中國臺灣、大陸和英國，都參與或曉知此事。

就在周鯁生出訪歐洲，通過陳源勸胡適回大陸的同時，旅居香港的作家曹聚仁，以新加坡《南洋商報》記者和新加坡工商考察團記者的身份到北京訪問，並受到毛澤東、周恩來的接見。曹聚仁抗戰期間在江西主持報業，與主政贛州的蔣經國個人私交頗好。曹聚仁在與毛澤東相見時，表示回去後要設法爭取蔣經國放棄反共——當然這只是曹聚仁一廂情願的美言。他返回香港後，於一九五七年致信在美國的胡適，勸胡適回大陸看看。這自然是毛澤東及上層共產黨領導之委託。曹聚仁在信中說：

適之先生：

我上回到北京去，朋友們拋給我的問題，其中有關於胡適思想的批判，以及胡適著作被焚被禁的實情。我所看到的實情，和所獲得的結論是這樣：批判胡適思想是一件事，胡適的著作並未被焚被禁，又是一件事。我在北京、上海的書店，找到你所著的各種書，各種版本都有。朋友們藏有你的著作，也不會引起別人的注意。海外那些神經過敏的傳說是不值一笑的。

先生是實驗主義者，我從《獨立評論》上讀到你寫給張慰慈先生的信：這封信，我可以照樣抄一份給你，當作我今日寫給你的信。只要把「蘇俄」換上「北京」或「中共」二字就行了。今日之事，也正如先生所說的：「許多少年人的盲從固然不好，然而許多學者的武斷也是不好的。」先生正該組織一個北京考察團，邀一班政治經濟學者及教育家同去作一較長期的考察。我相信先生是實驗主義者的大師，不容你否認這種政治試驗的正當，更不容你以耳為目，附和傳統的見解，與狹窄的成見的。

今日在海外的文化人，就缺少一種到北京去看看中共的政治措施的勇氣；先生乃是新文化運動的倡導人，喊過「自古成功在嘗試」的口號，那應該和流俗有所不同，面對現實，決不可隨便信任感情與成見吧！[32]

曹聚仁這位在三四十年代因主編《濤聲》週刊而被稱為「烏鴉文人」，如今根本不瞭解胡適的心態和政治主張，且在致信中也多「教訓」胡適的口氣，故引起了胡適的極大反感。胡適在一九五七年三月十六日的日記上記有：

收到妄人曹聚仁的信一封。這個人往往說胡適之是他的朋友，又往往自稱章太炎是他的老師。其實我沒有見過此人。

此信大意是說他去年秋間曾到北京、上海去了「兩次」，「看到了朝氣蓬勃的新中國」。「先生……最好能回北京去看看，……可以巡行全國，等先生看了之後再下斷語，何如？」

他說他「願意陪著先生同行」！[33]

胡適在曹聚仁信上批了「不作復」三個字，並派人將此信轉交給臺灣司法行政部調查局，作為「匪情」研究的資料。

---

32 轉引自陳漱渝：〈飄零的落葉——胡適晚年在海外〉。

33 胡適：《胡適全集》第三十四卷第四六六頁。

也就在胡適收到曹聚仁的信一周後，即三月二十四日，胡適收到他小兒子思杜的信，此是思杜自殺前幾個月寫的。胡適特在日記上寫道：

> 收到小三從唐山寄來一信，是平寄的信，故經過五十日才到。這是七年來第一封信。信是寫給「媽媽」的，信凡四頁，末後說，爸爸那邊，已另有信去了。但那封信至今沒有收到。大概是他先曾「奉命」寫信給我，信是呈上去了，他以為已寄出了，所以偷寫這信給媽媽。殊不知中共已改變計畫了，不要他出面寫信，另叫別人（如曹聚仁之流）寫信。[34]

由於思想信仰的差異，胡適也就失去了這一次中共最高領導授意的要他回大陸的機會，以至後來葬身臺灣島，沒有在晚年回老家看看。也就在這年春天（一九五七），他在紐約因胃潰瘍大手術之後，立下了英文遺囑，幻想「光復大陸後，北大成為自由大學時」，他留在北平的一〇二箱書捐給北大。他此刻已感覺到，今生今世是不可能再回大陸了！

[34] 胡適：《胡適全集》第三十四卷第四六六頁。

胡適的小兒子思杜之死

在撰寫《胡適傳》(河南大學出版社一九八八年十月初版)過程中，我曾就胡適的小兒子胡思杜(一九二一，十二，十七～一九五七、九、二十一？)的死進行了一番調查，走訪了在大陸的胡適的親屬和朋友。《胡適傳》出版後，有朋友向我提出傳中關於思杜之死寫得模糊，且有錯誤，建議我再下些功夫，寫出個真相來。於是，我又走訪了有關知情者，現將思杜之死及前後的相關事件作一梳理，供海內外胡適研究者參考。引文中模糊處，加有按語。

胡適與江冬秀所生兩兒一女，依次是祖望(一九一九、三、十六～二〇〇五、三、十二)、素斐(一九二〇、八、十六～一九二五、五)、思杜(一九二一、十二、十七～一九五七、九、二十一？)。思杜少時患肺病，小學時讀時輟，後來胡適便讓自己的學生羅爾綱(後為太平天國史研究專家，著有回憶與胡適交往的《師門辱教記》等)做家庭教師，教思杜及祖望學習，同時幫他整理父親胡傳的遺作。後來思杜入校讀書，但非聰穎之輩，善交朋友，貪玩樂。抗戰開始後，胡適出任駐美大使，一九三九年，先讓長子祖望到美國，入康乃爾大學，仍留思杜隨母親在國內。上海成為「孤島」之後，江冬秀一度帶著思杜避難於上海租界，思杜也入上海的學校讀書。胡適把思杜委託給友人竹垚生代為管教。一九四〇年十一月九日，竹垚生致信在美國的胡適，說：「小三(沈按：指思杜。胡適在日記中稱思杜為小三)在此讀書，無甚進境，且恐沾染上海青年惡習，請兄要趕快注意。」[1]

---

[1] 耿雲志主編：《胡適遺稿及秘藏書信》(手稿本)第二十六冊第八十七頁，黃山書社一九九四年版。

一次在美國朋友施太爾先生所拍攝的錄影片中，胡適見思杜走路「有點搖頭擺耳的神氣」，立即給江冬秀寫信，告誡她：「我盼望你時時注意，叫他自己留心，不要養成這種不好看的樣子。」[2]

在這一年（一九四〇）三月二十一日，胡適在一封致思杜的信中，曾表示讓思杜到昆明西南聯大讀書，說：「你應該明白。學社會科學的人，應該到內地去看看人民的生活實況。你二十年不曾離開家庭，是你最不幸的一點。你今年二十了（十八歲半），應該決心脫離媽媽去嚐嚐獨立自治的生活。」[3]

對此，胡適有些著急，怕思杜淪為他（胡適）當年（一九〇九～一九一〇年）在上海中國公學時的荒唐境地，便於一九四一年五月，讓思杜到美國學習。一九四八年夏，胡適託朋友把思杜從美送回北平。

關於思杜的詳情，思杜的遠房堂弟胡恒立（沈按：原北京師範大學黨委副書記，一九八八年八月死於車禍）在一九八六年八月接受我的採訪時說：

> 思杜是個平時不好讀書的人，他喜歡交朋友，喜歡玩。我們在北京的十幾位堂兄弟姐妹中，他最幽默風趣，會說俏皮話，有時辦事（行動上）也滑稽可笑。因為我們是作為胡適的遠房親屬移居北京（當時叫北平）謀生的，生活上自然也多得胡適的照護。其中我兄妹幾個能讀大學並在大學裏工作，也主要是因胡適的影響所致。思杜長得圓（胖）乎乎的，一說話就笑，我們兄弟姐妹聚會時，只要他在，氣氛就會很活躍（沈按：依當今北京的話，可稱思杜為「玩主」）。他花錢大方，交朋友也大方。生活中是個樂天派。他到後來自殺身亡，純屬不得已，是精神上完全崩潰了

---

[2] 胡適：《胡適全集》第二十四卷第五五二頁。
[3] 胡適：《胡適全集》第二十四卷第四六八頁。

思杜自美國回到北平及為何沒有隨胡適南下之事，胡適的學生、秘書，北京大學歷史系教授鄧廣銘先生（曾任歷史系主任），在一九八六年八月對我談道：

我作為胡適的學生（沈按：鄧廣銘為三十年代胡適得意的從事史學的三大弟子之一，另二位為吳晗、羅爾綱。鄧先生於一九八六年八月、一九九二年四月、一九九二年七月，先後三次與我談他與胡適的交往，筆者受益頗多。吳晗一九四九年以後沒有寫批判胡適的文章，曾引起許多人的驚歎），日本投降後，北京大學從昆明西南聯大分離出來，遷回北平，傅斯年為代校長，我為校長辦公室秘書，歷史系副教授。胡適從美國回來任校長時，我仍為校長辦公室秘書，協助他工作。一九四八年夏，思杜從美國回到北平後，因他在美國是學歷史的，又是胡適的兒子，所以不少人看重胡適的面子，紛紛要給思杜介紹工作，或請思杜到大學任教，其中山東大學歷史系最為積極。這件事為胡適所拒絕。他知道這是朋友們在看重他的面子，他怕思杜日後毀了這種友好的情份，只好說思杜學業不成，不是研究學問的人才。當然，朋友們也知道胡適這是怕思杜不成器，有傷他胡適個人的聲望。後來，胡適只同意讓思杜到北平圖書館工作。

一九四八年十二月，北平被共產黨的軍隊包圍，十二月十四日，蔣介石派飛機到北平來接胡適等文化名流。來使告訴胡適說這是南下的最後一次機會。胡適打電話約輔仁大學校長陳垣一起南下，被陳拒絕了。他又打電話給清華研究院教授陳寅恪，但不知陳的去向。胡適為此很著急，我勸他不要急，並說我知道陳寅恪在什麼地方。因為陳寅恪時常在他哥嫂家（沈按：：陳衡恪一九二三年去世後，留在北京的家人），那裏我常去。最後我把陳寅恪找來了，陳便隨胡適一起飛到了南京〔沈按：十五日〕。當時思杜不願意隨胡適南飛，他剛從美國回北平不久，對國內這幾年的情況不熟悉，他說：我又沒有做什麼有害共產黨的事，他們不會把我怎麼樣。結果胡適夫婦就把他留下來了（沈按：臺灣有的學者認為胡適是捨骨肉而讓其他人搭機南下，是不確切的）。

胡適在傅作義將軍的幫助下離開北平之事，我在《胡適傳》中已作了明確的交代。思杜留下後的情況，據江澤涵夫婦（江澤涵為胡適夫人江冬秀的堂弟，曾任北京大學數學系主任，胡適離開北平時，江澤涵在瑞士作訪問學者）一九八六年八月在北京大學燕南園向我回憶：

胡適和冬秀離開北京時，因思杜執意要留下，冬秀很難過，不願意扔下他，但又沒有其他辦法，只好給思杜留下了許多細軟和金銀首飾，說是讓思杜結婚時用。共產黨的軍隊進城後，思杜被組織派到華北革命大學（按：今中國人民大學的前身）學習、改造。去學習前，他把冬秀留給他的一皮箱細軟和金銀首飾等都放在我們這裏。等他學習、改造結束後，他來把這一皮箱東西取走了，說是要把這些東西上交給共產黨的上級組織，他以後用不著這些東西了。同時他還說要加入中國共產黨。思杜在華北革命大學學習改造結束後，被分配到唐山鐵道學院（沈按：此校後來遷至四川，改名為西南交通大學）「馬列部」教歷史。後來他也常來我們這裏，那時他表現很積極，說要與他父親劃清界限，並積極要求加入共產黨組織。他上交母親留給他的東西，就是向共產黨組織表示他的忠心。他還寫了批判他父親的文章。

胡適飛到南京後，很快就被蔣介石派往美國作非正式的民間外交使者，請求美援。胡適到美國後不久，香港共產黨控制的左派報紙立即登出了一封〈北平輔仁大學校長陳垣給胡適的公開信〉（北京《人民日報》是一九四九年五月十一日登出）。對此，胡適於一九五〇年一月九日寫了〈共產黨統治下決沒有自由〉即〈跋所謂《陳垣給胡適的一封公開信》〉，用考據的方法，認定這封信不是出自陳垣之手，是有人代寫，或陳垣有此類信，但經過共產黨官方加工過的。同年九月二十三日，臺灣《中央日報》第二版上刊登了九月二十二日路透社香港電「胡適的兒子胡思杜今日在左翼的《大公報》發表一文，斥其父為『反動分子，其罪行早和美帝有關』。胡思杜刻在北平，他聲言和他父親脫離關係，因為胡適是『人民的敵人』。」[4]

這則消息登出後，胡適的學生、臺灣大學校長傅斯年於九月二十八日致函《中央日報》，就他所知思杜的情況及中共的方針政策發表聲明，因為胡適此時在美國。傅斯年的信被登在九月二十九日《中央日報》上。他說思杜少年多病，學業不成，尚屬天性醇厚之人。一九四八年夏由在美朋友送其回國。最後，傅斯年在信中說：「共產黨對於不作他們工具乃至於反對他們的教育界中人，必盡其誣衊之能事，《大公報》上這一文，也不過一例罷了。陳垣、胡思杜等都是在極其悲慘的命運中。因為不能出來，別人代他寫文，我們也不必責備他了！」[5]

當時胡適對此事的態度是有口難言，他對記者說：「我們早知道，在共產主義國家裏，沒有言論的自由；現在我們更知道，連沉默的自由，那裏也沒有。」這就是「沒有說話的自由，也沒有不說話的自由」。

胡思杜的文章登在香港，大陸的《中國青年》等刊物都有轉載。這是胡思杜在華北革命大學學習、改造時寫的。這篇文章是否真的出自思杜之手，或者說全部是思杜的話，我無法得知，但其中有一段，頗使胡適難堪，當然也是他根本不曾想到過的。

---

4 轉引自胡頌平編著：《胡適之先生年譜長編初稿》第六冊第二一五〇頁，聯經出版事業公司一九八四年版。

5 轉引自胡頌平編著：《胡適之先生年譜長編初稿》第六冊第二一五二頁。

> 今天，我受了革命的教育，我再不怕那座歷史上的「大山」，敢於認識它，也敢於推倒它，也敢於以歷史唯物主義的天平來衡量他對人民的作用。從階級分析上，我明確了他是反動階級的忠臣、人民的敵人。在政治上他是沒有什麼進步的。一九三〇年做北大文學院長以後，更積極地參加鞏固加強匪邦的工作，成為反動政權的忠實走狗。這次出走，並在美國進行第三黨活動，替美國國務院掌管維持中國留學生的款項（企圖培養大批民主個人主義者，忠實於美帝的信徒）。這一系列的反人民的罪惡和他的有限的（動機在於在中國開闢資本主義道路的）反封建的進步作用相比，後者是太卑不足道。[6]

此文與在香港《大公報》上發表的文字略有出入。這篇題為〈對我父親——胡適的批判〉在當時海內外影響很大，思杜也因此受到共產黨官方的表揚，華北革命大學的學習結束後，他才得以在唐山鐵道學院「馬列部」(即「馬克思、列寧、史達林、毛澤東思想基本理論教研部」) 教歷史。

寫作《胡適傳》時，關於思杜的情況，我主要依據胡恒立、鄧廣銘、江澤涵夫婦提供的材料。其實最瞭解思杜的胡思孟（思杜的遠房堂兄），我曾於一九八六年七月、一九八七年七月兩度到北京尋訪他，都未曾得見，直到一九九〇年九月中旬在北京，我們才得以第一次會面。

胡思孟先生是思杜在父母離開北平後，接觸最多的親人。思杜一九五七年九月二十一日因被打成「右派」分子而自殺前留下的遺書就是寫給他的，同時也是胡思孟到唐山鐵道學院參與處理思杜的後事的。胡思孟向我回憶起思杜的往事時，還十分傷感，視思杜如親兄弟一般。胡思孟目前因心臟病、白內障及聽力下降等病症，他的回憶斷斷續續，我將其連綴成段，並加上按語：

---

6 《中國青年》一九五一年一月，第五十六期第二十七頁。

我在上海時，他（沈按：指思杜）沒有上學，請家教（沈按：即請家庭教師，此時家教不是羅爾綱，羅到北平時才做思杜的家庭教師）。我比思杜大幾歲，十四歲時到上海當學徒三年。到北平時，是找我叔叔（胡恒立的父親），他介紹我到天津私人開設的印刷局當學徒。「七・七」事變後，我到北平的鐵路上工作。我沒有文化，小學還沒有上畢業。他（沈按：指思杜）媽在北平、上海時對我很好，因為我從小沒有父母，到上海當學徒時，胡適在上海中國公學當校長，他想讓我讀書，我讀不下去。

一九四八年，胡適、冬秀去南京，讓思杜走，他不走，思想很進步。共產黨進北平後，他和北平市市長何思源一起學習、改造。後來唐山鐵道學院把他要去。他在唐山是講師，教歷史的。

一九五七年秋，思杜被打成「右派」，批鬥他得很厲害，他受不了，就上吊自殺啊。自殺的原因，他事先告訴了他的一個同事，是個共產黨員，一個系的（沈按：系是一個部）。他死前，給我留了個遺書，是寫好後壓他枕頭下，他單位的人發現後，給我打電報，讓我去唐山。我收到電報時哭了。我到唐山後，他已經死了，裝在棺材裏，我們在郊外挖了坑，把他埋下，並立了一個小木牌，現在恐怕已不知在什麼地方了〔沈按：如今連墓地也找不到了〕。

遺書我看後要帶回來，他的單位的人不肯，留下了，只給我抄了一份。我是到唐山後，他的組織上的人告訴我，他是畏罪上吊自殺的。遺書的內容我現在記不大清了，但基本內容還記得，大意是：現在我沒有親人了，也只有你了。你來後我一定不在了。找我的一個同事，他會告訴你我的一些情況。你是我最親的人了。現在我已經死了，你不要難過。你能吃苦、耐勞，我剩下的六百多元錢（現金），公債券二百多元，你的孩子若能上學的話，供給他們上大學。一個手錶也給你，留個紀念。希望你們努力工作，你的孩子們好好學習，為社會主義立點功。其實當時還有江澤涵、胡恒立等親人，他是怕連累他們，因為胡恒立兄弟都是共產黨員。我是沒文化的工人，不怕連累。

我到唐山後，看到滿院子的大字報，都是批判他的，也有批判胡適的。我把他的書和衣物裝了一架車托拉回北京。其中《新華月刊》就有一大箱子，還有許多外文書。家裏沒有多餘的房子放他的書刊，我就把大部分當廢品賣掉了，賣了幾十元錢。因我有六個孩子，沒有一個上大學的，他們也不讀思杜的書。衣服沒有什麼好衣服，一個舊皮襖，一件呢子衣服。他也是艱苦樸素，錢不多，平時還接濟我，讓我的孩子上學。思杜也沒有對象（女朋友），找不到對象，別人一介紹女方，女方一聽說他是胡適的兒子，是戰犯的兒子，女方都不願意了。有對象他也許就不會死了。

我在鐵路局的印刷廠工作（當印刷工），因思杜的關係，在「文革」時被打倒（成了黑幫分子），逼著我到火車車輛段當工人，不久又把我趕出北京，押送到寶雞修鐵路，直到「文革」後退休了才回北京。「文革」開始後，「紅衛兵」抄家，我害怕了，就把思杜的書大部分都燒了，有些外文書我也看不懂，只要有胡適和思杜寫的字，簽的名，都撕下來燒了，現在僅存十幾本外文書了。

他寫給我的遺書，「文革」時，我也是因害怕，把它撕了，只保存一點，顏振吾拿去了（沈按：保存下來的一小塊，為一張紙的一個角，不是思杜手跡原件，為抄件。一九八七年他交給胡適家鄉績溪縣政協副主席顏振吾先生，顏先生曾將這份殘稿出示給中國社會科學院近代史所耿雲志先生，耿抄寫了十幾個字及日期：「工作，好好學習，為社會主義立點功。」「五十一元也留給你們」，「九月二十一日」。一九九〇年九月下旬在京，我與耿雲志先生談起此事時方得知。同時推測思杜自殺的日期為九月二十一日以後，即寫完遺書之後。但具體日期無法確實）。

其中思杜自殺的原因，據胡恒立一九八六年八月對我說：

> 思杜自從登出批判他父親的文章後，想爭取入黨（沈按：中國共產黨），他上交財產（沈按：指江冬秀給他留用的東西）也是出於這樣的動機。到唐山後，他積極、努力工作，覺得父親是有罪，他是在為父親贖罪。反「右」之前，共產黨自上而下讓群眾給領導提意見，即所謂的「百花齊放，百家爭鳴」。思杜不知這是一場政治運動的預示，他因為想入黨，就積極、主動地給他所在院、部的領導提了關於教學改革的建議，但馬上學院領導把他定為「右派」分子，說他是向共產黨進攻，並抬出他的父親胡適，一齊批判。批、鬥大會開了許多次，他精神上崩潰了，最後絕望而自殺。

思杜自殺之事，共產黨的報紙並沒有報導，在海外的胡適及江冬秀、胡祖望等都長時間不知此事。一九五七年六月四日，胡適在美國紐約預立的遺囑中有（其中七條遺囑的第六條）：「去世以後，如果留有遺產，留給夫人江冬秀女士，如江女士先行去世，則留給兩子胡祖望、胡思杜，如兩個僅一個留在，則留給該子。如兩子均已去世，則留給孫子。」[7]

胡適立遺囑，是因心臟病發作，他是直到一九六二年才病逝臺北的。立遺囑的時候，思杜尚未自殺，但他們父子已失去了聯繫，後來思杜自殺的事逐漸傳到海外，胡適、祖望隱約聽到，但又無法證實消息是否確切。據江澤涵夫婦一九八六年八月對我說：

---

7 《胡適傳記資料》第二冊第一二五頁，天一出版社。

> 祖望在「文革」後期，大約是一九七四——一九七五年前後，從美國給我們寫信，我們作為他的舅舅、舅母，也是長時間與他失去了聯繫。他信的內容主要是瞭解我們的近況，同時問及他弟弟思杜是否還活著。他大概是在海外聽到關於思杜自殺的消息了。因為胡適遺囑上說到他們兄弟倆分遺產的事，他想證實思杜是否還在人世。當時，我們全家因為與胡適的關係，也是被整得幾十年抬不起頭，喘不過氣，不敢給祖望回信，怕再因「海外關係」、「胡適關係」惹出禍端來，就把這封信交給學校的領導，徵求他們的意見，結果學校沒有明確答覆我們。我們也不敢隨便、輕意寫回復祖望的信。直到一九七六年以後，中國的情況發生了大的變化，我們才與祖望恢復了聯繫。

思杜之死，是作為他個人的悲劇的結束。作為胡適的家庭悲劇——「覆巢之下，安有完卵」？同時「反右」作為一場政治運動，又何嘗不是中華民族特定歷史時代的社會悲劇？

一九九〇年十月二十七－二十八日於南京大學
二〇〇九年二月修訂

傅斯年致《中央日報》函

編輯先生：

近日臺北報紙刊載路透社香港電，胡適之先生之子在香港匪徒《大公報》作文詆毀胡適之先生一事，友人頻來詢問，我以適之先生友人之資格就我所知，聲明如下：

適之先生有兩子，長名祖望，曾在美國某大學工科畢業，現在曼谷經商；次子思杜，在小學時連患結核病多年，時輕時劇，前後失學數年，故別人進大學時，彼仍在初中。因失學之故，養成不讀書之習慣，對於求學一事，無任何興趣，且心理上亦不無影響。然其為人，據我所知，尚屬天性醇厚。後來適之先生在美期間，彼曾赴美求學，連轉兩個大學，均未畢業。並於適之先生回國後，染上吃喝之習慣，遂於三十七年夏由在美朋友送其回國。以後彼在北平家中，似不甚愉快，然適之先生對之仍保持其一向對人之涵養，並託毛子水先生管教。前年十二月，政府派飛機接適之先生離北平時，通知到後，與飛機起飛僅只有四、五小時，思杜不及同時南來，下次飛機，彼將胡先生夫婦之常用衣物檢出數箱帶來，並無考證《水經注》糾紛之稿，因他於學問全然無干，然其所寫之信，情感真摯，只是文理不通。以後住親友處，未得間出來。我的看法，此人讀書雖不成，世事也不解，但天性並非涼薄，匪黨《大公報》所載之文，我未見到，但路透社原電及香港時報社論所引之原文，則絕非思杜之混混沌沌者所能作出。如謂適之先生在美訂商務協定一說，協定固不如共匪所評，且不在適之先生大使任內。又如「為資本主義開闢道路」、「無比軟弱的資產階級知識份子」、「在他沒有回到人民的懷抱裏以前，他總是人民的敵人」等類話，純是老共產黨的語調，思杜今生是寫不出來、夢想不到的。又如「更反動的是圍剿蘇區時，他高呼好人政府」。政府在圍剿江西共匪時，思杜初小程度，還在床上臥病。由此以看，此文一定與其他共產黨譭謗讀書人的文字一樣，是共產黨自己把文章寫好，最客氣是強迫別人簽名，更可能簽名也是別人代勞的。

其實共產黨這種辦法，對適之先生並不是第一次，適之先生離開北平未久，報上有輔仁大學陳垣校長一封公開信，批評適之先生，作的是外國語法的白話文。而陳校長是一位中國老先生，根本不曾作過白話文，尤其不能作外國語法的白話文，而且在這封登出日期的前幾天，適之先生離北平前接到陳垣先生一封信，比較一下，意思完全相反，於是適之先生寫了一篇考據文，證明陳垣先生的「公開信」是別人作的。那麼，何以先有陳垣，後有胡思杜，別人用他的名字而他們不聲明呢？這就是共產黨恐怖政策的實現，也是我們讀書人同共產黨不共戴天的充足理由。

那麼，為什麼在這個時候共產黨來一手呢？九月份美國 Foreign Affairs 有適之先生寫的一篇批評美國對華政策的長文，這篇文章在美國將是很有影響的，所以共產黨立刻報復一下。其實中國讀書人這樣受共產黨待遇的，適之先生也不是唯一的，就我而論，他也三次宣佈我為「戰犯」。其實這種舉動都是共產黨的自我陶醉。世人知道這一套法術的，心中是很清楚的。總而言之，共產黨對於不作他們工具乃至於反對他們的教育界中人，必盡其誣衊之能事，《大公報》上這一文，也不過一例罷了。陳垣、胡思杜等都是在極其悲慘的命運中。因為不能出來，別人代他寫文，我們也不必責備他了！

傅斯年

三十九年九月廿八日

（刊於《中央日報》一九五〇年九月二十九日）

〈對我父親——胡適的批判〉

胡思杜

在舊社會中，我看我的父親是個「清高的」、「純潔的」好人。解放後，有批評他的地方，自己就有反感：周總理在北大講話說：「胡適之根本不認識什麼是帝國主義」，心中反感已極。以為以我父親的淵博，竟不知什麼是帝國主義，寧非侮辱。在華大時，仍以為父親「作惡無多」。學社會發展史以後，想法稍有轉變。經過學代選舉前兩次檢討會，使我瞭解在這問題上自己仍是站在反動的臭蟲立場。結合《社會發展史》、《國家與革命》、《中國革命簡史》的學習，鄧拓、何幹之等同志的著作，自己鬥爭的結果，試行分析一下我父親在歷史上作用。

我的父親出身沒落的官僚士紳之家，在一九〇四年到一九一〇年時，他還是一個學生，一九一〇年去美國（年二十歲）。美國的物質文明和精神文明，使一個從半封建半殖民地社會來的人迅速的被征服，他的長期的教育環境使他的立場逐漸轉移到資產階級。在國外所寫的文章如〈文學改良芻議〉等，當時在中國名噪一時，是因為他在反封建（為資本主義開闢道路）的一點上，和當時人民的要求相符合；在反對死文學、舊禮教和守法觀念上，他起了一定的進步作用。

一九一七年回國時，正是袁、段竊國的時期，他眼望著橫暴的政權，不知是否容許自己「置喙」，於是抱了「二十年不談政治」的決心，在思想文藝中、整理國故中逃避政治，「五四」時代，自己不能再逃避政治了，他發表了〈問題與主義〉，用庸俗的點滴改良主義對抗中國新興的社會主義學說，以為只有在不「根本解決」的基礎上，中國社會才有進步，說明一個中國無比軟弱的資產階級知識份子，面對著驚天動地的「五四」、「六三」運動的必然看法。他所反對的「根本解決」，也就是打碎軍閥官僚地主買辦國家機器的革命，也就是震撼他本階級利益的革命。

一九一九年以後，日益走入歧途，提倡易卜生主義，以充實他的「問題論」；介紹實驗主義來抗唯物主義。自己彷徨於統治者之間，期望著在段祺瑞政府的基礎上進行「改良主義」，他參加了「善後會議」。在革命低潮中，他以教育為第一性，政治經濟是第二性，幻想在蔣政權下辦好一個學校——中學公學。以為在教育辦好了時，造就了人材，社會就好了（一九二七～一九三〇），但在南京反動政府的威脅下，他的迷夢被擊破，被迫離開中公。無比軟弱的資產階級知識份子，是不敢反抗既有的「正統政府」的，他和當時他的階級一樣，在反動政權面前低下頭，轉過來要求蔣光頭的政府中實踐他的改良主義，在被迫走的那年，自願的就北京大學文學院長職。在這個位置上，他明確的奠定了他的文化政治統治者的基礎，一方面和帝國主義文化侵略利益進行密切的結合，如羅氏基金、中美文化基金董事會（沈按：中華教育文化基金董事會）、庚款委員會中，他都是重要的支柱；展開「全盤西化」的口號，甘心做帝國主義的工具。一方面創辦《獨立評論》，望著南京政府的眼色行事，用委婉的口氣說「抗戰不易」。

更反動的是在圍剿蘇區時，他高呼「好人政府」，翁文灝、蔣廷黻等在他的鼓勵下，一一邁進仕途，使一般小資產階級在不能忍受政府的強暴的時節，忽然看見「開明」的教授們「脫卻了藍衫換紫袍」，以為中國前途有望，反動政府的國家機器有了這批「好人」、「新能吏」，也更能發揮他的壓迫人民的作用。至於我的父親這時所以拒絕了蔣匪的邀請做教育部長，是既維持自己的「清高」，又在「舉能諸賢」以後，可以在國外發生更大的作用，何樂而不為。他當時要求過「學術獨立」，也反對「法西斯」，那不過是他認為學術的依附，會使匪幫政府「好景不長」，而他的「改良路線」則是他認為的「萬世之業」的打算。

但是，一九三七年日寇侵略到華東華南，深入到英美帝國主義在華利益的心臟，英美派大資產階級被迫不得不戰時，在他的階級利益受到了威脅，他的階級代表蔣政權威信低落時，他在一九三八年終於做蔣匪幫駐美大使，做了一個蔣匪幫得力的官吏。他在任中簽定（訂）了種種商約，使美帝可以繼續取得「四大家族」從人民手中掠奪來的「專賣品」，簽定（訂）多次借款，這些借款可以使蔣政權增強「威信」，可以購買武器彈藥來防共滅共，也可以使四大家庭又多一筆資本，在更廣的範圍內盤剝人民的血汗，他嚴謹不苟地為他的老闆服務著。

一九四六年，全國人民要求解放，統治階級受到了全面的威脅，他覺得是他的神聖的責任，他就回國為階級效忠，盡自己最大的努力來鞏固蔣匪幫政府，儘量爭取落後的、動搖的小資產階級及其他人民。他回來以後，一方面在北京大學執行反動政府的命令，一方面技巧的維持學校當局和學生的矛盾，時常發表中間言論，蒙蔽著人民，他在小資產階級的落後性上發揮了最大的力量混淆。有多少人給「世界學者」蒙蔽了。

他對反動者的赤膽忠心，終於挽救了不了人民公敵的頹運，全國勝利來臨時，他離開了北京，離開了中國，做了「白華」，他還盛讚「白俄居留異土精神之可佩」

今天，受了黨的教育，我再不怕那座歷史的「大山」，敢於認識它，也敢於推倒它，也敢於以歷史唯物主義的天秤來衡量他對人民的作用；從階級分析上，我明確了他是反動階級的忠臣，人民的敵人。在政治上他是沒有什麼進步性。從一九一九年〈問題與主義〉發表以後，他彷徨於改良的路上，和他軟弱的資產階級一樣，摸索了十一年。在一九三〇年，做北大文學院長以後，更積極地參加鞏固加強蔣匪幫的工作，始終在蒙蔽人民，使人民不能早日認識蔣匪幫的黑幕，不能早日發現美帝狠毒的真相；並替蔣匪幫在美國籌計借款，出賣人民利益，肥助四大家族，鞏固蔣匪幫政府。這次出走，並在美國進行第三黨活動，替美國國務院掌管維持中國留學生的鉅款（四百萬美金，收受這筆的人大都是反動分子，民主個人主義者的資助和養成費（沈按：原文此處不通）），甘心為美國服務。這一系列的反人民的罪狀和他的有限的（動機在於在中國開闢資本主義道路的）反封建的進步作用相比，後者是太卑不足道。

我以前受了長期奴化教育，對於人民政策不瞭解，又未學辯證法，瞭解人也不是從發展的、變化的觀點出發，所以在學習一個多月以後，一個朋友從香港來北京公幹，回港時問我「你對你父親將來取如何態度？」我錯誤的回答：「他恐怕永遠不會贊成集體主義，還是住在美國罷。」今天瞭解政府的寬大政策，對於一切違反人民利益的人，只要他們承認自己的錯誤，向人民低頭，回到人民懷抱裏來，人民是會原諒他的錯誤，並給以自新之路的，我的想法因此有了轉變。

在他沒有回到人民的懷抱來以前，他總是人民的敵人，也是我自己的敵人，在決心背叛自己階級的今日，我感受了在父親問題上有劃分敵我的必要，經過長期的鬥爭，我以為在思想上大致劃分了敵我，但是在感情上仍有許多不能明確割開的地方，除了自己隨時警惕這種感情的危害性以外，我並要求自己樹立起工農大眾的感情來，在瞭解工農的偉大，自己勝利的參加土改後，我想一定會訣絕消極狹隘的、非無產階級的個性感情的。

（作者胡思杜，現在華北人民革命大學政治研究院二班七組學習，本文是節錄他的思想總結第二部分。）

——原載香港《大公報》（一九五〇年九月二十二日）

註：

此文與大陸《中國青年》上發表的，有文字上的出入。前文引自《中國青年》，故與此文個別字句不同。

關於胡思杜所留下的十多冊書，在一九八八年前後，胡思孟先生已無力保存，他便向來訪的程法德先生（居浙江杭州，為胡適親戚，現已去世)、胡明先生（居北京，為胡適同宗）展示，程、胡兩先生共挑出三冊帶走。其餘的十多冊由我本人帶到南京大學，後又轉到河南大學。經過三次搬家之後，有幾冊丟失，現存八冊，在我本人的書房中，與胡適的全集相伴。這大概是胡思杜所留下的最後遺物了。

〈河北高等學校教授針對教育領導工作提出批評〉

（節錄胡思杜談話內容）

（《人民日報》一九五七年五月二十日「本報訊」）

老年教師有了進步，領導上還用舊眼光看人

唐山鐵道學院講師胡思杜談到高等學校領導中的主觀主義和宗派主義。他說，三反以前，一些年長教師的資產階級思想肯定是十分嚴重的，三反中矛盾暴露了，幾年來經過許多政治運動，許多老教師的思想是進步了，而學校領導還是以老眼光看人。學校中盛行青年教師路線，而對有經驗的教師疏遠，脫離了基本群眾。而這些青年教師經驗不足，卻擔負教學改革的重任，後果實在可怕。曾經有一位原機械系的教師根據部裡發下的蘇聯教學大綱壓縮修改了，交給管教務的青年同志說，這已經超過學生負荷能力六分之一，希望他到部裏去力爭縮減。結果這位青年同志不知教學甘苦，到部裏開會的結果，不僅沒有減少六分之一，倒增加了百分之八，以致從一九五三年到現在年年精簡課程，多少學生鬧病。

這事實上是一種宗派主義的反映，因為這些青年同志多半是黨、團員。

胡思杜還談到唐山鐵道學院四個院長、副院長都是黨員，而且都是鐵道部派來的黨員。教師們曾提出一個教授當院長，提了兩年未批准。胡思杜認為鐵道部領導不瞭解知識份子的脾氣。他們希望有一個教授當院長，就如少數民族有他們自己人當自治區主席一樣。另外，

在唐山鐵道學院中有一個非黨教務長與院長發生爭論，黨員院長就聲色俱厲地說：「你堅持，你得負責！」請問這樣一位非黨教授如何負責？一句話害得他一年多抬不起頭來。

希望深入瞭解情況，確實解決現存問題

胡思杜還提出黨員教師在高等學校中的作用問題。他說共產黨員在一切工作崗位上要起帶頭作用，而高等學校一般黨員教師在業務中的帶頭作用是不夠好的。他們業務水平不高，怎麼在教學工作中起得了骨幹作用。他又指出科學研究工作在高等學校停於呼口號階段，號召多，做得少，這與會議過多有關。最近他們學校工會調查了一位原擔負社會工作等情況的教授的時間：社會活動占四分之一，教學、科學研究工作占四分之一，各種會議及行政工作占二分之一。這證明他有四分之三的時間「不務正業」，只有四分之一時間放在他應有的工作上面。胡思杜建議高等學校應有「三天無會日」。

胡思杜還認為唐山鐵道學院領導對教師的情況若明若暗，瞭解不清楚，因此許多問題解決不了。院長（兼黨委書記）很少下到系裡和教研組和教師談談心，也很少徵求教師的意見，教學工作盲目性很大。他希望這次學校中能邊整風，邊下去，作艱苦的調查研究工作，摸摸教學工作究竟存在什麼問題，教師思想有什麼矛盾。他說過去既然欠了這筆帳，愈早還愈好。他希望黨委書記親自動手，不要僅僅依賴支部同志搞。一般支部同志多是年輕人，經驗少，對高級知識份子的複雜性掌握不了，在教學工作上又無實際體會。

民主力量與極權專制的較量
——從蔣介石看胡適

一

胡適一生與蔣介石的關係頗為複雜，這裏僅以總統選舉為中心考察。

一九四七年，華盛頓當局，見蔣介石政府前線失利，後方危機，深怕大批援助「付諸東流」，毫無收益。美國朝野之中不少胡適的朋友，此時便想抬出胡適，扶植傀儡。十一月七日，外交部長王世傑自美、日訪問歸來便致信胡適，訴說「在美之時，許多美國人均以不識兄之近狀為念，並謂中國政府竟令兄賦閒，亦即中國政府遭受美國社會不信任之一因！蔣（介石）先生之受冤，類此者亦多矣」[1]。勸胡適出訪日本，一可「充分瞭解日本情形與美國作法」，二可使美國方面瞭解胡適的近況。王世傑還將美國朝野對胡適的期望和意圖告訴了蔣介石。蔣為了求得美國之物質援助，挽救敗局，原則上同意胡適出任行政院院長，做總統候選人，或再度出任駐美大使，並要王世傑出面勸說胡適就範。

十二月中旬，胡適到南京出席「中基會」董事會。十二日至南京，當晚，他去王世傑家中拜訪，王世傑讓胡適去美國走一趟，對此，胡適日記中記有：「這是出我意外的提議。他說，國家需要我去。我說，我老了，十年的差別，如今不比從前了。我說，如對日本和會在華盛頓開，我可以充一個團員。但大使是不敢做的了。」[2]十四日，胡適拜

---

1 《胡適來往書信選》下冊第二六四頁。

2 胡適：《胡適全集》第三十三卷第六六五頁。

會老朋友陳光甫，方知要他去美國之提議，「光甫也是一個建議的人」。次日，胡適與李惟果、陶希聖同到盧吉忱家吃飯，他們問胡適當前對美國人作宣傳，應如何辦？胡適回答說：「把這次立法院選舉好好的辦，把總統選舉好好的辦，都是最好的宣傳。」[3]十六日，蔣介石單獨請胡適吃飯，力勸胡適再去美國做大使。胡適雖然見蔣介石的「意思很誠懇」，但又不敢當面答應，「只允考慮」。

由於胡適對陶希聖等蔣介石的幕僚談及以選好總統取悅美國人之事。他的說話為一單純的對國事的關心，而聽者卻別有心思，並報告了蔣介石。當蔣介石得知此事後，便命令外長王世傑於十六日夜找胡適長談，希望他改行從政，或出任行政院長，或參加總統競選。

十七日，王世傑致信胡適：「昨晚所談之事，當俟兄返平細細考慮再定，惟盼數日內能酌示耳。」

平時主張做「諍友」、不幹政治的胡適，行政院院長及總統候選人的桂冠落到他頭上，實在也使他有點眼熱、心跳。此事甚為重大，使他陷入焦慮不安之中，接連幾夜輾轉反側，難以入眠。十七日離開南京時，他留給王世傑一封信，訴說此時進退兩難之處境，尤其是改行的苦衷：「第一，我受命辦一個學校，不滿一年半，未有成績，就半途改轍，實在有點對不住自己，對不住國家。在道義上，此舉實有不良的影響。第二，我今年五十七歲了，餘生有限，此時改業，便是永遠拋棄三十多年的學術工作了。我曾細想，我的永遠改業，不能不說是國家社會的一大損失，有所不忍，亦有所不敢。第三，我自從一九四二年九月以來，決心埋頭治學，日夜不懈，總想恢復我中斷五年的做學問的能力。此時完全拋下，而另擔負我整整五年中沒有留意的政治外交事業，是用其所短而棄其所長，為己為國，都無益處。」[4]其實在他心裏還有一重苦惱，即在這撲朔迷離的政治漩渦裏，在縱橫捭闔、翻雲覆雨的黨爭中，他一介書生又如何應付得了。

---

[3] 胡適：《胡適全集》第三十三卷第六六六頁。

[4] 胡適：《胡適全集》第二十五卷第三〇五頁。

回到北平，胡適因數日焦慮失眠導致心臟病復發。醫生給他服以鎮靜藥，並要他「堅持靜臥」，北大校中事務交秘書長鄭天挺代管。鄭於二十四日同時致電、致信王世傑，報告胡適視「改行」從政一事尤重，焦慮失眠併發兩次心臟警告，並建議王世傑說，胡適留在北平，「安定人心」一層，關係極大，北方人的普遍心理，實際上是「隱倚之為長城」。若胡適離去，「不問繼之者誰屬，在心理上，無形中將少一精神的維繫」[5]。

王世傑收到胡適離去時留下的信和鄭天挺的電文後，又進見蔣介石。兩人密謀後，王世傑又致信胡適，道出胡適最「擔心之事」——如任行政院長，「則必為責任心所壓迫，不肯節制種種酬應」，並向胡適說明「昨已將尊意及鄙見向介公詳陳，已邀諒解，乞釋念」[6]。對此，胡適在日記中記有「十分高興」一語。但他根本不知道這是蔣介石設的一個欲擒故縱的騙局。

蔣介石見王世傑的勸說使胡適雖未答應，但也為之動心，於是就和王世傑商量，先通過報紙造出讓胡適做總統候選人的輿論，然後再拉他就範。

國民黨政府將於一九四八年三月召開行憲國大第一次會議，並競選總統。在此之前幾個月，已就總統候選人一事鬧得滿城風雨。

一九四八年一月上旬，胡適見報紙上登出李宗仁願做副總統候選人的消息後十分高興，於十一日致信李宗仁，對其參加競選表示讚賞和支持。恰好十三日北平《新生報》登載了南京通訊〈假如蔣主席不參加競選，誰能當選第一任大總統〉一文，其中有胡適的名字。於是李宗仁便在十四日回胡適信中，勸他也來參加大總統的競選，才能表現民主的精神，並說，「參加的候選人除了蔣主席之外，以學問聲望論，先生不但應當仁不讓，而且是義不容辭的」[7]。

---

5 《胡適來往書信選》下冊第二九五頁。

6 《胡適來往書信選》下冊第二九四頁。

7 《胡適來往書信選》下冊第三一〇－三一一頁。

胡適之所以被輿論界公認為總統候選人，除了美國人的作用外，則是蔣介石設置的陰謀和騙局。早在一九四七年底國民黨籌備行憲國大之時，美國人見蔣介石既不是共軍的對手，也不是俯首聽命的奴才——靠不住，便想在華扶植「第三種勢力」，美駐華大使便慫恿胡適出來參加總統競選。一九四八年三月十日，即「國大」第一次會議召開前夕，美國總統杜魯門就美國對華政策問題發表談話，表示希望「自由主義分子」（按：指胡適等非國民黨成員）將被容納到國民黨政府中去，並聲稱「如果可能的話，我們不願意在中國政府或任何其他地方的政府中有任何共產黨人」[8]。這是美國最高當局公開向蔣介石政府施加的壓力，以支持和促成胡適參加總統競選。蔣介石面對政府之中「桂系」李宗仁勢力的強大競爭，和美方對自己的不信任並抬出「第三種勢力」，將計就計，設置了公開讓胡適做總統候選人的騙局。

三月中旬，胡適到南京。先參加二十四、二十五日的中央研究院評議會，並被當選為人文組組長，接著參加二十九日開幕的第一屆國民大會。第二天又做「國大」第一次預備會議的大會主席，主持討論大會主席團的選舉辦法。三十日早上，蔣介石約見外長王世傑，說自己不願當選總統，但願擔任行政院長。因為現行憲法之下，自己如擔任總統，將會受到過大的束縛，不如當握實權的行政院長。但又不願總統落入除胡適之外的其他人之手，他便要王世傑出面請胡適做候選人。王世傑於當天下午驅車找到了胡適下榻的雞鳴寺中央研究院歷史語言研究所的樓上。因賓客盈門，王世傑便帶胡適到中山陵旁的草地上，兩人坐定之後，才把蔣介石的意圖告訴給胡適。

對此事，胡適很有些熱心。他想做一個不管事的總統，一切由蔣介石負責，但覺得自己身體不甚健康，且怕自己的性格與蔣的性格不能充分協調，一時舉棋不定，請求王世傑允許他考慮之後再作答覆。

---

8 周樹聲：《中國新民主主義革命大事記》第三八六頁，青海人民出版社一九八二年版。

當晚胡適日記中記有：

下午三點，王雪艇傳來蔣主席的話，使我感覺萬分不安。蔣公意欲宣佈他自己不競選總統，而提我為總統候選人。他自己願做行政院長。我承認這是一個很聰明，很偉大的見解，可以一新國內外的耳目。我也承認蔣公是很誠懇的。

他說：「請適之先生拿出勇氣來。」

但我實無此勇氣！[9]

三月三十一日早上，王世傑向蔣介石報告了與胡適密談的經過。蔣要王世傑力促胡適鼓足勇氣，接受此事。午後，王世傑遵蔣之意與周鯁生再找胡適面談，胡適仍未作出決定。他說自己不敢接受，是因為「真沒有自信心」。直到晚上八時一刻，王世傑來找胡適討回信，胡適答應了，並表示此事讓蔣介石決定，自己願接受蔣的意見：

雪艇來討回信。我接受了。此是一個很偉大的意思，只可惜我沒有多大的自信力。故我說：第一，請他考慮更適當的人選。第二，如有困難，如有阻力，請他立即取消：「他對我完全沒有諾言的責任。」[10]

蔣介石得知胡適答應做總統候選人後，十分坦然，知道胡適已上了自己的圈套。但胡適第二天又有些反悔，晚上又找王世傑，說自己仔細想過，最後還是決定不幹：「昨天是責任心逼我接受。今天還是責任心逼我取消昨天的接受。」[11]對此，王世傑、蔣介石不再予以理睬，因為此事是不容有戲言的。

---

9 胡適：《胡適全集》第三十三卷第六八三頁。

10 胡適：《胡適全集》第三十三卷第六八三－六八四頁。

11 胡適：《胡適全集》第三十三卷第六八四頁。

四月三日夜蔣約見胡適。向胡適表示自己要在國民黨中央執行委員會全體會議上提名他為總統候選人，並說在這部憲法裏，國家最高行政實權在行政院，自己不能做沒有實權的總統，所以願將總統讓給胡適，自己做行政院長；否則，兩人交換，胡適任行政院長，自己做總統。

四月四日，國民黨中央執行委員會召開臨時全體會議，討論總統是否由國民黨提出候選人，或是由黨員個人自由競選，蔣介石在會上先發制人，聲明自己決不參加總統競選，但總統應由本黨就黨外人士提出候選人，副總統可由國民黨黨員自己自由競選。言外之意表明他是公開支持胡適競選總統的。結果此案提出，除胡適的好友吳敬恒、學生羅家倫兩人同意外，其餘中央委員都堅決主張蔣介石必須為總統候選人，不同意黨外胡適之輩參加競選總統。此時，蔣介石的目的已達到，便匆匆了結了這一騙局。

對此，胡適在這一天的日記中記有：

> 今天國民黨開臨時中全會，蔣君用一篇預備好的演說辭，聲明他不候選，並且提議國民黨提一個無黨派的人出來候選，此人須具備五種條件：（一）守法，（二）有民主精神，（三）對中國文化有瞭解，（四）有民族思想，愛護國家，反對叛亂，（五）對世界局勢，國際關係，有明白的瞭解。他始終沒有說出姓名，但在場與不在場的人都猜想是我。
>
> 這個會上下午開了六點多鍾，絕大多數人不瞭解，也不贊成蔣君的話。[12]

四月五日，國內外記者報導了蔣介石不願意當總統候選人，有意讓給胡適，而中央委員拒之的消息。蔣介石目的已達到，便讓王世傑

---

[12] 胡適：《胡適全集》第三十三卷第六八四頁。

轉告胡適，說自己的計畫因中央委員反對而無法實現，從而安撫胡適，了結這一騙局。對此，蔣介石在日記上自記所感曰：「此心歉惶，不知所止，此為一生中對人最抱歉之一事也。」[13]胡適感到由於國民黨內的反對，他自己卻「得救了」。同時，王世傑來看胡適，「代蔣公說明他的歉意」。於是，胡適便在六日致電北大秘書長鄭天挺：「連日外間有關於我的許多流言，北平想亦有聞，此種風波幸已平靜，乞告舍間及同人。」[14]

八日晚，蔣介石約胡適到官邸吃飯，蔣介石當面向胡適致歉意。據日記所示：

> 他說，他的建議是他在牯嶺考慮的結果，不幸黨內沒有紀律，他的政策行不通。
>
> 我對他說，黨的最高幹部敢反對總裁的主張，這是好現狀，不是壞現狀。
>
> 他再三表示要我組織政黨，我對他說，我不配組黨。
>
> 我向他建議，國民黨最好分化作兩三個政黨。[15]

而胡適卻仍以他自由主義者的政見，來看待這件事。

蔣介石讓胡適任總統候選人的用意，胡適當時心裏也較清醒（他只想從中緩和「蔣桂」——蔣介石與李宗仁、白崇禧之間的矛盾）。蔣介石的目的有三：一是安撫一下美國朝野人士的心，緩解美方的輿論；二是欲擒故縱，測試一下異己力量和自己的聲威；三是拿胡適做擋箭牌，壓倒自己的競爭對手、政敵李宗仁，既不使總統落入李手，也不讓李任行政院長，以致組閣。因為他斷定這樣借「憲法」之名可以說

13 參見陳儀深：〈胡適與蔣介石〉，周策縱等：《胡適與近代中國》第一一〇頁，時報文化出版企業有限公司一九九一年版。

14 胡適：《胡適全集》第三十三卷第六八五頁。

15 胡適：《胡適全集》第三十三卷第六八五－六八六頁。

服胡適，造成自己讓胡適作總統的輿論，同時朝野上下的軍、政、財等親蔣勢力也不會同意他讓掉總統，而使一介書生胡適得志，從而形成朝野軍政要員不同意胡適做總統的事實，遮人耳目。法為人定。一部所謂的「憲法」，豈能束縛住蔣的獨斷專行！結果蔣介石如願以償，穩操競選總統的勝券。

三月一覺總統夢，胡適「夢」中醒來，如釋重負，又偷開會的空閒，開始了他的《水經注》研究。

接著，由國民大會代表吳敬恒、于右任、張伯苓、胡適等二百人發起簽署提名蔣介石為首屆總統候選人的非官方議案，於十六日公佈。三天後，蔣介石當選為中華民國行憲後的第一任總統。蔣介石握穩總統大權後，便極力活動，想擠掉李宗仁，讓孫科任副總統。對此，國民政府內部產生了較大分歧，並加深了派系的矛盾，致使副總統候選人程潛、李宗仁又暗中活動，為自己拉選票。蔣介石見勢不妙，忙指示主席團決議由四月二十五日大會決定「推胡適、于斌、曾寶蓀、陳啟天、孫亞夫五位代表勸請三位副總統候選人繼續競選」。結果，不以蔣介石的意志為轉移，李宗仁「賄選」成功，孫科以一一六票之差（李宗仁一一五六票、孫科一〇四〇票）敗北。一齣所謂的行憲民主競選鬧劇就此收場。

事後，胡適收到南京的教會大學金陵大學教授，「中華三育研究社」成員蘇醒之四月二十日的來信，告知在總統競選過程中，「為推動民主思潮，就本社中大學生及中西教授（美人八家）五百餘位來一次選舉測驗，這個結果有關校長，謹報告如下」：

大總統　胡適之　得票　三七〇票
蔣中正　　　　　　　　一三〇票
居　正　　　　　　　　　六　票
副總統　于右任　　　　二五一票
李宗仁　　　　　　　　一二〇票

孫哲生	一一五票
莫德惠	一〇〇票

這本是個民意測驗，但從中可以看出自由主義知識份子對胡適的奢望，及對勢局的關注。同時，蘇醒之還向胡適提出有關政治改革、社會改良、振興教育等十二條主張。

二

為了保全流落台島的國民黨政府在國際上的地位，和蔣介石個人的威信，胡適於一九五一年五月三十至三十一日，寫了一封長信，交《自由中國》的同人杭立武帶呈蔣介石。信中先談自己兩年來在國外的自我反省，接著談「知己知彼」，勸蔣介石多讀中共出版的書，如《史達林論中國》之類，並就國民黨政府的總統任制及到臺灣後的選舉問題，向蔣介石進言，勸蔣使「國民黨自由分化，分成幾個獨立的新政黨」，而第一件事是要蔣介石辭去國民黨總裁，並使立法院現行的「無記名表決」改為「唱名表決」。最後，胡適還向蔣介石報告了自己寫的〈史達林雄圖下的中國〉一文的情況，問蔣介石對此文「有何批評」。

九月二十三日，蔣介石覆胡適信，並託周宏濤從臺北親自帶到紐約轉交胡適，蔣在回信中認為胡適所言憲法問題、黨派問題，以及研究共產黨一方情況，「均為目前急務」，但蔣要求胡適能回到臺北再談其詳。同時蔣介石稱胡適〈史達林雄圖下的中國〉一文為「近年來揭發蘇俄對華陰謀第一篇之文章，有助於全世界人士對我國之認識」。由於蔣介石含混其詞，回避了胡適關於改造國民黨及民主選舉之事，從而使胡適感到「黨派問題，我的見解似不是國民黨人所能瞭解，似未有進展」[16]。因為他的自由主義與蔣介石獨裁是無法相通的。

---

[16] 胡適：《胡適全集》第三十四卷第一三七頁。

儘管胡適在民主政治的見解、主張與蔣介石完全不同，但是他還是盡心去幫助蔣介石向民主政治邁進。一九五二年九月十四日，他寫了八頁的中文長信，借將在十月十日國民黨召集大會之機，勸蔣介石實施民主政治改革。他向蔣介石直言表示：

一、民主政治必須建立在多個政黨並立的基礎之上，而行憲四五年來未能樹立這基礎，是由於國民黨未能拋棄「黨內無派，黨外無黨」的心理習慣。

二、國民黨應廢止總裁制。

三、國民黨可以自由分化，成為獨立的幾個黨。

四、國民黨誠心培植言論自由。言論自由不是憲法上的一句空話，必須由政府與當國的黨明白表示願意容忍一切具體政策的批評，並須表示，無論是孫中山、蔣介石，無論是三民主義五權憲法，都可以作批評的對象（今日憲法的種種弊病，都由於國民黨當日不容許我們批評孫中山的幾個政治主張，例如國民大會制，五權憲法）。

五、當此時期召開國民黨大會，不可不有剖切的「罪己」的表示。國民黨要「罪己」，我公也要「罪己」。愈能懇切罪己，愈能得國人的原諒，愈能得世人的原諒。但罪己的話不可單說給黨員聽，要說給全台人民聽，給大陸上人民聽。[17]

最後，胡適還在信中向蔣介石講了近期發生在土耳其的執政黨第一次遵從民意，和平的轉移政權的事。

胡適此舉又在天真的犯傻，蔣介石在《新月》時期政權穩操，正處上升階段，都不讓他批評國民黨，批評孫中山，批評政府（如今胡適還記著，並拿這件事向蔣討公道）；如今台島風雨飄搖，蔣介石因大

---

[17] 胡適：《胡適全集》第三十四卷第二三九－二四〇頁。

陸慘敗而心有餘悸，為保全地位，正加強集權統治，哪能聽得進胡適的這派自由主義言論。胡適的這般苦心，又白費了。

一九五三年一月十六日再次拜見蔣介石，作長時間的談話。

這次約兩小時的談話，胡適以告別的形式，講了「一點逆耳的話」，這些「忠言」，蔣介石「居然容受了」。胡適向蔣介石真實地表示了個人的意見，指出臺灣今日實無言論自由。第一，無一個人敢批評彭孟緝；第二，無一語批評蔣經國；第三，無一語批評蔣總統。所謂無言論自由，是「盡在不言中」也。同時，他向蔣介石指出，現行憲法中，只許總統有減刑與特赦之權，絕無加刑之權，而總統屢次加刑，是違憲甚明。然而，整個政府竟無一人敢向總統如此說！為此，胡適向蔣介石建議：總統必須有諍臣一百人，最好是一千人。開放言論自由，即是自己樹立諍臣千百人也。

胡適這裏有意去向蔣介石不高興處搗，而這些又都是蔣介石忌諱別人說的。只是看在胡適作為客人的面子上，沒有使胡適難堪。一個講自由、民主的人，向一個專制獨裁者講道，與虎謀皮，自然是不易討好，不得咎即是好的收場。

當蔣介石問胡適：「召開國民大會有什麼可做？」

胡適不明白蔣介石為什麼會有如此問話，感到奇怪，回答道：「當然是選舉總統與副總統！」

蔣介石是想總統連任，故向胡適探問外界的輿論與西方選舉法：「這一屆國大可以兩次選總統嗎？」

「當然可以。」胡適肯定地回答。

接著又說：「此屆國大，召集是民三十七年三月廿九日。總統任期到明年（民四十三年）五月二十日為滿任，二月二十日必須選出總統與副總統，故正在此第一屆國大任期之中。」

蔣介石聽到這裏，發現胡適早已注意到自己的違憲之事與無知之處，有些不耐煩：「請你早點回來，我是最怕開會的！」

談話結束後，胡適告別蔣介石，並在這天的日記上寫下一段話：「這最後一段話頗使我驚異。難道他們真估計可以不要憲法了嗎？」[18]

事實也正在胡適的「驚異」之中。蔣介石果真「不要憲法」了。因為對於中國的專制獨裁者來說，過去，現在都是無視憲法的。憲法對於他們來說是沒有實際意義的，只是用來裝潢門面，欺騙世人的。一月十七日，胡適告別友人，由蔣公子經國、陳誠、王世傑、張道藩、王寵惠等送至機場，取道日本返回紐約。臨離開臺灣前，胡適向記者談話時說了幾句足見此時自己兩難處境的話：「回國兩月，我覺得我的祖國大有進步，前途非常光明；我不僅感到高興，更覺得興奮。大約一年左右，我還要回來的；以後希望每年能回來一次，但我也希望當我下次回來時，大家能給我不說話的自由，讓我膽子更大些，多玩些日子。」[19]言語中蘊含著想做「諍友」而又不能享受「言論自由」的苦衷。

因《自由中國》雜誌與蔣介石政府作對，胡適的名字雖然從《自由中國》的封面上發行人的位置撤去，但眾所周知，他仍是該刊物的後臺。這次訪台與蔣家父子稍有失和，但蔣家父子鑒於他的大名和國際影響，尤其是要顧及美國朝野的輿論、壓力，還得表面上尊敬他，厭惡也只能在背後。這種貌合神離的關係，到日後《自由中國》遭蔣經國一手查禁，雷震入獄時才見分曉。

一九五四年二月，胡適赴台，參加了三月的總統選舉大會。三月二十日，胡適任國民大會第二次會議的大會主席，主持總統選舉。二十二日，蔣介石當選國民黨政府總統。胡適在記者採訪時說：蔣總統的當選連任，我表示百分之一百的贊成。今後六年，是國家民族最艱難困苦的階段，只有蔣先生才能克服一切困難，蔣先生背負此項重大的責任，我表示萬分的欽佩和感謝。

---

18 胡適：《胡適全集》第三十四卷第二六五－二六六頁。

19 胡適：《胡適全集》第三十四卷第二六九－二七〇頁。

三

以中華民國「憲法」規定，六年一次的「總統」選舉將在一九六〇年三月舉行。蔣介石到此時已七十三歲，且已連任一次。如果再連任，便系違背「憲法」。在此之前，台島及海外部分華人出現了兩種截然相反的輿論。由於胡適是站在反對蔣介石連任的輿論一方，且於一九五九年十月十四日自美國返回臺北時，在機場向記者透露了海外部分輿論希望蔣介石遵守「憲法」，放棄連任的話。於是《中央日報》便於十五日登出〈旅居全美各地僑胞擁護總統繼續領導〉的消息，公開「更正」胡適的「謬論」。這分明是國民黨御用口舌造的輿論。一九六〇年二月十三日，李萬居主持的《公論報》登出了〈海外反對連任的新高潮〉，這才是海外輿論的真實情況。於是輿論界兩種意見公然對立。在這種情況下，蔣介石泰然處之，決心前臺繼續執政，並振作精神對下屬說：「我要帶你們打回大陸去！」

胡適是最堅決地反對蔣介石連任的，也是輿論界中反對派的一個焦點人物。一九五九年十一月初，他向總統府秘書長張群表示要面見蔣介石，十四日又向行政院副院長王雲五表示了此意。王雲五向他轉述了張群的意見：「我知道適之先生要向總統說些什麼話，所以我頗感遲疑。」因為張群知道胡適要面諫蔣介石放棄連任，所以不敢輕意為他約定時間，並說，胡適面諫時，蔣介石「如果話聽得進，當然很好。萬一聽不進，胡適之也許不感覺為難，但總統也許覺得很窘」。最後，張群表示，希望胡適的意見，由張群去轉達，而不要胡適去面諫。

胡適知道這是張群的「好意」，便接受了。

十五日，胡適向張群談了幾點建議，請張群面陳蔣介石：

> 一、明年二三月裏，國民大會期中，是中華民國憲法受考驗的時期，不可輕易錯過。

二、為國家的長久打算，我盼望蔣總統給國家樹立一個「合法的，和平的轉移政權」的風範。不違反憲法，一切依據憲法，是「合法的」。人人視為當然，雞犬不驚，是「和平的」。

三、為蔣先生的千秋萬世盛名打算，我盼望蔣先生能在這一兩月裏，作一個公開的表示，明白宣佈他不要作第三任總統，並且宣佈他鄭重考慮後盼望某人可以繼他的後任；如果國民大會能選出他所期望的人做他的繼任者，他本人一定用他的全力支持他，幫助他。如果他作此表示，我相信全國人與全世界人都會對他表示崇敬與佩服。

四、如果國民黨另有別的主張，他們應該用正大光明的手段明白宣佈出來，決不可用現在報紙上登出的「勸進電報」方式。這種方式，對蔣先生是一種侮辱；對國民黨是一種侮辱；對我們老百姓是一種侮辱。[20]

張群為蔣介石身邊的親信，他最知蔣介石此時的心態。所以，當他聽完胡適的話後，有些為難，並當即表示，他可以鄭重地把胡適的意思轉達。但他同時說道：蔣先生自己的考慮，完全只是為了：一、革命事業沒有完成；二、他對反共復國有責任；三、他對全國軍隊有責任。

胡適聽罷則進一步表示說：「在蔣先生沒有做國民政府主席也沒有做總統的時期——例如在西安事變的時期——全國人誰不知道他是中國的領袖？如果蔣先生能明白表示他尊重憲法，不做第三任總統，那時他的聲望必然更高，他的領袖地位必然更高了。」[21]

其實在十天之前，胡適見到行政院秘書長黃少谷時，就已經把今日對張群說的話講過，希望能轉陳蔣介石，並對黃少谷表示：「我只是憑我自己的責任感，盡我的一點公民責任而已。」

---

[20] 胡適：《胡適全集》第三十四卷第五六四頁。
[21] 胡適：《胡適全集》第三十四卷第五六五頁。

十一月二十三日，王雲五向胡適轉達了張群面見蔣介石的情形。張群委婉地把胡適的四條意見向蔣介石彙報後，蔣介石鄭重地考慮了一會，只說了兩句話：「我要說的話，都已經說過了，即使我要提出一個人來，我應該向黨提出，不能公開的說。」

至此，胡適感到事情不妙，所以他在日記中道：「我怕這又是三十七年和四十三年的老法子他向黨說話，黨的中委一致反對，一致勸進，於是他的責任已盡了。」[22]這裏，胡適意指一九四八、一九五四年蔣介石任總統時曾耍弄過的兩次同樣的把戲，戲弄國人。

胡適知道，蔣介石的連任心決不會輕意改變，但他還是盡了他的力量。一九六〇年二月十四日，行政院長陳誠會見胡適，勸他放棄反對意見，說由於朝野上下一致意見的支持，蔣介石三度連任總統即將成為事實。胡適則表示：「我還是抱萬分之一的希望，希望能有轉機。」於是，在二月二十日胡適再次公開向輿論表明，他反對蔣介石違背憲法，連任總統。《公論報》便在二月二十一日登出了〈胡適堅決反對總統三度連任〉的消息。但胡適個人的力量畢竟有限，他無法動搖一股強大的勢力。三月十一日，「第一屆國民大會第二次會議第六次大會」，修改了《動員戡亂時期臨時條款》，其中新出臺一條「行憲首任總統，不受憲法第四七條連任一次之限制，連選得連任」。於是，蔣介石將連任第三屆總統，且任終身總統，完全合法化。

與之同時，雷震領導的《自由中國》發表文章配合胡適的反對總統連任。同時，他看透了蔣家父子的那一套家天下的政治和慣用的陰謀，加上他生性固執、剛烈，堅決不肯向蔣家父子妥協投降——雷震為《自由中國》，先後被國民黨當局解除了國策顧問、中央銀行的監事，並被開除黨籍。在當局的高壓下，廣告客戶斷了，各學校、機關也不訂此刊，導致《自由中國》自一九五四年一月始，每月虧損近一萬元台幣，使雷震不得不以當自己的財產來維護——並以更濃、更強的火力與當局戰。

22 胡適：《胡適全集》第三十四卷第五八一頁。

這便是雷震十分熱心的要組織反對黨的原因。

與胡適形成強烈反差的是學者錢穆。胡適反對蔣介石違憲連任，錢穆則極力主張蔣連任。錢穆在接受蔣介石召見並詢問「此次選舉，汝是否有反對我連任之意」時，稱道「總統英明」，說「以至今日，總統在此奠定一復興基地，此又是總統對國家一大貢獻。然而多數國人，終不許總統不繼續擔負此光復大陸重任。擔負此重任之最適當人物，又非總統莫屬。穆私人對此事。實未能有絲毫意見可供總統之採納」[23]。對此，李敖認為錢穆是「一身媚骨，全無大儒風範」。

[23] 見錢穆〈屢蒙總統召見之回憶〉，收入一九六四年五月十日《中央日報》刊印《領袖精神，萬古常新》。這裏轉引自李敖〈從蔣介石非法連任看錢穆與胡適〉一文，見李敖《胡適與我》第二八二─二八三頁，李敖出版社一九九〇年版。

死火出冰谷
——從魯迅看胡適

一

距離我們現在一百多年前的一個冬天的黑夜，在法國北海岸的荒村旅舍，奧斯卡・王爾德對年輕的朋友紀德說：「親愛的，你知道，思想產生在陰影裏，太陽是嫉妒思想的，古代，思想在希臘，太陽便征服了希臘，現在思想在俄羅斯，太陽就將征服俄羅斯。」[1]二十年後，紀德目睹了太陽是如何嫉妒思想而消滅思想的俄羅斯的現實，他才感到奧斯卡・王爾德預言的靈驗。

在中國的一九四〇年代後期，死去的幾百萬生靈的鮮血映紅了太陽。活下來的人們為紅太陽歡呼、高歌，以至於呼紅太陽萬歲，萬壽無疆！

幾千年來的中國人都知道，配享萬歲的只有封建時代的帝王。從「吾皇萬歲萬歲萬萬歲」到「我們偉大的領袖毛主席萬歲萬歲萬萬歲」。一切都發生在這個大地上。

我也呼紅太陽萬歲，萬壽無疆！那時，我和我們都沒有了自己的思想。紅太陽仍是我們的帝王。

太陽出來，思想的火焰就得撲滅。因為極權主義的意識形態在改變外部社會結構的同時，更重要的是要改變人性本身。先滅其思想，再改變人性。

---

[1] 轉引自木心：《哥倫比亞的倒影》第九十頁，廣西師範大學出版社二〇〇六年版。

在槍桿子說話的二十世紀，一個自由主義知識份子改變現代中國文明歷史進程的力量有多大？

我們先來看胡適。

在一九七八年以前，中國大陸是不允許客觀研究胡適的。胡適只是作為批判的對象。因此在我所從事的現代文學和現代歷史教學、研究領域，都是歌頌魯迅，批判胡適的。

歌頌和推崇魯迅的原因是一九四〇年一月，毛澤東在延安發表了著名的〈新民主主義論〉，其中對魯迅作出了最高的評價：

> 魯迅是中國文化革命的主將，他不但是偉大的文學家，而且是偉大的思想家和偉大的革命家。魯迅的骨頭是最硬的，他沒有絲毫的奴顏和媚骨，這是殖民地半殖民地人民最可寶貴的性格。魯迅是在文化戰線上，代表全民族的大多數，向著敵人衝鋒陷陣的最正確、最勇敢、最堅決、最忠實、最熱忱的空前的民族英雄。魯迅的方向，就是中華民族新文化的方向。[2]

其實，在一九三七年十月十九日陝北公學紀念魯迅逝世一周年的演講會上，毛澤東就表達了他對魯迅價值的肯定：「魯迅在中國的價值，據我看要算是中國的第一等聖人。孔夫子是封建社會的聖人，魯迅則是現代中國的聖人。」[3]

一個政治領袖人物在沒有取得政權的情況下這樣對待一個死去的作家，顯然是有其政治企圖的。作家魯迅成為政治家政治鬥爭的工具。既然是工具就會有過時和被丟棄的時候。死前魯迅把自己當工具，與人鬥。死後魯迅被別人當工具鬥他人。魯迅曾說古代聖人孔子是被人

---

2 毛澤東：〈新民主主義論〉，《毛澤東選集》第二卷第六九八頁，人民出版社一九九一年版。

3 毛澤東：〈論魯迅〉，《毛澤東文集》第二卷第四十三頁，人民出版社一九九三年版。

利用的「敲門磚」。沒想到他自己死後被毛澤東說成現代聖人，變成被人使用的「砸人磚」。這正如魯迅〈在現代中國的孔夫子〉一文中所言：「孔夫子之在中國，是權勢者們捧起來的，是那些權勢者或想做權勢者們的聖人，和一般的民眾並無什麼關係。」[4]「成為權勢者們的聖人，終於變成了『敲門磚』」。[5]

王元化先生曾指出毛澤東和魯迅兩人的文化之根和思想之源：都贊成法家，討厭儒家。他們都有好鬥的習性。毛澤東的所謂「與天鬥，與地鬥，與人鬥」的革命精神，與魯迅在〈紀念劉和珍君〉中所說的「我向來是不憚於以最壞的惡意來推測中國人」的為我所恨的人活著的個性，是相通的。[6]

主將只有一個，多了就不是「主」了。在這種政治作用下，特別是一九四九年中國共產黨取得了大陸的統治權，毛澤東在一九五〇年代初又親自發動了批判胡適的政治運動。胡適在大陸算是被醜化到了一無是處。

而魯迅與胡適在大陸的實際影響力，的確與政治領袖的需要有直接的聯繫。

魯迅之子周海嬰在《魯迅與我七十年》一書中披露，一九五七年羅稷南在一次座談會上向毛澤東提出了一個大膽的疑問：要是今天魯迅還活著，他可能會怎樣？不料毛主席對此卻十分認真，深思了片刻，回答說，以我估計，（魯迅）要麼是關在牢裏還是要寫，要麼他識大體不作聲。[7]

此時的歷史背景是毛澤東整治魯迅的門生胡風之後和反「右」開始。此事曾被學界視為孤證，隨後趙丹夫人黃宗英說：「我是現場見證人。」她在文章中寫道：

4　魯迅：《魯迅全集》第六卷第三一六頁，人民文學出版社一九八一年版。

5　魯迅：《魯迅全集》第六卷第三一八頁。

6　王元化、林毓生：〈王元化、林毓生對話錄〉，《跨文化對話》第二十四輯，江蘇人民出版社二〇〇九年版。

7　周海嬰：《魯迅與我七十年》第三七一頁。南海出版公司二〇〇一年版。

> 我又見主席興致勃勃地問：「你現在怎麼樣啊？」羅稷南答：「現在……主席，我常常琢磨一個問題，要是魯迅今天還活著，他會怎麼樣？」我的心猛地一激靈，啊，若閃電馳過，空氣頓時也彷彿凝固了。這問題，文藝人二三知己談心時早就悄悄嘀咕過，「反胡風」時嘀咕的人更多了，可又有哪個人敢公開提出？還敢當著毛主席的面在「反右」的節骨眼上提出？我手心冒汗了，天曉得將會發生什麼，我尖起耳朵傾聽：「魯迅麼——」毛主席不過微微動了動身子，爽朗地答道：「要麼被關在牢裏繼續寫他的，要麼一句話也不說。」呀，不發脾氣的脾氣，真彷彿巨雷就在眼前炸裂。我懵懂中瞥見羅稷南和趙丹對了對默契的眼神，他倆倒坦然理解了，我卻嚇得肚裏娃娃兒險些蹦出來。[8]

「要是……還」只是一種假設，而歷史是不容假設的。對於這樣一個假設的命題來說，主要是要看當時的語境和要發生和即將發生的事實。事實證明了這種假設的可能。是否有意外，這又是在另一種假設之上的事。

胡適作為思想家和哲人，他的深刻、睿智和先知讓我們有些內在的緊張，在一九五七年毛澤東還沒有表達他對魯迅的個人意見之前，胡適已經先替他想到了。

一九五五年十月二十三日，胡適在給趙元任的信中，特別引了胡風的信和魯迅一九三五年九月給胡風的信。他最後的結論是：

> 魯迅若還活著，也是應該被清算的！[9]

---

8 黃宗英：〈我親聆毛澤東與羅稷南對話〉，《南方週末》，二〇〇二年十二月五日。

9 胡適：《胡適全集》第二十五卷第六三五頁。

一九五六年四月一日，胡適在給雷震的的信中說：

> 你們在臺北若找得到《魯迅書簡》，可以看看魯迅給胡風的四封信（一九三五年九月十二日，九四六～九四八頁），就可以知道魯迅若不死，也會砍頭的！[10]

胡適所說的魯迅給胡風的四封信，特別是一九三五年九月十二日的信，收入一九八一年版《魯迅全集》第十三卷第二一一～二一二頁，主要是談對「工頭」和「元帥」的不滿。正如法國當代思想家亨利・拉伯里所說的，反抗者一旦結群，便立刻淪為新的群體的屈從。逃亡才是個人最後的出路。

大陸對胡適的客觀認識，是在一九七八年「實踐是檢驗真理的唯一標準」的討論之後。那是思想解放，改革開放的初期。有了客觀的認識，才是隨後實事求是的研究的一個起點

我參加了一九九九年九月在安徽大學召開的「胡適思想國際研討會」，海外著名的五四運動研究專家周策縱先生從美國發來了他的手書。他說：

> 五十年代中期胡先生曾告我：「魯迅是個自由主義者，決不會為外力所屈服，魯迅是我們的人。」今言猶在耳，恍如昨日也。

二〇〇一年一月一日李慎之將周策縱的手書補錄他的〈回歸五四　學習民主〉一文中。同時，他在文中披露了一九八二年胡喬木曾對他說過的話：「魯迅若在，難免不當右派。」[11]

借反右，毛澤東將「民盟」和自由主義知識份子的政治勢力一舉消解，只允許有「毛澤東思想」的時代，魯迅這面旗幟沒有用處。周

---

[10] 胡適：《胡適全集》第二十六卷第一五一一六頁。

[11] 李慎之：《李慎之文集》上卷第一三九一一四〇頁（非賣品）。

揚敢在文藝界打那麼多右派，特別是首先清除魯迅的門生、朋友，消解魯迅遺留在文學界的勢力。他哪來那麼大的膽？答案不是顯而易見的嗎？。這又恰如魯迅〈在現代中國的孔夫子〉一文中所言：「既已厭惡和尚，恨及袈裟，而孔夫子之被利用為或一目的的器具，也從新看得格外清楚起來，於是要打倒他的慾望，也就越加旺盛。」[12]

實際上，毛澤東在一九四〇年以後還有幾次提到魯迅，但絕沒有〈新民主主義論〉中給魯迅的那樣高的評價。他只允許自己是「思想家」，決不允許中國有第二個思想（我們的固定一統話語是「馬列主義」、「毛澤東思想」，不允許有第二個主義、第二個思想。鄧小平也只能是「理論」)。於是，他說魯迅是現代的「聖人」。我的理解，「聖人」等同中國人心目中的孔子，是讀書人，是書生，是超現實的大「書生」。在我老家河南農村，也稱呼鄉下的老師或讀書人為「聖人」，也稱「夫子」（孔夫子的簡稱）。那是特指一些言語和行為不合現實或超現實的讀書人或所謂的書生。是對一些超凡脫俗的，以至於不事稼穡的有些清高，或言行迂木的書生的稱呼。也就是《論語》中所說的子路問老者時得到的「四體不勤，五穀不分，孰為夫子」的答案。一般情況下說某某是「聖人」或「夫子」，是帶有褒貶同在的含義。我個人的理解，毛澤東說魯迅是現代的「聖人」，是一個複雜的含混稱呼。

二

魯迅思想的深刻與文學上的獨創，他對文化（國民性）的深刻認識和形象揭示、批判，對作為個人的人的存在、價值的拷問和孤獨、悲涼、苦悶的獨特感知。這些我與魯迅研究者完全可以達成共識。洞透歷史和現實政治，對事物有獨到、深刻、尖銳剖析的魯迅，對作為文學家自身有十分清醒的自知之明。一九二七年，他經歷了大革命的

---

[12] 魯迅：《魯迅全集》第六卷第三一七頁。

風暴和社會變革，他對自身的存在有進一步的思考和認識，從「知識階級」到「文藝家」，他都有清醒的看法。在〈關於知識階級〉的演講中，他明確指出：「知識與強有力是衝突的，不能並立的；強有力不許人民有自由思想，因為這能使能力分散，在動物界有很明顯的例；猴子的社會是最專制的，猴王說一聲走，猴子都走了。」[13]

從猴子到人，專制的形式並沒有變。

〈文藝與政治的歧途——十二月二十一日在上海暨南大學講〉一文中，他有更明確的看法，「惟政治是要維持現狀，自然和不安於現狀的文藝處在不同的方向」。「在革命的時候，文學家都在做一個夢，以為革命成功將有怎樣怎樣一個世界；革命以後，他看看現實全不是那麼一回事，於是他又要吃苦了。照他們這樣叫，啼，哭都不成功；向前不成功，向後也不成功，理想和現實不一致，這是註定的運命」。因為「政治家最不喜歡人家反抗他的意見，最不喜歡人家要想，要開口」。他有進一步的言說：

> 革命成功以後，閒空了一點；有人恭維革命，有人頌揚革命，這已不是革命文學。他們恭維革命頌揚革命，就是頌揚有權力者，和革命有什麼關係？
>
> 這時，也許有感覺靈敏的文學家，又感到現狀的不滿意。又要出來開口。從前文藝家的話，政治革命家原是贊同過；直到革命成功，政治家把從前所反對那些人用過的老法子重新採用起來，在文藝家仍不免於不滿意，又非被排軋出去不可，或是割掉他的頭。[14]

一九四九年以後的文學家的命運，早就被魯迅所預料到了。政治家對魯迅的話豈止是「贊同過」？於是有「排軋出去」——「右派」，或「割掉他的頭」。

---

[13] 魯迅：《魯迅全集》第八卷第一八九頁。

[14] 魯迅：《魯迅全集》第七卷第一一八頁。

因所受的文化教育不同，所處的地位差異，會產生不同的精神氣質，並發散出不同的思想感情（前期教育部職員，後期失業而自由寫作的魯迅，一直處於個人化、灰暗狀態。而胡適暴得大名後一直是處在陽光狀態）。而這方面胡適確實有不及魯迅的地方。但胡適具有魯迅所不及的許多地方。

胡適對自己有個基本的評價，他表達的清晰和透徹，常常讓我省去無力、重複，可以說是沒有必要的解釋。他的話是絕對的「啟蒙」和有「方向感」（「超越啟蒙」）。他說自己平生做了三件事：

提倡新文學、思想變革、整理國故。

如果按照李澤厚、劉再復設定的看待人物的框架。胡適的價值和意義應該是「文學、個體、文化」和「國家、社會、歷史」兩個方面。我也就在這個框架中言說胡適的貢獻。

文學、個體、文化：

倡導白話新文學
開闢新的學術研究範式（我認同並依余英時之說）
知錯、認錯、自我反省、批判
虛心與寬容
實驗的態度
反對被主義牽著鼻子走，決不要相信一個的一和虛無的絕對

國家、社會、歷史：

自由
　　民主

和平、漸進的改革
容忍反對黨

思想連結著上述兩個方面。胡適為自由主義提出這四大主張，並堅持終生。在此之前，他的自由主義思想的內在涵義，經歷兩次重要的變革。一九二〇年代，他所說的自由主義思想的內在涵義自由、民主、平等、博愛。是西方自由主義思想的公理。是一個巨大的可以什麼都裝進去的筐。如社會各階層和階級的平等，西方宗教世界的博愛。此時，他自由主義理念中已經明確具有積極自由的基本內涵，在強調關注政治是一個知識份子的責任的同時，更強調自由與責任合一，即自由是以限制、負責為前提的。同時，他對個體的強調，具體在健全的個人主義之上。這正是他所謂「多研究些問題，少談些主義」的心裏基礎。一九三〇年代，他所說的自由主義思想的內在涵義是自由、民主、平等、博愛、秩序、理性。而秩序、理性更是他此時言論的責任倫理。他對那些為達到某種目的而不擇手段的「目的熱」，提出了中肯的批評和警告。儘管其影響力有限，但他自己清楚這種努力不會白費。到了一九四七年國共內戰打的不可開交時，平等、博愛、秩序、理性都不可能存在了，他呼籲不要暴力行動，要國共兩黨和平、漸進的改革，要國民黨政府容忍反對黨（共產黨）。以後他到臺灣又要求國民黨政府容忍其他反對黨。同時調整了自己自由主義的理念，即由對「積極自由」的倡揚轉向對「消極自由」的堅守。

一九五〇年代初，胡適遠在美國，對中國的大局已經毫無國際政治影響了。毛澤東發動批判胡適，是要清算胡適的幽靈。毛澤東知道胡適的思想影響力。

據唐弢先生回憶，一九五六年二月的一天，毛澤東在懷仁堂宴請出席全國政協的知識份子代表時，曾說：「胡適這個人也真頑固，我們託人帶信給他，勸他回來，也不知他到底貪戀什麼？批判嘛，總沒有什麼好話。說實話，新文化運動他是有功勞的，不能一筆抹煞，應當實事求是。到了二十一世紀，那時候，替他恢復名譽吧。」[15]毛澤東的話露出了幾分政治家的真誠，也預示了胡適未來的歷史命運。

毛澤東希望胡適回來的目的，是要借他在海外華人中影響，特別是他曾為北京大學校長在海外華人科學家中的感召力，帶動更多科學家回國為國家建設服務，為兩彈上天，作軍事強國出力。

毛澤東說的「托人帶信給他」之事，在一九六二年三月一日臺灣《中央日報》上發表李青來的〈王世傑談：胡適與政治〉一文中也有披露：「在前幾年『共匪』大鳴大放的時候，『共匪』曾派人向美國的胡適先生說，『我們尊重胡先生的人格，我們所反對的不過是胡先生的思想』。胡先生聽了便哈哈大笑說：『沒有胡適的思想就沒有胡適』。」[16]

由於毛澤東在公開場合發話，對胡適表明了他個人的態度。隨後，加上一九五六年政治氣候的相對寬鬆，中共出於統戰的需要，利用周鯁生到瑞士開會的機會，輾轉向胡適傳達資訊。

一九五六年九月十六日，中國外交學會副會長，外交部顧問周鯁生，到瑞士出席「世界聯合國同志大會」。周一九四九年前曾任北京大學教授兼政治系主任、武漢大學校長，與胡適頗有個人交情。在瑞士會議結束後，他又應「英國聯合國同志會」的邀請赴倫敦訪問。在倫敦，周鯁生會見了創辦《現代評論》時期的老友，同時也是他執掌武漢大學時的下屬陳源（陳在武大英文系任教，長期任文學院院長）。周鯁生代表共產黨上層人士周恩來等，勸陳源回大陸看看，同時通過陳源動員在美國的胡適也回大陸。陳源依老友之託，於九月二十日致信胡適，將周鯁生的原話轉告：

> 我說起大陸上許多朋友的自我批判及七八本「胡適評判」。他說有一時期自我批判甚為風行，現在已過去了。

---

[15] 唐弢：〈春天的懷念〉，《風雨同舟四十年》（一九四九－一九八九）第一一六頁，中國文史出版社一九九〇年版。

[16] 臺灣《近代中國史料叢刊續輯》第九五二種《胡適之先生紀念集》第三十頁。

對於你，是對你的思想，並不是對你個人。你如回去，一定還是受到歡迎。我說你如回去看看，還能出來嗎？他說「絕對沒有問題」。

他要我轉告你，勸你多做學術方面的工作，不必談政治。他說應放眼看看世界上的實在情形，不要將眼光拘於一地。[17]

然而，胡適並不相信周鯁生所說的話，他針對陳源的信中所說的「對於你，是對你的思想，並不是對你個人」一句話，在下面劃了線，並在一旁批註說：「除了思想之外，什麼是『我』？」

胡適與共產黨的對立，主要是在思想、信念上，他知道自己的思想與共產主義思想無法相容的。故也就不可能相信來自共產黨一方的任何勸說。

共產黨高層爭取胡適一事，主要是在胡適的幾位朋友之間展開的。在一九四九年以前的武漢大學領導層多是胡適的朋友。兩任校長王世傑、周鯁生和文學院院長陳源分別在中國臺灣、大陸和英國，都參與或曉知此事。

我這裏不拿魯迅來全面比較，只說其中的一點，即白話文的使用問題。周氏兄弟因受章太炎以復古為解放的「文學復古」(實際的「文章復古」)的激進民族主義思想的影響，從漢民族文化的最基本元素「小學」(語言文字的形、聲、義）入手，作反清排滿的最根本的政治顛覆。因此，他們所用的語文表達方式，是最詰屈聱牙的古文。作為激進民族革命的政治鬥爭方可，但作為大眾文學的傳播卻走進了死胡同。一九一七年以前，魯迅就開始了小說創作，語言形式是文言文的《懷舊》（一九一一年創作，一九一三年四月刊發在《小說月報》上)，沒有任何影響。他和弟弟周作人用古文文體譯有《域外小說集》，只賣了幾十冊。論說文〈摩羅詩力說〉、〈文化偏至論〉等詰屈聱牙，曲高和寡。

---

[17] 轉引自陳漱渝：〈飄零的落葉——胡適晚年在海外〉，刊《新文學史料》一九九一年第四期。

原因是沒有新的語言工具和文化－文學的變革時代。於是，魯迅陷入了「鐵屋子」的自我囚禁，一度對文學創作失去了信心和意義指向。只好以「鈔古碑」度日。這個「鐵屋子」的自我囚禁實際就是「語言的牢籠」。是胡適開始的白話文學時代，和白話文學的語言工具成為魯迅打開「鐵屋子」的鑰匙。是《新青年》為魯迅提供了一個走向文學輝煌的舞臺。這也許就是工具的意義。胡適對這一工具的歷史性清醒認識，使他在一九二二年所寫的〈五十年來之中國文學〉一文中對周氏兄弟有如下的示例：

> 古文究竟是已經死的文字，無論你怎樣做得好，究竟只夠供少數人的賞玩，不能行遠，不能普及。我且舉一個最明顯的例。十幾年前，周作人同他的哥哥也曾用古文來譯小說。他們的古文工夫既是很高的，又都能直接瞭解西文，故他們譯的《域外小說集》比林譯的小說確是高的多。
>
> ……但周氏兄弟辛辛苦苦譯的這部書，十年之中，只銷了二十一冊！這一件故事應該使我們覺悟了。[18]

胡適是主證據說話的，他在一九二二年的這時候能夠用具體的二一冊來說事，是得自周氏兄弟，魯迅在一九二一年上海群益書社出版的《域外小說集》新版序言中所說的（在日本得浙江友人資助第一冊印一千冊，賣掉二十一本，第二冊印五百冊賣掉二十本，那第一冊多賣出一冊是他們自己託人買來驗證定價的。在上海也只有二十冊上下，其他遭火災燒毀）。[19]因為這時候他們三人的關係很好，彼此相互借書。後來魯迅對此才有專門的文章。

我在一九九四年出版的《傳統與現代之間》一書中，曾論及此事，並寫下這樣一段話：

---

[18] 胡適：《胡適全集》第二卷第二八〇－二八一頁。
[19] 魯迅：《魯迅全集》第十卷第一六一頁。

> 在這裏，胡適注意到用古文譯小說同樣可以做到「信、達、雅」，但是得不償失，終究還是要失敗的。周氏兄弟也正是由於這次失敗，才認清了舊文學的底蘊，並反戈一擊，加入新文學革命的陣營，成為新文學的兩員大將。胡適最早認識到了周氏兄弟的這一歷史性轉變，並從史的發展及教訓上加以正確的張揚，從而為文學革命運動的價值導向提供了一個強有力的證據，也為埋葬舊文學譜下一曲無情的輓歌。[20]

對於魯迅來說，胡適是他的文學價值和意義存在的外在條件。這是我就文學本身（不及其他）最簡單、最直接，也最感性的說辭。你可以不同意我的意見，但事實就是這樣。

因為，在胡適的直接推動下，一九二〇年一月北洋政府教育部下令小學一、二年級課本廢止文言文，改用國語，一九三〇年二月教育部又通令全國學校厲行國語，並將國語推進到政府行政流動的公文。一九四九年以後大陸的漢字簡化，是胡適想做而沒有成功的事。

魯迅依靠白話文的工具，成為新文學作家後，他對白話文個人感情是超乎尋常的。一九二二年一月，反對新文化和白話新文學，特別是反對胡適的的刊物《學衡》出來時，胡適本人不屑反擊。最先起來反擊，並且態度堅決的是周氏兄弟。

《學衡》伊始，反對新文學的三個最堅決的人物胡先驌、梅光迪、吳宓恰好都是留學美國的。胡先驌為植物學家，對舊體詩詞情有獨衷。梅光迪、吳宓是西洋文學教授。三人都不是研究國學的，而提倡國故。提倡中庸、節制、紀律的人文主義思想，反對浪漫主義文學和新文化的梅光迪、吳宓，事後，都陷入浪漫主義的愛情與婚姻的新舊道德困境。與胡適、魯迅又恰成反比。

一九二二年二月四日《晨報副鐫》第三版「雜感」欄刊登的式芬（周作人）的〈評《嘗試集》匡謬〉。該文針對胡先驌的批評，逐個加

20 《傳統與現代之間》第二一四頁，河南大學出版社一九九四年年版。

以批駁。魯迅在二月九日《晨報副鐫》，以「風聲」發表〈估《學衡》〉。他的結論是：

> 總之，諸公掊擊新文化而張惶舊學問，倘不自相矛盾，倒也不失其為一種主張。可惜的是於舊學並無門徑，並主張也還不配。倘使字句未通的人也算是國粹的知己，則國粹更要慚惶煞人！「衡」了一頓，僅僅「衡」出了自己的銖兩來，於新文化無傷，於國粹也差得遠。
>
> 我所佩服諸公的只有一點，是這種東西也居然會有發表的勇氣。[21]

我說魯迅對白話文個人感情是超乎尋常，在他一九二六年五月發表的〈二十四孝圖〉一文有更加明確的表白。他先說：

> 我總要上下四方尋求，得到一種最黑，最黑，最黑的咒文，先來詛咒一切反對白話，妨害白話者。即使人死了真有靈魂，因這最惡的心，應該墮入地獄，也將決不改悔，總要先來詛咒一切反對白話，妨害白話者。
>
> 自從所謂「文學革命」以來，供給孩子的書籍，和歐，美，日本的一比較，雖然很可憐，但總算有圖有說，只要能讀下去，就可以懂得的了。可是一班別有心腸的人們，便竭力來阻遏它，要使孩子的世界中，沒有一絲樂趣。[22]

所以，魯迅極端的結論是：「只要對於白話來加以謀害者，都應該滅亡！」[23]《三閒集》所收〈無聲的中國〉一文，更是強調：「我

---

[21] 魯迅：《魯迅全集》第一卷第三七九頁。
[22] 魯迅：《魯迅全集》第二卷第二五一頁。
[23] 魯迅：《魯迅全集》第二卷第二五一頁。

們此後實在只有兩條路：一是抱著古文死掉，一是捨掉古文而生存。」[24]

直到一九三四年底，魯迅的語言文字觀念還是如此極端。他在〈關於新文字——答問〉一文中說：「方塊漢字真是愚民政策的利器，不但勞苦大眾沒有學習和學會的可能，就是有錢有勢的特權階級，費時一二十年，終於學不會的也多得很。……所以，漢字也是中國勞苦大眾身上的一個結核，病菌都潛伏在裏面，倘不首先除去它，結果只有自己死。」[25]。

我認為作為文學家的胡適與魯迅，白話文是他們最為直接的立身的紐帶。其他都可以因自身的利益而打折，唯獨這一點所結成的同盟牢不可破。

一九二一年七月胡適在《東方雜誌》第十八卷第十三號刊有〈杜威先生與中國〉，他將杜威的實驗主義哲學方法概括為「歷史的方法」和「實驗的方法」。胡適言簡意賅，說實驗的方法至少注意三件事：

> （一）從具體的事實與境地下手；（二）一切學說理想，一切知識，都只是待證的假設，並非天經地義；（三）一切學說與理想都須用實行來試驗過；實驗是真理的唯一試金石。[26]

一九七八年五月十一日，開啟中國思想解放運動的最響的春雷是〈實踐是檢驗真理的唯一標準〉。這是思想解放的一個關鍵時刻。

從一九二一到一九七八，歷史的時空是五十七年。這就是胡適思想的力量。那是先知穿透歷史的力量。

一九一九年七月，胡適針對人類迷信抽象名詞的弱點，提出了補救的措施：

---

24 魯迅：《魯迅全集》第四卷第十五頁。

25 魯迅：《魯迅全集》第六卷第一六〇頁。

26 胡適：《胡適全集》第一卷第三六一－三六二頁。

> 多研究些具體的問題，少談些抽象的主義。一切主義，一切學理，都該研究，但是只可認作一些假設的見解，不可認作天經地義的信條；只可認作參考印證的材料，不可奉為金科玉律的宗教；只可用作啟發心思的工具，切不可用作蒙蔽聰明，停止思想的絕對真理。如此方才可以漸漸養成人類的創造的思想力，方才可以漸漸使人類有解決具體問題的能力，方才可以漸漸解放人類對於抽象名詞的迷信。[27]

到了一九三〇年，胡適寫作〈介紹我自己的思想〉時，特別強調：「這些話字字句句都還可以應用到今日思想界的現狀。十幾年前我所預料的種種危險——『目的熱』而『方法盲』，迷信抽象名詞，把主義用作蒙蔽聰明停止思想的絕對真理——一一都顯現在眼前了。」[28]

適值一九九二年，這是改革開放進入了一個關鍵的轉折關頭。鄧小平果斷提出了不要討論姓「資」姓「社」，不要有主義之爭。

看看中國這三十年的巨大變化，體會一下鄧小平時代——從實踐是檢驗真理的唯一標準、改革開放、經濟特區試驗，到不要主義之爭，要和平、漸進的改革。還有胡適倡導而我們沒有做到的和不願、不敢做的。

什麼是胡適的價值和意義？什麼是胡適的方向？難道還不明確？！

研究法國大革命的托克維爾曾尖銳地指出，暴力取得的政權也只有靠暴力維持。暴力革命的結果通常是換一個暴君的頭顱，是一個變化的頭顱與一個不變的軀體的對接。

魯迅是一個具有極端反抗、復仇和批判心理，並充分付諸實施的人，他反抗專職政權，向損傷自己的人復仇，拒絕體制的思想一統並排斥、批判和消解體制，同時又從文化歷史層面對人的奴性、劣根性

---

[27] 胡適：《胡適全集》第一卷第三五三－三五四頁。
[28] 胡適：《胡適全集》第四卷第六六一頁。

進行批判。這樣的「戰士」，又如何，又怎麼可能被一九四九年以後的「萬壽無疆」的萬萬歲毛澤東喜歡？魯迅實際上就是毛澤東有時覺得有用的「砸人磚」而已。

在暴君的暴政底下是身心被奴役、壓迫的臣民。暴君與暴民是必然的張力性存在，也是歷史發展和王朝家國更迭相對應的必然因素。如尼采心理學定律所表達的那個充滿怨恨和復仇「暴君的臣民」時刻想的是造反。魯迅研究者大都清楚認識到，反專制的魯迅，卻被專制體制充分扭曲和極端的利用——「革命無罪，造反有理」。他的那種對於上層社會、權貴的怨恨和復仇言論及思維方式，被「政治家」看中，更成為被奴役的「暴君的臣民」的怨恨和復仇情緒的極端表現，再加上一個數千年積澱的「均貧富」的極端理想的現實體驗——從「土改」到「文革」——難怪魯迅受到那麼高的抬舉。他也成了政治鬥爭的最重要的新文化資源和實用工具。極力主張「復仇」、「痛打落水狗」、「一個都不寬恕」的魯迅被當成革命和繼續革命的有力武器。毛澤東的「人不犯我，我不犯人。人若犯我，我必犯人」的為人處世哲學與魯迅如出一轍。而作為專制體制批判者的魯迅的形象卻是被一方面單向度的誇張和另一方面單向度的遮蔽。多數論者將魯迅與胡適比較後得出的一個基本結論是胡適的「淺薄」(或類似之說)。問題在於長時期我們對於胡適這些「淺薄」的思想都接受不了。反倒是對「深刻」的魯迅加以簡單的「實用」。我們只迷信一個主義一個領袖，和虛無的絕對。倡導「實驗主義」(實用主義）的胡適算是成了廟堂敵視的梁山泊的「吳用」。是誰在靈活機動地使用魯迅的戰法，以至到了空前絕後的地步，是曾極端推崇過魯迅的毛本人。毛為了自己的權力和充分的獨裁，「一個都不寬恕」，隨時要「復仇」。毛為了自己的權力和充分的個人獨裁，是不顧幾百萬，甚至幾千萬老百姓死活的。當魯迅反專制的思想有礙極權獨裁者時，就把他「關在牢裏」。比起被剷除的那麼多開國元勳，舞文弄墨的刀筆吏魯迅算得上什麼？這就是毛的政治哲學。

一九四五年七月，當到延安訪問的傅斯年謙稱自己五四時期的活動只不過是陳勝、吳廣而已，毛澤東、蔣介石才是成就大業的劉邦、項羽時，卻引來毛澤東借唐代詩人章碣的〈焚書坑〉一詩「竹帛煙銷帝業虛，關河空鎖祖龍居，坑灰未燼山東亂，劉項原來不讀書」的手書回敬。[29]與天鬥與人鬥其樂無窮的毛澤東是大政治家，同時又是具有浪漫氣質的詩人。他在與天鬥與人鬥的同時，喜歡讀歷史，那是在習得歷史的智慧，在研究帝王術。喜歡文學，《三國演義》、《水滸傳》給他的仍是歷史的智慧。傅斯年訪問延安時，與毛澤東有一夜長談，「談到中國的小說，他發現毛澤東對於坊間各種小說，連低級興趣的小說在內，都看得非常之熟。毛澤東從這些材料裏去研究民眾心理，去利用民眾心理的弱點」。[30]劉邦、項羽、朱元璋原來不讀書，曹操、諸葛孔明、毛澤東是讀書人出身的。讀書人一旦投身仕途，為功名而戰，反過來又十分蔑視純粹讀書人，視之為「小人之儒」。看看《三國演義》中諸葛孔明舌戰群儒時所說的「尋章摘句，世之腐儒也，何能興邦立事？……區區於筆硯之間，數黑論黃，舞文弄墨而已」。「小人之儒，惟務雕蟲，轉工翰墨；青春作賦，皓首窮經；筆下雖有千言，胸中實無一策」。

當皇帝，哪個不想？連書生胡適在一九四八年還作了一陣子總統夢。那可是中國皇帝啊！熟讀史書的毛澤東，喜歡曹操，也喜歡過魯迅。前面說到，暴力取得的政權，只有靠暴力維持。魯迅在〈魏晉風度及文章與藥及酒之關係〉一文中特別引述曹操曾說過的話：「倘無我，不知有多少人稱王稱帝！」所以，魯迅說曹操：「我想他無論如何是一個精明人，他自己能做文章，又有手段，把天下的方士文士統統搜羅起來，省得他們跑在外面給他搗亂。」[31]在延安，毛澤東就開辦了

---

29 王汎森、杜正勝編：《傅斯年文物資料選編》第一一五頁，傅斯年先生百齡紀念籌備會印行，一九九五。

30 王汎森、杜正勝編：《傅斯年文物資料選編》第一一四頁。

31 魯迅：《魯迅全集》第三卷第五〇四頁。

「魯藝」，一九四九年以後，新成立個「文聯」和「作協」。養起來，就是管起來，「省得他們跑在外面給他搗亂」。把你養起來後，還敢亂說，「右派」帽子伺候！

只有鄧小平這樣特殊時代的人物才會與胡適有共同的興奮點。可問題是鄧小平的做法並不是從胡適的書本中讀來的。這就是胡適思想的「超時代」性，是胡適反復強調的歷史發展的「大趨勢」的意義。

二〇〇六年，李澤厚在《瞭望・東方週刊》記者舒泰峰的一次採訪中也特別回答了當前的胡適熱：他胡適有他好的方面，他提倡的自由主義精神並身體力行、非常寬容大度，這些都非常難得。他有軟弱的一面，但他的平和寬容的人格在今天很有價值和意義。這是中國特別需要的一種精神。胡適平等待人，沒有精英思想，不居高臨下。倒是現在的不少學者感覺自己了不起。

三

學界有一個與胡適有關的傳說，頗有意思。

如今我無法考證的傳說（我聽來的不是傳說的第一版本，因此我只把這當作非學術的「民間文學」）是：一九八〇年代中期，有「二胡」爭「一胡」的事。過去忙著打天下和政治鬥爭的胡耀邦沒有讀過胡適的書，思想解放大勢所趨，胡適成了背後的思想資源。由秘書找來一部《胡適文存》，胡耀邦讀了《胡適文存》後說，看來中國早期倡導現代化是孫中山和胡適，一個主張政治體制現代化，一個主張思想的現代化。是胡耀邦親自批示，《光明日報》才敢連載白吉庵的《胡適傳》。胡喬木是清華大學外文系的高材生，過去是讀過胡適的書的理論家和「大內高手」（秘書），他深知胡適思想對專制體制的消解力量。他聽說出版社要編印胡適的全集，說誰要敢把胡適的全集公開推向書架，他就同誰拼命。結果是胡耀邦把自己給「消解」了。「一九九二年，又一個春天，有一位老人到中國的南海邊轉了一轉」——胡喬木在鄧小平南巡之後，也蒼茫落馬，不久即向一個主義一個領袖報了到。

二〇〇五年四月二十九日國民黨主席連戰在北京大學演講的當天晚上，我與研究生在研究室座談，之前，並不知道連戰演講的內容，我說到胡適自由主義的四項核心內容：自由，民主，和平、漸進的改革，容忍反對黨。一位博士生打斷我的話：「沈老師，胡適什麼時候說的這些？」

「一九四七年。是在〈自由主義〉一文中。」

「那怎麼和連戰今天下午在北京大學演講的核心內容是一樣的呢？我剛從網上看完直播。」他深感驚奇。

「當然是一樣的。連戰是在美國芝加哥大學讀的博士學位。他的博士學位論文是〈共產中國的胡適思想批判〉。他的思想資源直接來自胡適。他到胡適做過校長的北京大學，既不能講社會主義，也不能講三民主義，只能講自由主義，那裏是胡適思想的大本營。胡適發表〈自由主義〉時正是北京大學校長任上。」[32]我回答。

「嗨，原來是這樣。」學生有明白了的表示。

六十年了，可見胡適思想的穿透力和現實意義。

不過，我一九九七、一九九九年兩次去臺灣訪學，他們的民主化、自由化進程已經完全超越了胡適。他們已經很少有人再關注胡適思想的現實意義了。而大陸的胡適研究還是猶抱琵琶半遮面。包括我自己也是這樣的狀態中，所以臺灣學者就有人尖銳地批評我。語境使然，哪個不想說實話？能或者敢嗎？

二〇〇〇年，共產黨的高級官員、學者李慎之說二十一世紀是胡適的世紀。在指導人類歷史大方向上，胡適是正確的。他說這話時，那也是形將就木之時。人之將死，其話也實。

現在中國大陸學術界只能研究胡適思想的這些方面：

---

32 連戰一九六六年在芝加哥大學以《共產中國的胡適思想批判》為論題，獲得政治學博士學位。

文學、個體、文化：

倡導白話新文學

開闢新的學術研究範式（我認同並依余英時之說）

知錯、認錯、自我反省、批判

虛心與寬容

實驗的態度

國家、社會、歷史：

自由

民主

和平、漸進的改革

不能研究和正確對待胡適思想的這兩個方面，還是「禁區」：

反對被主義牽著鼻子走，決不要相信一個主義一個領袖和虛無的絕對

容忍反對黨

這和中國共產黨的政治思想、政權政黨有直接的關聯。

那我們就寄希望於未來一個更加開放、強大的中國，能使我們的學術研究沒有「禁區」。

同時，我的「希望」中不絕於耳的是胡適一九三〇年在〈介紹我自己的思想〉一文裏發出的聲音：

> 歐洲有了十八、九世紀的個人主義，造出了無數愛自由過於麵包，愛真理過於生命的特立獨行之士，方才有今日的文明世界。

> 現在有人對你們說：「犧牲你們個人的自由，去求國家的自由！」我對你們說：「爭你們個人的自由，便是為國家爭自由！爭你們自己的人格，便是為國家爭人格！自由平等的國家不是一群奴才建造得起來的！」[33]

這就是胡適思想的力量。

在魯迅所痛斥的「吃人」的社會裏，他借「狂人」之口說有「我也吃過人」。在「瞞和騙」的昨天及今天，我們更加看重胡適所說的「一切學說與理想都須用實行來試驗過；實驗是真理的唯一試金石」。即「實踐是檢驗真理的唯一標準」。求真相防受騙的法子是有的。最後，我借用魯迅在〈隨便翻翻〉一文中的告誡結束本文：

> 治法是多翻，翻來翻去，一多翻，就有比較，比較是醫治受騙的好方子。[34]

---

33 胡適：《胡適全集》第四卷第六六三頁。
34 魯迅：《魯迅全集》第六卷第一三八頁。

叛逆的復仇與自卑超越的趨同

一

孫行者
PK
胡適之
寅恪試題考學子
周祖謨、張政烺
考生兩位能答上
一嘗試
寫新詩
再嘗試
沈從文大學當講師
捉鬼整國故
雪芹出曹府
紅樓一夢到水滸
爭自由講民主
差點兒總統府裏住
為抗戰擔大使
收藏許多博士學位服
走西方
小腳太太跟得上
回臺灣
榮獲懼內大獎章

弟子三千捧場
醉倒院士酒會上

二

伯宜死前鐵花落
不做師爺弄文學
吶喊之後獨彷徨
吃些野草當奶娘
祥林嫂、孔乙己
Q、閏土老爺禮
作人作奴都不易
編故事
說復仇
猶如當今生活秀
民族魂
敲門磚
拍磚結怨四條漢
投槍、匕首、封喉劍
罵人藝術秋郎現
讀書講學不間斷
你我共吃魯迅飯

一個慈眉善目，一個橫眉冷對。

是什麼原因，導致胡適、魯迅性格如此大的差異？

童年時代的生活對營造一個作家來說至關重要。每位作家，當他們登上並立定文壇後回首往事時，都會無限深情地憶念自己那幸或不幸的童年，追尋似水年華，尋覓藝術的最初靈光。而在童年的往事中，不論是美好的、無邪的、詩意的、快樂的、奇妙的生活，或者是溫良的、善感的、富有情愛的童心，和心與心相撞擊的孩提時的舊夢，都能找到作家那藝術世界的底蘊和心理潛影。特別是童年美好的事物和悲慘的遭遇，以及粗野的原始的自然的東西——不論是快樂的、永恆的、正常的，還是傷心的、瞬間的、病態的——都會發現對作家人格形成所起的決定性影響，或潛移默化的感染。所以，對於作家來說，生活作為藝術的母體固然重要，但童年的影響也不容忽視。

魯迅、胡適作為「五四」時期應運而生的啟蒙思想家、作家、學者，他的腳踏著新舊兩個時代，經受了中、西兩種文化的陶冶。因此，在其知識結構中，具有相對的過渡性、不穩定性、超前性；在他們的心理結構中，由於家世、環境、教育等多種因素的影響，又具有明顯的時代性、複雜性、豐富性。這裏，我僅就他們童年生活中「家道中衰」這一帶有偶然因素的事件的衝擊，尋求幾個相應的可對比的視點，看對他們心理結構產生的影響。而這種探尋事理的方法，不是整體的「森林形態」的描繪和把握，只是在個別「樹木」的細部進行微觀的解剖、透視。這種透視只是想說明某些具體的個別問題，並不是因此而對作為個體文化形態的全面定性；不因此菲薄先驅者的歷史功績，更不是此是彼非的文化審判。

一、「天有不測風雲」

一個人無法選擇自己的出身，這如同一個人不能撥著自己的頭髮上天一樣。魯迅、胡適各自生在清末的官僚家庭，偶發的不測歷史事件，使他們成了貧困的一代，並一下子墜落到社會的底層。

魯迅——一八八一年九月二十五日他出生時，進士學歷的祖父周福清為京都內閣中書，父親周伯宜正興致勃勃地在走科舉升宮、發財之路。大家族中，官運亨通，人丁興旺。一八九三年，魯迅十三歲時，祖父因在周伯宜中舉之科場行賄一事敗露，以致被判死刑，父親被革去秀才，再不准參加科舉考試。為使祖父免於死罪，家裏幾乎把全部家產都變賣了，去打通官府關節，方使祖父最後被判為「斬監候，秋後處決」的死緩。但一拖便拖了下來，他祖父在「斬監」中「候」了七年，於一九〇一年開春被釋放回家。

此案發生後，作為家小的魯迅兄弟，因怕株連，便避難於舅父家中。由於這場變故，使他家「幾乎什麼也沒有了」，全家人被親戚們瞧不起，他寄住在舅父家，也被稱為「乞食者」。因受不了這種被稱為「乞食者」的嘲弄，他便回到自己家裏。然而，家裏等待他的卻是父親因被革去秀才的打擊而導致的由精神到肉體的徹底崩潰。父親在病床上躺了三年多，最後耗盡家裏錢財，看著這個家庭徹底衰敗而死去。如〈吶喊・自序〉中所寫的：

> 我有四年多，曾經常常，——幾乎是每天，出入於質鋪和藥店裏，年紀可是忘卻了，總之是藥店的櫃檯正和我一樣高，質鋪的是比我高一倍，我從一倍高的櫃檯外送上衣服或首飾去，在侮蔑裏接了錢，再到一樣高的櫃檯上給我久病的父親去買藥。回家之後，又須忙別的事了，因為開方的醫生是最有名的，以此所用的藥引也奇特：冬天的蘆根，經霜三年的甘蔗，蟋蟀要原對的，結子的平地木……多不是容易辦到的東西。然而我的父親終於日重一日的亡故了。[1]

作為家中長子，魯迅過早地嚐到人生的艱辛，過早地承擔了家務。而對父親這不治之症的臨終的經歷，魯迅是這樣寫的：

> 父親的喘氣頗長久，連我也聽得很吃力，然而誰也不能幫助他。我有時竟至於電光一閃似的想道：「還是快一點喘完了罷……。」立刻覺得這思想就不該，就是犯了罪；但同時又覺

[1] 魯迅：《魯迅全集》第一卷第四一五頁，人民文學出版社一九八一年版。

得這思想實在是正當的，我很愛我的父親。便是現在，也還是這樣想。

……

「叫呀，你父親要斷氣了。快叫呀！」衍太太說。

「父親！父親！」我就叫起來。

「大聲！他聽不見、還不快叫？！」

「父親！！！父親！！！」

他已經平靜下去的臉，忽然緊張了，將眼微微一睜，彷彿有一些苦痛。

「叫呀！快叫呀！」她催促說。

「父親！！」

「什麼呢？……不要嚷。……不……」

他低低地說，又較急地喘著氣，好一會，這才復了原狀，平靜下去了。

「父親！！」我還叫他，一直到他咽了氣。

我現在還聽到那時的自己的這聲音，每聽到時，就覺得這卻是我對於父親的最大的錯處。[2]

周建人晚年回憶說：

這件事成了我大哥一個不可補救的悔恨，他後來哭著對母親說：「我對不起爹爹呀！爹爹這麼說，我不應該再叫了！」[3]

在這個書香、官宦之家，魯迅僅度過了十三年幸福的生活。當祖父下獄後，他便落入不幸的境地。父親死時，祖父還在獄中，家裏窮

---

2 魯迅：《魯迅全集》第二卷第二八八－二八九頁。

3 周建人口述，周曄編寫：《魯迅故家的敗落》第一一八－一一九頁，湖南人民出版社一九八四年版。

苦到了想看的書，想吃的東西都沒有錢買了。昔日無憂無慮的童年一去永不回還，而代之以暗淡、冷酷的悲慘世界。

胡適——一八九一年十二月十七日他出生時，正是父親胡傳官運較佳，出任上海淞滬厘卡總巡（負責稅收）之時。不久，作為「能吏」的胡傳被調任臺灣省「台南鹽務總局提調」，胡適也隨年輕的母親（胡適出生時父親五十歲，母親十八歲）由上海到了臺灣。一八九三年，胡傳出任台東直隸州知州，兼駐軍統領。在胡傳上任不久，披肝瀝膽，整治三營，籌畫台東防務之際，甲午中日海戰爆發，北洋水師慘敗。接著馬關和會——清政府割讓臺灣的消息傳來。於是，胡傳派人把妻、子（胡適）送回大陸老家，自己則聯合劉永福欲固守抗敵。後因與日軍交戰中兵盡糧絕，加上染病，只好內渡回大陸。不久，即病死於廈門。

此時，胡適不足四歲，年輕的寡母才二十二歲，孤兒寡母的悲慘命運降臨了。這種突如其來的「天地都翻覆了」的淒慘情狀，使胡適由昔日的烏衣郎一變而為敗落子弟。對此，胡適有如下的記憶：

> 這時候我只有三歲零八個月、我彷彿記得我父親死信到家時，我母親正在家中老屋的前堂，她坐在房門口的銜子上、她聽見讀信人讀到我父親的死信，身子往後一倒，連椅子倒在房門檻上。東邊房門口坐的珍伯母也放聲大哭起來。一時滿屋都是哭聲，我只覺得天地都翻覆了！我只彷彿記得這一點淒慘的情狀，其餘都不記得了。[4]

此後，胡適的家境陷入了貧苦的局面，孤兒寡母的生活十分困頓、艱辛。

---

[4] 胡適：《胡適全集》第十八卷第二十三頁。

二、家難對個體身心的影響

家難對魯迅、胡適的心理影響是深重的，尤其是在他們可塑的心靈上所烙上的情緒化痕記是很強烈的。這對他們的性格的形成具有不可忽視的影響。

魯迅——當祖父下獄後，因官司的花銷，家裏的田產倒賣完了。作為「乞食者」，魯迅寄居大舅父家裏，昔日大舅一家高接遠送的情形沒有了，換的是對待「乞食者」的一副冷淡、蔑視的面孔。強烈的炎涼、暖冷對比，在魯迅幼小的心中形成了一種鮮明而又十分痛苦的情緒記憶。當他帶著傷疼的心回到家時，父親的病，使他這家中的長子不得不過早地替母親分擔憂患，在無數次「侮蔑」的眼光下，出入當鋪和藥店。當無錢買書看或買想吃的東西時，他向衍太太訴苦，衍太太慫恿他去拿家裏抽屜中的珠子變賣。雖然他並沒有這樣做，但事後，家族中便起了他偷家裏的東西去賣的謠言，使魯迅感到人情世故的冰冷和虛偽，並對他原本熟識的這些人和環境產生了極大的厭惡。而這一切確實成了抹不去的烙痕，印在他的心上。後來，每每憶述童年的這些往事，便自覺不自覺地提到這世態炎涼的世道，和勢利、虛偽的人們，及其對他的影響。

> 有誰從小康人家而墜入困頓的麼，我以為在這途路中，大概可以看見世人的真面目；我要到N進K學堂去了，彷彿是想走異路，逃異地，去尋求別樣的人們。……社會上便以為是一種走投無路的人，只得將靈魂賣給鬼子，要加倍的奚落而且排斥的，而況伊又看不見自己的兒子了。[5]

---

5 魯迅：《魯迅全集》第一卷第四一五－四一六頁。

並且認為是由於父輩窮了下來，使他因此明白了許多事情，也增長了不少見識：

> 因為我自己是這樣的出身，明白底細，所以別的破落戶子弟的裝腔作勢，和暴發戶子弟之自鳴風雅，給我一解剖，他們便弄得一敗塗地，我好像一個「戰士」了。[6]

進而，他把這種感受和見識創造性地轉化為文學：「偶然得到一個可寫文章的機會，我便將所謂上流社會的墮落和下層社會的不幸，陸續用短篇小說的形式發表出來了。」[7]

這裏魯迅所說的只是從事文學的心路歷程上的一個縱向溯源，而其間他還經歷了學實業、洋務，學西洋醫學的過渡時期。也就是說，他對自己最終職業的選擇並不是一開始就瞄準了文學。

由於紹興人俞明震任南京礦路學堂總辦的緣故，許多紹興人在這所學校任教或讀書。一九〇二年三月二十四日，魯迅隨俞明震赴日留學，同行者有陳衡恪、陳寅恪兄弟等（俞明震為陳氏兄弟的舅父）。魯迅對美術的愛好，得自陳衡恪的影響。他十八歲入江南水師學堂及後來轉礦路學堂，只是為了不交學費和飯錢（混口飯吃），而且一年還有二塊銀元的津貼。赴日留學後學習醫學，也還只是出於對中國醫學的強烈反感（父親病時的刺激）而產生的為醫父親那樣的病和戰時當軍醫。而這種學醫的內在精神動因中，還有心靈深處那次在十三四歲時因牙疼遭中醫的侮辱——說牙疼與腎虧（陰虧）有關，是自己對性器官有些不潔愛（手淫）的結果。

當祖父在獄中、父親臥病在床時，他作為長子，協助母親支撐這個家。他過早地承受了本不該承受的擔子，道德心的早熟，使他少年老成，並一度想依靠自己的力量「重振家聲」以圖再興（而這外化在

---

6 魯迅：《魯迅全集》第十三卷第一九六頁。
7 魯迅：《魯迅全集》第七卷第三八九頁。

行為上的是後來從事實業、學醫，並且還參加一次科舉考試）[8]。這種心理，他在後來寫作的《風箏》一文中曾表露過，即在當時，連弟弟處在遊戲階段，放風箏也被他看作「沒出息孩子」們的事，不許放，甚至折斷和踩壞他們自製的風箏；弟弟在看別人放風箏時的喜悅，也被視為可鄙的。後來，正是這種「重振家聲」的心理意願無法實現和心理負擔過重，無法使他釋放和疏散心頭的壓力，而最終使他找到了文學。

他在尋找自己理想的職業，以圖實現自己的價值，達到心理平衡的同時，還經歷著精神的心路上的尋覓、摸索。他由於家道變故的刺激，曾產生了一種強烈的「重振」與「反叛」的矛盾衝突。因為前者是一種社會、家庭的需要，也是他「長子意識」的主導思維。但由於學實業、洋務，學西洋醫學都沒有成功，他感到「重振」的希望渺茫，以此報國之路也走不通。於是「反叛」的復仇者的抗爭心理占了優勢。正如他在致黃萍蓀信中所說：「『會稽乃報仇雪恥之鄉』，身為越人，未忘斯義。」[9]而當他日後背叛了自己原屬的階級、家庭之後，他以更為清醒的意識去反思自我，認為自己「怎樣地在『碰壁』，怎樣地在做蝸牛，好像全世界的苦惱，萃於一身，在替大眾受罪似的：也正是中產的智識階級分子的壞脾氣。只是原先是憎惡這熟識的本階級，毫不可惜它的潰滅……」[10]他後來對人和事的尖酸、刻薄、無情，一個都不寬恕的倔強性格，都與童年所受的心理壓力和成年的反叛、反抗意識有關，是一種遭壓抑傷害的心理的另一極向亢奮發展。他經歷了從自我（學洋務、醫學〉向社會的重新選擇（文學〉，並在這條路上，目中無人，傲視一切，以手中的筆，贏得了兒童時代（未遭家變前）自尊、自大和屬於自己的人性尊嚴，尋找到了因家遭變故而失落了精神世

8 關於魯迅參加科舉考試，周作人在《魯迅小說裏的人物》和日記中都有記述。參加會稽縣考的時間為一八九八年十二月十八日。

9 魯迅：《魯迅全集》第十三卷第三〇六頁。

10 魯迅：《魯迅全集》第四卷第一九一頁。

界，達到一種心理平衡的滿足。從社會意義上看，他憎惡自己熟識和他本屬於的階級，不惜它的潰滅，乃至加速其崩潰，是達到了一種超越自我的高度，以致成了為民眾傳遞心聲的精神界之戰士。

從社會機制（秩序）看，他是舊的社會機制的受害者。心靈的傷害使他希望這個社會崩潰，成了悲觀的現實的批判者，與現行的社會不合作，犯上，與人為惡，好戰，好鬥，與現行政府不合作。這種叛逆的復仇行為，使他的心理得以平衡。受童年即埋下的復仇的種子所發出的心理能量的驅使，他痛恨上流社會、權貴、「正人君子」，常一吐（罵〉為快。文學成了他復仇的手段和工具，成了緩解、釋放心理壓力、鬱結的渠道。這樣，他的自我價值才能體現，才能達到一種自我的慰藉和滿足。他一生都處在苦苦的掙扎、戰鬥中，與社會戰，與自我戰（解剖自己，內省、反思，以及在二十一年後對自己當初包辦婚姻的背叛），成為一個受難的叛逆者。

胡適——由於胡適在三歲之前，受父親的權威——身材高大，面色紫黑，兩眼放射著威光的高壓，過早地被逼著識字、寫字、因此在父親面前他產生了一種生存需要的防衛性自卑感。而一年之後，父親的突然病逝，又使他產生一種缺少保護、依靠的被遺棄感，進而形成了較為強烈的「自卑情結」。胡適的母親為第三房小妾，所以在他父親死後，她處在這個破敗的大家庭裏，以後母後婆（原長房的兒子已結婚）的身份操持家務，捉襟見肘。抬頭看諸子諸婦生氣的面孔，低頭聽諸子諸婦無事生非的吵罵，而這一切又都產生於破敗家庭的貧窮。但她遵從丈夫要小兒子胡適好好讀書的遺囑，在家境十分貧困的情況下，節衣縮食，嚴格管教胡適讀書：

> 每天天剛亮時，我母親就把我喊醒，叫我披衣坐起。我從不知道她醒來坐了多久了。她看我清醒了，才對我說昨天我做錯了什麼事，說錯了什麼話，要我認錯，要我用功讀書。有時候她對我說父親的種種好處，她說：「你總要踏上你老子的腳

步。我一生只曉得這一個完全的人，你要學他，不要跌他的股。」（跌股便是丟臉，出醜）她說到傷心處，往往掉下淚來。到天大明時，她才把我的衣服穿好，催我去上學。[11]

並且數年如一日，沒有因獨子而溺愛。他說：

我母親管束我最嚴，她是慈母兼任嚴父。但她從來不在別人面前罵我一句，打我一下。我做錯了事，她只對我一望，我看見了她的嚴厲眼光，就嚇住了。犯的事小，她等到第二天早晨我眼醒時才教訓我。犯的事大，她等到晚上人靜時，關了房門，先責備我，然後行罰，或罰跪，或擰我的肉。無論怎樣重罰，總不許我哭出聲音來。她教訓兒子不是借此出氣叫別人聽的。[12]

大哥的女兒比我只小一歲，她的飲食衣料總是和我的一樣。我和她有小爭執，總是我吃虧，母親總是責備我，要我事事讓她。」[13]

就這樣，十四年的母子生活，學業上奠下了最初的基石；人格上，耳濡目染，芝蘭之化，得到了最為仁慈、善良、溫文爾雅的陶冶。特別是嫂子「生氣的臉」和母親「格外容忍」的為人，在他幼小的心靈上留下了永不泯滅的印痕。胡適認為他後來的「好脾氣」，他「待人接物的和氣」和「寬恕人，體諒人」，都得自慈母的恩惠。而這點與魯迅正好相反。正是這種較有成效的傳統文化的教育和人格上的磨煉，使胡適由於失去父親而導致的缺陷的心理上，開始了損失的認同，帶有最根本的對他人與自我的關注的需求，一則告慰先父的亡靈，二則安

[11] 胡適：《胡適全集》第十八卷第三十五－三十六頁。
[12] 胡適：《胡適全集》第十八卷第三十六頁。
[13] 胡適：《胡適全集》第十八卷第三十八頁。

慰母親，並從中補償自己的心靈的損失，克服喪父的自卑。其中他對母親的愛，並不是單純的所謂「戀母」，而是由於家庭正常結構的被破壞，他自己置身其中，受母性力量和外在社會力量的制約，而發生「性格－身份錯位」——即扮演兒子與父親的雙重身份，表現出性格上錯位，在感情上呈雙重理性和責任的給予（母親）。這使他在十幾歲時便已完全意識到自己應完成父親的未竟之業，擔負起父親在家庭中，尤其是在感情上應給予母親的寬慰、依靠。因而，他和魯迅一樣，經歷了一種道德心的早熟，並表現出少年老成：

> 我小時身體弱，不能跟著野蠻的孩子們一塊兒玩。我母親也不准我和他們亂跑亂跳。小時不曾養成活潑遊戲的習慣，無論在什麼地方，我總是文縐縐地。所以家鄉老輩都說我「象個先生樣子」，遂叫我做「穈先生」。……既有「先生」之名，我不能不裝出點「先生」樣子，更不能跟著頑童們「野』了。有一天，我在我家八字門口和一班孩子『擲銅錢』，一位老輩走過，見了我，笑道：「先生也擲銅錢嗎？」我聽了羞愧的面紅耳熱，覺得大失了「先生」的身份！
>
> 大人們鼓勵我裝先生樣子，我也沒有遊戲的能力和習慣，又因為我確是喜歡看書，所以我一生可算是不曾事享過兒童遊戲的生活。[14]

這裏，胡適著重強調他的自我感悟，而這又和母親以先父德識才學作遺訓及母親的「責罰」——擰肉、站、跪等外力作用分不開。尤其是母親不准他以輕薄之語提起父親和私下無論什麼責罰也不讓外人知，更不許他哭出聲的辦法，使他逐漸克服了由缺陷心理所造成的「自卑感」』並從中培養了自尊意識。這種自尊意識的形成和強化

14 胡適：《胡適全集》第十八卷第三十四－三十五頁。

影響了他的性格，導致了他成年後「好名」、「愛面子」等異常心理的外現。

胡適後來在中國公學求學和美國留學，一直是勤奮好學，努力上進，因而得到了許多榮譽和獎勵。他在中國公學時發表文章用「希強」、「期自勝生」的筆名，可見他「自卑超越」的自覺和努力。也正是這樣，他的「自卑情結」方得以化散。後來他發動白話文運動，以二十六歲之年齡成了北京大學最年輕的教授。各種身外的聲名，使胡適在一定程度上克服了自卑情結。但自卑超越本身是艱難的。他「五四」前後提倡全面反傳統的訴求，即在中國文化和西洋文明相比較時，又顯示出自卑心理。

在「五四」高潮之後，以胡適為核心人物，形成了立身學術、關注政治的「胡適派文人集團」，使胡適徹底完成了自卑的超越，躋身上流社會。在對傳統文化批判的同時，又對傳統文化的對象化的官場、人事倫理趨同。而這一點，魯迅與他正相反。

他染指政治，關注政治，但不是要完全介入，只是參與意識作用下的部分身心的投入。他是以自由主義學人領袖的那種自由主義行為準則，對當局、時政「小罵大幫忙」、「灑水救火」(本身還是愛這個國家)。雖立足講壇，伏案進行學術研究，卻又關注時勢政治。「寧鳴而死，不默而生」，便是他對政治熱心和自卑超越心態的具體表現。而這又是與他父親對時勢關心的傳統小官僚家庭相承傳的。

他關注政治、時勢，向傳統趨同，主要表現在這幾個方面：創辦《努力週報》，鼓吹「好人政府」，並抛出〈我們的政治主張〉。參如「善後會議」，「二進宮」時仍稱溥儀為「皇上」，並得到溥儀及其老師莊士敦的好感。[15]創辦《獨立評論》，主張自由主義者要參與社會政治。

---

[15] 參見溥儀:《我的前半生》第一一六頁，中華書局一九七七年版。莊士敦:《紫金城的黄昏》第二一六—二一七頁，求是出版社一九八九年版。《胡適來往書信選》上冊第二八八—二六九頁，中華書局一九七九年版。這裏不贅述。

這裏主要指他早期自卑超越過程中的幾件要事。這些行為曾是社會關注的焦點，毀譽參半，但胡適則達到了一種所謂「鳴」的心理滿足。對待生活、人生，胡適是個樂觀的理想主義者，魯迅則是悲觀的現實主義者、胡適一向與人為善，慈眉善目，含笑對人生，正好與魯迅的橫眉冷對，一個都不寬恕相反。胡適對人有更多的理解和寬恕，他的「容忍比自由更重要」，「做學問要在不疑處有疑，待人要在有疑處不疑」，便是其終生為人處事的信條。胡適更多的關注人性無恐怖的「善」的一面，而魯迅更多關注人性中吃人的「惡」的一面。他們從不同的角度來認識社會，改造社會，體現各自的人文精神。這裏，我將胡適的「慈眉善目，含笑對人生」與魯迅的「橫眉冷對」，「一個都不寬恕」作對比，並非揚前抑後，因為這兩者性格特徵都只是各自人格較突出的一部分，並非性格的全部。他們有各自的處世哲學，有各自的政治信念和人生目的，因此，也就決定著各自性格中最突出部分的行為趨向，以及由此產生的社會效應。也就是說，他們的存在價值的一部分也由此而外化出來。

三、母性力量的外抑制

在正常的家庭結構中，一般情況下所表現出的是，男孩子多受母親的疼愛，也多喜愛自己的母親；女孩子多受父親的疼愛，也多喜愛父親。父母雙親分別成了決定孩子們氣質、性格的心理潛影。這便是佛洛依德主義——精神分析學派心理學上的戀母情結和戀父情結。對於天真無邪的兒童來說，這種情結只是一種泛性論意義上的兩性間感情上的關聯，而非成年人狹義、單純的男歡女愛式的性愛。

魯迅——作為家中長子，他一生下來，並沒有得到母親十分的疼愛，反倒被視為一個難養的、克母的小東西。原因之一是，他的生日為農曆八月初三灶司菩薩的生日，又是蓑衣包（指胎衣如蓑衣狀），當地風俗認為和菩薩同生日的孩子，又是蓑衣包，將來一定會有出息，但就怕養不大。於是就在滿月時，向長慶寺的龍師父（和尚）討了法名：長庚（魯迅、周作人之說；周建人回憶說叫長根。而周作人後來的法名為啟明。依《詩經・小雅・大東》中「東有啟明，西有長庚」來看，應為「長庚」。紹興當地叫「長庚」星為「黃昏肖」，「啟明」星為「五更肖」。可見佛法之意：魯迅在這個家庭中寓有不祥的黑暗到來，而周作人則有天明之前的象徵。從這點，可推測出他母親的感應性心理。）原因之二是，他生下來後，母親乳房上便有一硬塊，怕是望心痛（據說要爛穿，可以看到心臟——當今確診為乳腺腫瘤），無法哺乳，加上依當地風俗（原因之一）怕他養不大，這樣母親也就疑心他命硬，難養，尤其是他給母親帶來的「望心痛」的恐慌，所以就找了一個慶太娘做奶娘，餵養他。母親對他並不維心，是抱著一種試養的心理，而他也就自然處於一種被遺棄狀。魯迅在〈我的第一個師父〉中說拜和尚為師，和為孩子取名阿狗阿貓完成是一樣的意思：容易養大。

也就是說，在佛洛依德精神分析學所謂的幼兒的「口唇期」（哺乳期），魯迅並沒有從母親那裏得到應得的愛，而是在長工慶太娘那裏吃了三年奶水。年輕、溫柔的母親的懷抱裏，並沒有使他得到應得的一切，他會產生一種被遺棄的心理；尤其是三個弟弟接踵降生，母親的懷抱被他們佔領了，他則會產生一種被冷落的傷感。因此在魯迅幼小的心靈裏，有一種與諸位弟弟爭奪母愛的競爭衝動，且由於這種競爭的失敗，使他對弟弟們也有一種天性的排斥和嫉妒，致使他在童年時對弟弟們並不親善（如《風箏》所記述的）。這樣的孩子——家庭中母愛或父愛競爭的失意者，常常呈現出性格的抑鬱、內向、冷酷、無情和早熟。

十三歲時家遭變故，和隨之而來的父親病倒，魯迅作為不曾在母親那裏得到過多的愛撫和好感的長子，才得到了較諸位弟弟為多的母愛。他首先是替母親承擔家務的重任，承受本應是父親來承擔的支撐這個家的那部分責任，也承擔父親應給母親的精神、情感的安慰。他此時得到的母愛開始超過了周作人等弟弟（周作人小時頗得母親的厚愛，因為他出生時家裏人說他是老和尚投胎轉世，並且他生下來後不久，母親的乳結漸好了）。母親對他的愛的轉移，更使他感到應同樣地給母親以愛。而且這種心理在父親死時發生的強烈震動，使他對母親的愛，強化成一種「弒父」的贖罪意識，從而使他的內心深處產生一種一切為了母親的情結：既充當父親在家庭中的位置，並發揮作用，給母親以愛的寬慰，撫養照顧諸弟弟；又要盡長子的責任和義務：孝順母親，維持這個家的存在。而這同樣也使他發生「性格——身份錯位」——同胡適一樣，具有父親、兒子的雙重責任感義務感，即以雙重的感情給予母親。

另外，在原有的家庭結構中，父親為官僚大家庭的秀才，母親為貧民的女兒。父族的力量，主導了這個家。而到了魯迅十六歲後，父親病死，家庭結構突變，原本貧民的女兒魯瑞掌握了家庭的控制權。由於父親（男性）力量失去家庭的統治地位，原為弱者的母親，得到控制家庭中兒子的權利，從而使整個家庭（中的一切）出現了母性力量的外抑制（胡適父親死後，家中經濟大權落入長房長子手中，胡適的母親作為後母，只有對胡適的控制權，而不能決定大家庭中的一切）。而這時魯迅的心理上也隨之出現了母性力量的外抑制，加上「弒父」情結的作用，使他表現為性格上的外強內弱——內在感情生活——家庭、婚姻、為人處事的失敗，以及表面冷酷，而內心又有熾烈的對弱小的愛心、講義氣，和對自己真心愛著的母親、後妻許廣平的多情。其中終生人事關係的緊張，主要來自他身上因母性力量外抑制過強而導致的「阿尼瑪」（榮格解釋為「男人心理中女性的一面」原型過亢，使得他的人格和諧平衡上失調。「如果一個男人展現的僅只是他的男性氣質，他的女性氣質就會始終遺留在無意識中而保持其原始的未開化的面貌，這就使他的無意識有一種軟弱、敏感的性質。正因為這樣，所以那些表面上最富於男子氣的人，內心卻往往十分軟弱和柔順。」[16]魯迅不僅這樣，且更嚴重）。再者，他的後半生，常疑心別人

---

[16] 霍爾：《榮格心理學入門》第五十三頁。馮川譯，生活 讀書 新知三聯書店一九八七年版。

暗算他、背叛他（的確有許多年輕人，依靠他的幫助立足文壇後便背叛了他）的陰暗冷酷的心理主要來自他幼小因沒有得到母愛（讓給了弟弟），十幾歲又過早地承擔家務撫養弟弟，提攜他們，使之受到較好的教育，而且對周作人的照顧直到一九二三年兄弟失和止（據周建人回憶說，他大哥、二哥在日本時，他們一次相會中說到：「我們三兄弟是很要好的，將來永不分家，誰有錢，大家用，有粥吃粥，有飯吃飯。」[17]而周作人則於一九二三年公開了兄弟間的矛盾，兄弟失和）。魯迅認為這是弟弟忘恩負義，對他的背叛，為此，他傷透了心。而這種心理上的損失和傷痛，使他後來無法緩解和恢復，而外化為性格上的防人暗算背叛、時刻疑心他人在這樣對待自己，並形成了與人為惡的一簇心理情結。他母性力量外抑制下的外強內弱主要表現為：聽從母親強加給他的包辦婚姻，並受了二十一年的苦；與周作人失和；政治上外強內弱，對激進的暴力政治活動不感興趣；身上的「阿尼瑪」原型太多，計較小事，多疑，與小輩關係尚可（如他與青年作家的關係尚好——這來自女性的天職，即母性對下一代的天性的愛撫，甚至投以極大的熱情，乃至自我犧牲），而對他的上輩及同輩人的大部分，往往是搞不好關係的。[18]當然，魯迅有他自己的是非觀和正義感。今天看來，他的處世態度，他「橫眉冷對」的一切，有其正直、正義的一面，並非完全是性格上的弱點。有偏限，但更多的還是澄清了他心目中的是非。他的性格上「俯首甘為孺子牛」的一面，自然是由「阿尼瑪」原型的作用，一種近於「母性」的寬厚、仁慈和犧牲精神。但這方面是有條件的，是為了一種真理的追求，為了提攜、獎掖年青人——為未來文學事業的繁榮、壯大。這也是他作為「民族魂」而被後人所紀念、張揚的一點。

---

[17] 周建人口述，周曄編寫：《魯迅故家的敗落》第二四六頁。

[18] 對魯迅與小輩人關係尚可，而與上輩、同輩人關係處不好的另一種解釋是他的叛逆的復仇心理作用下的「長子意識」和「領袖慾」——青年領袖。因為小輩求他、崇拜他、尊重他，而他也能指揮著他們，並達到一種「領袖慾」的滿足，而同輩人和上輩人則是他難以領導的。周作人說魯迅的「領袖慾」含有貶義。我這裏只是客觀陳述。

胡適——他不足一歲時，便隨父母到了臺灣，當時他母親很年輕，但不識字。而胡適自己識字也多半是來自母親的啟蒙。他說：

> 我小時也很得我父親鍾愛，不滿三歲時，他就把教我母親的紅紙方字教我認。父親作教師，母親便在旁作助教。我認的是生字，她便借此溫她的熟字。他太忙時，她就是代理教師。我們離開臺灣時，她認得了近千字，我也認了七百多字。這些方字都是我父親親手寫的楷字，我母親終身保存著，因為這些方塊紅箋上都是我們三個人的最神聖的團居生活的紀念。[19]

這時，胡適才三歲，在通常情況下該入遊戲時期，他卻在父親威嚴的目光下，被逼迫著識字、寫字。但在他四歲時，父親便去世了。父親留給他的不只是一個傷心的故事，更重要的是帶有遺傳基因的富於開拓的熱情，吃苦耐勞的毅力，堅韌不拔的求實精神，與一張好好讀書的遺囑。而從胡適後來作為學者、思想家的個體文化歷史看，臺灣島成了他「識字的發祥地」，並且由這不足兩年的臺灣的童年生活而自稱「半個臺灣人」——作為一種感情的紐帶，以至於使他在含笑離世後葬身在那裏。從這裏我們同樣可以得到一些解釋：胡適在台一九四九年大陸易幟變色時，為什麼把妻子送到臺灣，後來雖一度旅居美國，但最後還是回到臺灣去。因為那裏曾是他父親開拓和浴血奮戰，至死保衛的中華民族的國土。由於父親的早逝，他回到臺灣追尋父親那逝去的靈光（一九五一年，胡適在臺灣曾委託臺灣省文獻委員會印行了他父親胡傳的《臺灣記錄兩種：年譜・日記》）達到一種損失認同的心理補償。

另外，他父親走上仕途，完全是出於對地理學的偏愛，即受「今文經學」的經世致用觀念的影響而對「道光顯學」——本土和域外地

---

19 胡適：《胡適全集》第十八卷第二十四頁。

理學感興趣。一九四二年胡適卸任駐美大使後，他突然神差鬼使般地對中國歷史地理名著《水經注》及所引發出的「酈學」產生了強烈的愛好，以至於把他後半生二十年的全部心血花在《水經注》的考證上，並留下了大量的學術成果。

由上述兩件事，我們可以找到胡適的父親在他心理上留下的潛影——損失認同。

父親在他心理上留下的潛影，主要是由他母親所強化的，來自母性力量的外抑制。由於父親失去了在家庭中的控制地位，代之以年輕的寡母，母性力量所及，胡適便完全聽命，且無力反抗。這主要表現在，母親嚴格遵從父親遺囑讓他好好讀書；常常述說父親的種種好處，讓他踏上父親的腳步，做一個完全的人，並且說到傷心處，往往是以淚洗面——情緒化的感染；在以父親德識才學作遺訓的同時，配以責罰等外力的作用，甚至不准他以輕薄之語提起死去的父親。正是由母親的種種所作所為，給胡適留下了極深刻的印象。他戀母、孝順母親，同樣是達到了殉孝的程度。母親培養了他與人為善，以和為貴的好脾氣，給了他屈從忍讓的性格陶冶；母親向他傳遞了父親的吃苦耐勞、勤奮努力，辦事認真、熱情的精神；母親決定了他婚姻的終身大事；母親——母性力量制約他形成了外強內弱的性格——同情弱者，對激進的暴力事件回避退讓和懼怕（含有他父親死於戰事的影響）。

「賽先生」的嘉年華
——胡適與第一屆院士選舉

二十世紀的大半個時段裏，胡適在思想文化界的個人影響力是極大的。其中「中國科學社」、「中華教育文化基金董事會」、「中央研究院」的具體工作，是他科學情懷（相對於人文情懷）的人間展示。他高舉「科學」(「賽先生」) 與「民主」(「德先生」) 的旗幟，為中國的現代化建設，開啟了一個嶄新的階段。而「院士」選舉則是「科學」的靈光的閃爍。

不願做「院長」的年代

一九四〇年三月五日，中央研究院院長蔡元培病逝香港，院長之空闕，急待填補。時任駐美大使的胡適被推舉為院長候選人之一，國內學術界不少人都認為此位非胡適莫屬。但鑒於國難當頭，外交之道也十分重要，又都不願意讓胡適此時回國。

這裏有兩則故事，事關江冬秀、陳寅恪。

賢妻江冬秀聽說此事後，便於四月二六日寫信給胡適，勸其回國任院長，做學問，再不要留戀政治，走錯了路，把前半生的苦功放到冰泡裏去，把人格、思想毀在這個混亂的年頭。江冬秀平時寫信，字句不通，但胡適能明白她的意思和良苦用心：「你千萬那（拿）定主意，不要耳朵軟，存棉花。千萬你的終止（宗旨）要那（拿）的定點名，不要再把一支（隻）腳踺（踏）到爛呢（泥）裏去了。再不要走錯了路，把你前半身（生）的苦功放到冰泡裏去了；把你的人格、思想，毀在這個年頭上。」[1]

---

[1] 耿雲志：《胡適年譜》第二八六頁的引文將錯別字糾正過來，四川人民出版

此時，翁文灝（詠霓）、張慰慈、傅斯年（孟真）、王世傑（雪艇）等都致信胡適，談及中央研究院院長人選。他們是怕中央研究院院長的位置落入國民黨的黨務官員顧孟餘之手，使科學研究「黨化」。在六月二日的日記中，他表白了自己的真實想法：「以私人論，中研院長當然是我國學者最大的尊榮；但為國事計，我實不想在此時拋了駐美的使事。」[2]對此，胡適在回江冬秀的信中陳述了他此刻的處境：「你談起中央研究院的事。此事外間有許多傳說，我無法過問，也無法推辭。我並不想做院長，但我此時若聲明不幹，那就好像我捨不得丟現在的官了。所以我此時一切不過問。」[3]

在七月二十二日的日記中他寫道：「今天發憤寫航空信給王雪艇，說我若不做大使，決不就中央研究院院長。因①我捨不得北大，要回去教書。②詠霓或朱騮先都比我更適宜。③我要保存（或恢復）我自由獨立說話之權，故不願做大官。④大使是『戰時徵調』，我不敢辭避。中研院長一類的官不是『戰時徵調』可比。」[4]

對此，「素不管事之人」的陳寅恪，「卻也熱心」，在一九四一年三月，他專程從昆明到重慶參加中央研究院的選舉會議，目的只是為了投胡適一票。此事傅斯年在信中告訴胡適（「如寅恪，矢言重慶之行，只為投你一票」），並說：「寅恪發言，大發揮其 academic freedom〔學術自由〕說，及院長必須在外國學界有聲望，如學院之外國會員等，其意在公。」[5]胡、陳彼此的信任，使得他們在一九四八年十二月十五日能夠同機離開北平。

一九四四年十二月五日，浙江大學教授張其昀（曉峰）自華盛頓到紐約訪胡適。他告訴胡適，說他和吳景超閒談時，都主張要把中央

社一九八九年版。原信見耿雲志主編：《胡適遺稿及秘藏書信》（手稿本）第二十二冊第四九四頁。

2 胡適：《胡適全集》第三十三卷第三八四頁。

3 耿雲志主編：《胡適遺稿及秘藏書信》（手稿本）第二十一冊第五四〇頁。

4 胡適：《胡適全集》第三十三卷第三八九頁。

5 《胡適來往書信選》中冊第四七五頁，中華書局一九七九年版。

研究院脫離政治，恢復學術獨立，他們主張要胡適回國做院長。胡適則表示：「我決不要幹此事。我是一個有病的人，只希望能留此餘生，做完幾件未了的學術工作。我不能做應付人，應付事的事業了。」[6]由於胡適不就「院長」，國民黨政府便任命朱家驊為中央研究院院長。

第一屆「院士」是如何選舉產生的

一九四七年，國民黨政府決定，由中央研究院主持選舉第一屆中央研究院院士。三月十五日，時為北京大學校長的胡適赴南京中研院評議會談話會，商討中研院「院士」選舉法草案。會上，時任中研院總幹事兼物理研究所所長的薩本棟與史語所所長傅斯年各擬了一個草案，提交會議討論。十七日胡適出席中研院院士評議會談話會第二次會議，繼續商討「院士」選舉法。傅斯年擬出的第二草案，被會議接受，用做討論基礎。

同時，胡適向薩本棟推薦了「籌備委員會」的人選。

本棟兄：

本院院士選舉規程草案，我完全同意。

第十三條第二項或可作文字上之修正，如下：

依本院組織法第六條之規定，第一次院士選舉時，本條所指之院士會議，應由評議會代行其職權。

如此則可與第十四條第二項相照應。

又第一次院士選舉籌備委員會，我的選舉票也附上，請代為轉交。

匆匆敬祝

大安

弟　胡適敬上　卅六，四，廿八

6　胡適：《胡適全集》第三十三卷第五四九頁。

國立中央研究院評議會
第一次院士選舉籌備委員會委員選舉票

被選人

數理組五人：（一）吳有訓（二）吳學周（三）謝家榮（四）姜立夫（五）茅以升

生物組五人：（一）秉志（二）王家楫（三）羅宗洛（四）林可勝（五）汪敬熙

人文組五人：（一）陳垣（二）傅斯年（三）王世傑（四）陶孟和（五）李濟

投票人　胡適

中華民國三十六年四月廿八日[7]

在選舉法出臺之後，即開始商議院士的人選。

胡適與傅斯年為師生、摯友，傅的意見往往會直接影響胡適的行為。對此，傅有一封信給胡適。

適之先生：

話說天下大亂，還要院舉院士，去年我就說，這事問題甚多，弄不好，可把中央研究院弄垮臺，大家不然（？）。今天只有竭力辦得他公正、像樣，不太集中，以免為禍好了。日前開會商量，應該在提名中不忘了放名單（不必即日舉出，此會不能包辦也），盡力想南方人士，而不可多得。茲將當日所寫之單送上一看，但請千萬秘密。

有涉人文組者。

7　胡適：《胡適全集》第二十五卷第二五〇－二五一頁。

人文與社會科學平等數目，殊不可因前者在中國比後者發達也，孟和原舉標準，在低減後可也。我看人文方面非二十人不可。分列如下：

中國文學（四），史學（六），考古及美術史（四），語（三），哲（三），我個人覺得以上單子，可如下分配。

中國文學：吳敬恒、胡適、楊樹達、張元濟。

史學：陳寅恪、陳垣、傅斯年、顧頡剛、蔣廷黻、余嘉錫或柳詒徵。

考古及美術史：李濟、董作賓、郭沫若、梁思成。

哲學：湯用彤、馮友蘭、金岳霖。

語言：趙元任、李方桂、羅常培。

同時傅斯年還告訴胡適提名不可太多，也不可太少，北大可先由各學院自報，然後由先生審定。[8]

五月二十二日胡適在日記中寫下了他向薩本棟、傅斯年發出的中央研究院第一次院士選舉人文組的人文部分的擬提名名單：

哲學：吳敬恒、湯用彤、金岳霖

中國文學：沈兼士、楊樹達、傅增湘

史學：張元濟、陳垣、陳寅恪、傅斯年

語言學：趙元任、李方桂、羅常培

考古學及藝術史：董作賓、郭沫若、李濟、梁思成

人文地理、民族學胡適一時沒想出人名

從上述兩份提名名單的基本人物，可見胡、傅師徒的所見略同。

---

8 耿雲志主編：《胡適遺稿及秘藏書信》（手稿本）第三十七冊第五二四－五二八頁。

胡適在提出這一名單的同時還寫有一文，說明為何提名吳敬恒、張元濟、傅增湘三位老先生。

本棟、孟真兩兄：

寄上我擬推的院士名單一紙，供委員會的參考。此中最有問題者，是「中國文學」一門。我彷彿記得上次評議會談話會曾決定此門不推文學創作家。此次通告上沒有說明，故我希望將來公告及選舉時，此一門應附加注解說明，以免誤會。

我此單裏提出三位老輩：

（一）吳敬恒，他是現存的思想界老前輩，他的思想比一般哲學教授透闢的多，故我很盼望孟真、濟之兩兄能贊成把這位老將列入提出之內（參考我的《文存三集》，《三百年來幾個反理學的思想家》的「吳敬恒」一章）。

（二）張元濟，他對於史學的最大貢獻是刊行史籍與史料，他主持的《四部叢刊》與百衲本《廿四史》等，使一般史學者可以容易得著最古本的史籍與古書，其功勞在中國史學界可謂古人無與倫比。我曾想，百衲本《廿四史》的印行，比阮元的《十三經注疏·校勘記》還更重要。所以我也希望孟真、濟之兩兄考慮此老。

（三）傅增湘——沅叔先生的校勘工作不算頂精密，但他終身做此事，四十年不輟，至少可以代表老輩的校勘學。他在搜集與保存古書的方面，是有大功勞的。關於此老，我只做一個提議，並不堅持。此外，我列入楊遇夫（樹達），我很盼孟真、濟之兩兄考慮他做一老派古學者的代表。

語言學門是否應列羅莘田，此點我不堅持。

民族學（是否 Ethnology？還是 Ethnography？似應有說明）與人文地理，我想不出什麼人，只好暫從闕，請孟真、濟之兩兄補充。

此信與名單，請你們給濟之兄看看。

在百忙與紛亂中擬此名單，定多不妥，請你們在京諸位質直修正（但此單曾與錫予、毅生諸人商量過）。

中國文學一門，必須事先加解釋與說明，否則將來必引起誤會與爭論。乞注意。

弟　胡適上

卅六，五，廿二半夜[9]

信末附有上述提名名單。這裏，胡適所說的錫予是湯用彤，毅生是鄭天挺。羅莘田為羅常培。鄭、羅為胡適最初任教北京大學時的學生。

隨後，在七月九日，胡適又致信薩本棟，說明北大提名院士之事：

本棟兄：

北大提名院士的事，我們現在正舉行，原則是不限於北大，是以全國為範圍。大概七月十五日可以寄上，不太遲嗎？

你寄來的附件名單上，似有些錯誤。如：醫學之放射科下「謝頌韜」似是謝志光，涉上文「關頌韜」而致誤。「產婦科」似應作「婦產科」，其中「李四維」，有人說是「李士偉」之誤？又解剖學下之「沈詩章」，有人說他不應屬於解剖學。又內科下之「李宗思」是李宗恩之誤。

匆匆先報告這些，餘俟提名彙齊時再說。

9　胡適：《胡適全集》第二十五卷第二五三－二五四頁。

即祝

大安，並問候

同人安好。

弟　胡適敬上

卅六，七，九[10]

一九四七年十月十三日胡適到南京，出席中央研究院院士選舉籌備委員會，各大學及科研機構共提名的院士候選人為五百一十人，經初步審定保留四百零二人。

十五日，中研院評議大會開始。

依照中央研究院的組織法的「評議會條例」所產生的「評議會第二屆評議員」分為「當然評議員」和「聘任評議員」。其中當然評議員為：

朱家驊、李書華、薩本棟、丁燮林、吳學周、周仁、李四光、張鈺哲、竺可楨、傅斯年、汪敬熙、陶孟和、王家楫、羅宗洛、趙九章、姜立夫

聘任評議員為：

姜立夫、吳有訓、李書華、侯德榜、曾昭掄、莊長恭、凌鴻勳、茅以升、王寵惠、秉志、林可勝、陳楨、戴芳瀾、胡先驌、翁文灝、朱家驊、謝家榮、張雲、呂炯、唐鉞、王世傑、何廉、周鯁生、胡適、陳垣、趙元任、李濟、吳定良、陳寅恪、錢崇澍[11]

---

[10] 胡適：《胡適全集》第二十五卷第二七二頁。

[11] 耿雲志主編：《胡適遺稿及秘藏書信》（手稿本）第二十五冊第五〇〇頁。

十六日上午，評議會召開分組審查會議，共分為：（一）數理組，（二）生物組，（三）人文組，人文組由胡適負責召集。下午，評議會議召開大會，決定「數理組」和「生物組」的候選人名單。晚上，胡適負責擬定「人文組」的院士資格的「合格之根據」，直到第二日淩晨四時才完。

十七日，評議會繼續開大會，決定候選人名單，並推薦人整理各組所擬「考語」。經過幾天熱烈的討論，最後定下的候選人名單為「數理組」四十九人，「生物組」四十六人，「人文組」五十五人。具體人員名單在當天晚上七點公佈。

一九四八年三月二十五日，胡適到南京出席中央研究院的評議會議。經過三天的會議，先後五次投票，終於產生了中研院選舉「院士」的結果——選出「院士」八十一人。

據一九四八年四月一日中央研究院發佈的公告所示：

國立中央研究院院士名單

本院第二屆評議會第五次大會依法選定院士，數理組二十八人，生物組二十五人，人文組二十八人，並經於卅七年四月一日公告。

數理組：二十八人

姜立夫、許寶騄、陳省身、華羅庚、蘇步青、吳大猷、吳有訓、李書華、葉企孫、趙忠堯、嚴濟慈、饒毓泰、吳憲、吳學周、莊長恭、曾昭掄、朱家驊、李四光、翁文灝、黃汲清、楊鍾健、謝家榮、竺可楨、周仁、侯德榜、茅以升、凌鴻勳、薩本棟

生物組：二十五人

王家楫、伍獻文、貝時璋、秉志、陳楨、童第周、胡先驌、殷宏章、張景鉞、錢崇澍、戴芳瀾、羅宗洛、李宗恩、袁貽瑾、張孝騫、陳克恢、吳定良、汪敬熙、

林可勝、湯佩松、馮德培、蔡翹、李先聞、俞大紱、鄧叔群

人文組：二十八人

吳敬恒、金岳霖、湯用彤、馮友蘭、余嘉錫、胡適、張元濟、楊樹達、柳詒徵、陳垣、陳寅恪、傅斯年、顧頡剛、李方桂、趙元任、李濟、梁思永、郭沫若、董作賓、梁思成、王世傑、王寵惠、周鯁生、錢端升、蕭公權、馬寅初、陳達、陶孟和[12]

其中人文組的二十八人，文、史、哲、考古、美術史的人選多在傅斯年、胡適的意料之中。而政治學、人口經濟學、法學、社會學的人選也多是國內的專門人士。這其中梁思成（美術史）、梁思永（考古）兄弟為梁啟超的兩公子，梁門兩院士，被傳為佳話。

胡適並沒有因郭沫若此時的左傾，而排斥異己。相反，他看中的是郭沫若的學術研究本身。有趣的是，五年後的大規模批判胡適運動時，郭沫若將胡適視為思想、學術上的最大敵人。

生物組的胡先驌是「學衡派」的重要成員，早期曾極力反對白話新詩，猛烈地抨擊、謾罵過胡適，後來兩人化敵為友。

只有未入選的唐蘭，因為他找到胡適，「請求」胡適推薦他選舉院士，而引起胡的反感。胡適在一九四九年十一月二十一日的日記上，把唐蘭發表在《人民日報》上的〈我的參加黨訓班〉與他請求推薦之事加以對比，並給予嘲弄。[13]

由此可以肯定地說，這次院士選舉時的人文組的人選，主要是由胡適和他的學生傅斯年決定的。

一九四八年九月二十四日，胡適在日記中寫道：「此次院士八十一人，安徽只有我一人。」他同時在日記中列了個「各省分配」表：

---

[12] 耿雲志主編：《胡適遺稿及秘藏書信》（手稿本）第二十五冊第五〇一頁。
[13] 胡適：《胡適全集》第三十三卷第七八一頁。

	數理	生物	人文	
浙江	九	七	三	一九
江蘇	五	五	五	一五
廣東	二	一	四	七
江西	三	二	二	七
湖北	一	三	三	七
湖南	一	一	四	六
福建	四	二	〇	六
山東	〇	二	一	三
四川	一	一	一	三
河南	〇	一	二	三
河北	一	〇	一	二
陝西	一	〇	〇	一
山西	〇	〇	一	一
安徽	〇	〇	一	一
合計	二八	二五	二八	八一

一九四八年九月二十三日，胡適在南京中研院第一屆院士會議上致詞，他看到新當選的八一位院士中，有五十多位到會，十分興奮。他特別在會上提起楊樹達（遇夫）全家從湖南趕來開會；八十二歲的張元濟（菊生）是商務印書館的元老，多年沒有離開過上海，這次也專程趕到南京開會；以《四庫提要辨證》聞名的余季豫（嘉錫）是冒著被炮火襲擊的危險，從北平坐飛機趕來的。為此，他認為這是中國學術界值得紀念的日子。

一九四八年選出的第一屆八十一位中央研究院院士，至二〇〇九年生物物理學家貝時璋（一九〇三～二〇〇九）去世，全都離開人世。

作為文化保守主義批評家的胡先驌
——科學與人文的雙重企求

一、人文精神與科學精神的雙重追求

胡先驌（一八九四－一九六八），字步曾，號懺庵，江西省新建縣人。一九〇九年九月自南昌考入京師大學堂預科，一九一二年秋江西省教育司考選赴美留學生，正取胡先驌等五名，並於一九一三年二月赴美，入加州柏克萊大學農學院森林系學習森林植物學。一九一四年與同學、好友胡適、任叔永、趙元任、楊杏佛、周仁、秉志等共同發起成立「中國科學社」，並於次年創辦《科學》雜誌。

一九一六年十一月，胡先驌獲植物學碩士學位後回國，被聘為江西省廬山森林局副局長，一九一八年七月被聘為國立南京高等師範學校農林專修科教授。一九二二年一月《學衡》在南京創刊，胡為發起人之一和主要撰稿人。同時也是《學衡》反對胡適及新文化運動的四位主力（梅光迪、吳宓、胡先驌、柳翼謀）之一。一九二三年，南京高等師範學校併入一九二一年新成立的國立東南大學，胡出任生物學系主任。同年秋，再次赴美，入哈佛大學，攻讀植物分類學博士學位。一九二五年他獲得學位後回國，先後執教於東南大學、北京大學、中國大學，組建靜生所，與好友秉志等創立生物調查所，並成立中國植物學會。可以說，胡先驌是中國現代植物科學的開拓者和奠基者。自一九一八年始，胡便獻身於中國植物學的調查、研究，取得了豐碩的成果。同時，他的人文情懷向社會開放，熱切地關注文學及新文化運

動的現實走勢，站在文化保守主義的立場上，批評胡適及新文化運動的文化偏至和激進，並堅持寫作舊體詩詞。

一九四〇年十月，胡先驌在江西出任國立中正大學校長。一九四四年六月辭職，此後專事學術研究。作為教育家，他同時為中國的現代教育提出了許多批評性和建設性的意見。

一九四九年以後，胡先驌的名字和梅光迪、吳宓及《學衡》連在一起，並寫進各家的「中國現代文學史」，作為新文化運動的反對力量出現，成為被批判的主要對象。作為一個早就遠離政治，成就卓著的植物學家，政治卻不放過他。一九五五年三月，高等教育出版社出版了他所著的高校教學用書《植物分類學簡編》。他在書中批評了蘇聯科學家李森科的物種新見解，遭到了在華工作的蘇聯「專家」的「嚴重抗議」，說「這是對蘇聯在政治上的誣衊」。一些別有用心的人便乘機向胡先驌發難，說他反蘇、反共、反對共產黨領導的科學事業。他因此受到批判。但他堅守自己的科學信念和態度，堅持自己的學術觀點，拒絕檢討。一九五七年，他被中共中央宣傳部部長陸定一的一句「先驌應是不用戴帽的右派」[1]的話定了格，一度多家刊物不敢登他的文章。「文革」中頗受折磨，一九六八年七月十六日於悲憤中去世。

胡先驌一生有專著九部（含合作）、譯著五部及一百四十多篇專業論文，尤其是一九四六年他和林學家鄭萬鈞合作發現並命名活化石「水杉」，在中外學術界影響頗大。他在人文社會科學方面發表的大量文章，生前未能結集，直到一九九五、一九九六年，由國立中正大學校友會編輯整理，出版了上下兩卷《胡先驌文存》（江西高校出版社）。他的舊體詩詞結集為《懺庵詩稿》。但據我和廬山植物園的胡宗剛分別查找，發現尚有大量詩文沒有被收錄。

作為一個有成就，有聲望的植物學家（被譽為中國現代植物分類學的奠基人，「在他的一生中，在植物分類學方面共發表一個新科、

[1] 《胡先驌先生詩集》第二〇三頁。國立中正大學校友會編印，一九九二年。

六個新屬和百屬十個新種」[2]），在專業之外，即跨學科的人文社會科學領域，他扮演和展示的社會化的身份是一個信念堅定，立場頑固的文化保守主義者，是《學衡》派的骨幹人物，是胡適派文化激進主義最有力的批判者。他拒絕寫白話文，堅持寫舊體詩詞。他堅持自己的文化主見，決不隨逐新文化之波流。這個身份的文化顯示是在新文化運動已經取得絕對優勢性勝利的一九二二－一九二三年間。作為新文化運動的反對力量出現，此時，在胡適看來，文學革命和文化革命的勝券已穩操，且早已過了討論的時期，「反對黨已經破產了」。這就決定了胡先驌及《學衡》同人的歷史命運。在二十世紀文化激進和政治激進主義得勢的六十多年間（確切的說是新文化運動至一九八九年間），《學衡》派的文化保守主義群體根本不可能得到一個公正的評說和結論。那種從文化激進主義立場看《學衡》派的一致性的意見和批評話語的霸權性，本身就掩蓋、遮蔽了對象的另一面。因此，全面、公正、客觀地看待《學衡》派的重要成員胡先驌，這本身就是一種應有的歷史態度。

法國思想家巴斯卡把有價值的思想看作人的尊嚴的基質。有價值的思想的意義在於人的獨立意識和獨創性。那麼，在一個激進地凸現意識形態和烏托邦問題的時代，個體該如何思想和生活呢？這也是作為現代知識份子個體所面臨的具體問題。知識份子追求自己的尊嚴，絕不是求之於自己無法決定的一時一地的所謂時空，而是求之於自己的思想的規定。因此，思想的意義「就是一種可驚歎的、無與倫比的東西。它一定得具有出奇的缺點才能為人所蔑視；然而它又確實具有」[3]。

對於胡先驌來說，他的思想有出奇的缺點，有讓人蔑視的片面，是背時的，也是保守、偏至的。也正如此，他是有思想的人。

---

2 此專業資料是依據胡先驌的弟子施滸所撰的《胡先驌傳》。此傳作為「附錄」收入《胡先驌文存》下卷。見下卷第八八八頁。江西高校出版社一九九五年版。

3 巴斯卡：《思想錄》（何兆武譯）第一六四頁，商務印書館一九八五年版。

自由獨立的人格得力於思想的尊嚴支撐，和淵博的學識的滋育。在胡先驌的學人情懷中，文化的情感之鏈與道統的理念之光，共同托舉起了良知和正義。信念的力量和道德的澄明，是他和《學衡》同人作為新文化運動的反對力量存在，逆時代大潮，特立獨行，不屈不撓，以制衡、防止新文化發展行進中走向極端的心理驅動。同時，科學的敬業精神和實事求是的治學態度，使他在植物學研究中，成就卓著。他更「不識時務」，敢於反對蘇聯一些學者的所謂「新發現」。科學精神與人文精神在胡先驌身上相得益彰。

我認為，有一個歷史的座標是十分明確的，那就是在二十世紀文化激進主義和政治激進主義得勢的這種特定的歷史背景下，在主流話語的霸權作用下，《學衡》派的文化保守主義思潮是逆當時的時代大潮，處於文化時尚和社會時尚的劣勢，其影響也是十分微弱的。當然是否合乎時尚，是否與主流一致，並不是我這裏所預設的價值判斷標準。我所要強調的是，《學衡》派的歷史作用和價值恰恰在於其和時尚及主流的不符。作用也許是微弱的，價值也許是很小的。「微弱」和「很小」不是沒有，歷史判斷和價值判斷不是、也不可能是等值的。從歷史的視野上看去，其作用的確是沒有發揮出來，但這並不等於其理論本身的思想價值全無。我認為在這樣一個基本的認識框架上看胡先驌及其《學衡》同人，也許會少些偏頗。

胡先驌是文學批評家、教育家、植物學家，本文主要是從文化－文學角度論述作為文學批評家的胡先驌。而其他方面的問題我在《回眸學衡派》、《胡適周圍》兩書中已有詳細的闡述。同時本文的一些觀點也與上述兩書多有互見。

二、「學衡派」的批評家

「學衡派」形成於一九二〇年代初的東南大學，梅光迪主張稱這一時期的文化保守主義思潮為「現代中國的人文主義運動」。後來「學衡派」成員在中央大學、清華大學、中正大學和浙江大學的活動又有了新的發展。前後近三十年的時間，文化精神相通，學術思想承傳。

國學研究實際上是知識傳統的延續。從三江師範學堂－兩江師範學堂－南京高師，到東南大學、中央大學、中正大學和浙江大學的歷史來看，「學衡派」成員為這些學校所帶來的文化精神和學術傳統主要是體現在人文學科上，傳統的國學研究和中西融通之學是其主要學術特色。

「學衡派」成員的活動主要是在一九二一－一九三三年的南京高師－東南大學－中央大學。此時胡先驌為東南大學生物系主任、教授。他身在自然科學，卻有極大的人文關懷，終生不忘情舊體詩詞。在舊體詩壇，他早年得「同光體」代表人物陳三立的提攜，並與之唱和；晚年與後生錢鍾書交好，得老友（錢基博）之子敬重。

由於胡先驌的關係，《學衡》雜誌上大量刊登江西人的詩，且作者大都宗法宋詩（江西詩派）。同時「南社」社員的詩作也大量流入《學衡》，使得《學衡》雜誌的「文苑」成了「江西詩派」之絕響，「南社」社員之餘音。

從文化精神上看，「學衡派」內承「南社」、「國粹派」的餘脈，外受白璧德的新人文主義思想影響。

七十九期《學衡》雜誌中，「南社」社員計有胡先驌、梅光迪、諸宗元、葉玉森、吳梅、黃節、吳恭亨、曹經沅、楊銓、汪精衛、徐英、陳柱、林學衡。「南社」的文學保守和極端文化民族主義傾向也被帶進了《學衡》雜誌。其中胡先驌為沈曾植門生，其詩宗「同光體」。汪精衛學詩詞時為朱祖謀弟子。

七十九期《學衡》雜誌中，「國粹派」成員計有：黃節、諸宗元、陳澹然、王國維。《學衡》雜誌簡章所說的「昌明國粹」，即可見其與「國粹派」的密切傳承關係。一九二八年，在南京的「學衡派」成員胡先驌與黃侃商議，有將《學衡》與後「國粹派」刊物《華國》合刊的動議。

《學衡》作者中宗法「宋詩」的「同光體」詩派成員計有：陳三立、夏敬觀、華焯、王易、王浩、胡先驌、陳衡恪、汪國垣（「江西派」）、沈曾植（「浙派」）諸宗元、陳寶琛（「閩派」）、陳澹然。

陳三立、李瑞清、江謙三位江西人分別是三江師範－兩江師範－南京高師三個不同時段的校長，陳三立之子陳寅恪後來成為「學衡派」成員也是必然的。由於陳三立、李瑞清、江謙的緣故，許多江西籍的學者在這所學校任教（如胡先驌、汪辟疆、王易、邵祖平、蕭純錦、楊銓、熊正理、陳植等）。同時，宗法「宋詩」，崇尚「江西詩派」的「同光體」的許多詩人成為《學衡》的作者。也有非《學衡》作者的黃侃、胡小石等，和非江西籍的《學衡》作者汪東、王伯沆（瀣）、胡翔冬等宗法「宋詩」。而胡小石、胡翔冬本是李瑞清門人。一九三〇年代，在中央大學、金陵大學，這批宗法「宋詩」的詩人，還結為「上巳社」和「禊社」，同時吸引了文學新人如沈祖棻、程千帆等，隨他們學習舊體詩詞。無獨有偶，一九八〇年代中國第一部以「江西詩派研究」為題的博士論文出自南京大學中文系的學人莫礪鋒（程千帆的弟子）之手。傳統的力量的作用是無形的，但表現形式卻是可觸摸得到的。

一九二六年五月一日胡先驌在《東南論衡》（第一卷第六期）上刊出的反胡適及新文化的著名文章是〈學閥之罪惡〉。他說：「吾國學閥之興，始於胡適之新文化運動。胡氏以新聞式文學家之天才，秉犀利之筆，持偏頗之論，以逢迎青年喜新厭故之心理。風從草偃，一唱百和。有非議之者，則以儇薄尖刻之惡聲報之。陳獨秀之流，復以卑劣政客之手段，利誘黠桀之學生，為其徒黨。於是篤學之士，不見重於學校，浮誇之輩名利兼收。」胡先驌還進一步列舉了學閥、政客對教育抱有懷疑態度，以教育為武器，學生為爪牙，破壞固有文化，倡虛偽之教育，不顧國家命脈等罪狀。「學閥」們「據學校為淵藪，引學生為爪牙」。「卑劣遠勝官僚，橫暴倍蓰武夫」。最後他表示要把「學閥」「投諸豺虎，投諸有北」。使之「匿跡銷聲於光天化日之下」。

一九三二年，胡先驌，以他特有的人文情懷，參與「學衡派」的集體活動，借中央大學《國風》紀念劉伯明寫了〈今日救亡所需之新文化運動〉，並力主孔子學說，與五四新文化運動的反孔行為對立。他說：吾國立國之精神大半出於孔子之學說。蓋孔子學說為中國文化泉源，與基督教之為歐美文化之泉源相若。然孔子學說之所以較基督教為優者，則因其無迷信之要素，無時代性，行之百世而無弊。同時，胡先驌基本上否定了五四新文化運動的功績。他認為今日中國的弱勢來自三個方面的原因：一為晚清秉國者之無精忠體同之誠，與洞徹內外治道之識；二為辛亥革命，但知求體制上之革新，而不知著眼於叔世心理之改造；三為最大之原因——「厥為五四運動以還，舉國上下，鄙夷吾國文化精神之所寄，為求破除舊時禮俗之束縛，遂不惜將吾數千年社會得以維繫，文化得以保存之道德基礎，根本顛覆之」。他說：「吾人試一觀五四運動之結果：在政治上，雖助成北洋軍閥之顛覆，與國民黨之執政，而軍閥勢力並未剷除，政治毫無改善。……在文化上，雖造成白話文之新文體，對於普及教育並無若何之貢獻，而文學上之成就，尤不足數。雖誘起疑古運動，對於歷史考古訓詁諸學有不少新事實之發明。然於吾國文化之精神，並無發揚光大之處。反因疑古而輕視吾國固有之文化，以詛咒自國為趨時。雖儘量介紹歐美文化之潮，然於歐西文化之精粹，並無真確之認識，哺糟啜醴，學之而病。提倡新教育而反使人格教育日趨於破產。高等教育，已近於不可救藥，中小學教育亦每況愈下。日言社會改革，而為社會基礎之家庭先為之破壞，自由戀愛之說流行，而夫婦之道苦，首受其禍者厥為女子。此種文化運動之結果，真使人有始作傭者，百世之下，雖起其白骨而鞭之，猶不足以蔽其辜之感焉。」

最後他強調解決中國問題的根本之要圖，為一種較五四運動更新而與之南轅北轍之新文化運動。要想弘揚和維護我民族生存至四千年之久之精神，必須身體力行從和發揚光大孔子學說。

一九三五年胡先驌為紀念南京高師二十周年所作的〈樸學之精神〉一文，也有意從學術精神上分出個南北不同來。他說：

> 當五四運動前後，北方學派方以文學革命、整理國故相標榜，立言務求恢詭，抨擊不厭吹求，而南雍師生乃以繼往開來，融貫中西為職志。王伯沆（瀣－引者注）先生主講四書與杜詩，至教室門為之塞，而柳翼謀先生之作《中國文化史》，亦為世所宗仰，流風所被，成才者極眾。在歐西文哲之學，自劉伯明、梅迪生、吳雨僧、湯錫予諸先生主講以來，歐西文化之真實精神，始為吾國士大夫所辨認，知忠信篤行，不問華夷，不分今古，而宇宙間確有天不變道亦不變之至理存在，而東西聖人，具有同然焉。自《學衡》雜誌出，而學術界之視聽以正，人文主義乃得與實驗主義分庭抗禮。[4]

胡先驌說南京高師－東南大學的物理學、氣象學、生物學、農學為中國之最。「此皆南雍事實求是質樸真誠之精神所表現也」。「南雍精神不僅在提倡科學也。文史諸科，明師群彥，亦一時稱盛。」由南京高師－東南大學昔日之盛，使他把人文關注投向了現實。他說：「幸今日秉國鈞者，知欲挽救國難，首在正人心，求實是，而認浮囂激烈適足以亡國滅種而有餘。於是一方提創本位文化，一方努力於建設事業。南雍師生二十年來力抗狂潮勤求樸學之精神，亦漸為國人所重視。吾知百世之下，論列史事者，於南雍講學，必有定評。」

抗戰期間，由胡先驌任校長的中正大學所創辦的《文史季刊》（王易為主編），同樣繼承了《學衡》的文化精神。他們認為國學中的文史研究，就是要弘揚民族文化精神。《文史季刊》堅持刊登胡先驌自己所寫的舊體詩詞。王易所做的〈發刊辭〉就明顯昭示出與《學衡》的精神聯繫。

---

4 《國風》第八卷第一號，一九三六年一月一日。

三、批評《嘗試集》，挑戰胡適

胡先驌反對新文學的文章主要是集中在一九二二－一九二五年間，但是他的起點是在一九一九年。在新文化運動的高潮及五四政治運動到來之前，他已在《東方雜誌》上刊出了〈中國文學改良論〉，公開向新文學的倡導者挑戰。他說：

> 自陳獨秀、胡適之創中國文學革命之說，而盲從者風靡一時。在陳、胡所言，固不無精到可採之處。然過於偏激，遂不免因噎廢食之譏。而盲從者方為彼等外國畢業及哲學博士等頭銜所震，遂以為所言者，在在合理，而視中國文學，果皆陳腐卑下不足取，而不惜盡情推翻之。殊不知彼等立言大有所蔽也。彼故作堆砌艱澀之文者，固以艱深以文其淺陋，而此等文學革命家，則以淺陋以文其淺陋，均一失也，而前者尚有先哲之規模，非後者毫無文學之價值所可比焉。[5]

胡先驌強調文學和文字的不同，文字僅取其達意，而文學在必須達意之外，還要有結構，有照應，有點綴。字字句句之間，有修飾，有鍛煉。因此，他特別指明文學革命和文字改革是不同的。古文、詩詞、韻文的內涵各有不同，文學革命不能一概而論。作為文學發展的歷史，各種文體都有其存在的理由，他堅持認為白話不能全部取代文言文。只可改良文學，而不能拋棄文學的歷史。今日要說創造新文學，必須以古文學為根基，使古文學發揚光大。

此文一出現，立即受到胡適的學生羅家倫的辯駁。在一九一九年五月《新潮》一卷五期上，羅家倫刊出〈駁胡先驌君的《中國文學改良論》〉。羅文認為胡的〈中國文學改良論〉實是毫無改良的主張和

[5] 《東方雜誌》一九一九年第十六卷第三期。

辦法，只是與白話文學吵架，其意見既不中肯，也不服人，而且意義文詞都太籠統，不著邊際。羅文是和胡適派文學革命、思想革命的思路相一致的。他把文學的立足點放在思想革命的高度，因此，特別注重人的價值、時代的價值和分析研究的價值。

具體地說，羅文認為，胡的文章存在著對新文學理論和實踐的誤解：「一、他以為我們主張言文合一；二、他對於白話的意義不明了。」而胡適和一班文學革命的倡導者對白話文學的共識是：「白話的『白』是『說白』的『白』；白話的『白』是『黑白』的『白』；白話的『白』是『清白』的『白』。」接下來，又從中外文學的三個層面上，闡述了詩的體用特質、白話文言能否為詩、西洋文學新詩潮流的性質問題。進而強調近代新詩的五種屬性：「一、重精神而不重形式；二、用當代的語言；三、絕對的簡單明瞭；四、絕對的誠實；五、音節出乎『天籟』。」而中國的新文學革命正是中國與世界文學接觸的結果，是文學進化史上的一個階段。關心中國文學的人且不可少見多怪。在這時，胡先驌的態度和批評的言辭都相對的溫和，雖有些挑戰性，卻無明顯的敵對情緒。

事實上，胡先驌的文學觀念有一個變化的歷史脈絡，即一九二二年前後的不同。一九二二年，反對新文化的保守的旗幟高樹，文學思想有意與《學衡》同人的整體傾向趨同，在批評新文化運動的文章中，多了些有意識的偏至和情感上的成分。因為他在一九二〇年發表的〈歐美新文學最近之趨勢〉（九月上海商務印書館出版發行的《東方雜誌》第十七卷第十八號錄自《解放與改造》）的長文，對歐美文學的歷史、現狀和新的發展走勢的評說，尚為持中、公允。但一九二二年以後的言辭，便有了明顯的偏頗和有意識的守舊，對歐美近代文學幾近全盤否定。

作為一個嚴肅、正直的自然科學家，胡先驌有別於吳宓、梅光迪，他的認真和苛刻態度，用在文學批評上便顯得特別的無情，正如同他自己所說的「即不免翻釁剔骼之病」和「譏彈」。《學衡》第一、二期上，連載了他批判胡適的長文〈評《嘗試集》〉（據《吳宓自編年譜》所示，胡先驌的這篇文章，當時曾投寄多家刊物，結果是都不敢刊用[6]）。

一部為中國現代新詩運動的開山之作《嘗試集》，在他看來，「以一七二頁之小冊，自序、他序、目錄已占去四十四頁，舊式之詩詞復占去五十頁，所餘之七八頁之《嘗試集》中，似詩非詩似詞非詞之新體詩復須除去四十四首。至胡君自序中所承認為真正之白話詩者，僅有十四篇，而其中〈老洛伯〉、〈關不住了〉、〈希望〉三詩尚為翻譯之作。」他認為剩下的十一首新詩，無論以古今中外何種眼光觀之，其形式精神，皆無可取。由此可見，胡先驌是完全否定了《嘗試集》。

胡先驌個人的學術專長是植物分類，他用科學的統計分類法，把胡適的《嘗試集》作了如此科學的肢解，該詩集的嘗試精神、創新精神和開一代新詩風的時代精神完全被化整為零了。文學和科學是兩個不同的世界，有完全不同的價值標準和評價體系，批評方法的移位和文學思想觀念的差異，必然會出現如此尖銳的對立、衝突。

胡先驌本人寫作舊體詩詞（且堅持終生。施滸在《胡先驌傳》中提到「胡先驌早年還參加過南社」[7]，「南社」是具有濃重文化保守主義傾向和民族革命色彩的文學團體。有深厚的古典文學修養，同時對外國文學，尤其是古典詩學也有相當的瞭解，對中西方詩學和文學批評的投入，是他在植物學研究之外的最大興趣。他從「《嘗試集》詩之性質」、「聲調格律音韻與詩的關係」、「文言白話用典與詩之關係」、「詩之模仿與創造」、「古學派浪漫派之藝術觀與其優劣」、「中國詩進化之程式及其精神」、「《嘗試集》之價值及其效用」多個方面把胡適《嘗試集》的價值毀滅殆盡。他說胡適對於中國新詩的造就，本未升堂，不知名家精粹之所在，但見斗方名士哺糟啜醨之可

6 《吳宓自編年譜》第二二九頁，生活·讀書·新知三聯書店一九九五年版。

7 《胡先驌文存》下冊第八八九頁。胡先驌與南社的關係，可見鄭逸梅編著：《南社叢談》，上海人民出版社一九八一年版。

厭；不能運用聲調格律以澤其思想，但感聲調格律之拘束；復摭拾一般歐美所謂新詩人之唾余，剽竊白香山、陸劍南、辛稼軒、劉改之之外貌，以白話新詩號召於眾，自以為得未有之秘，甚至武斷文言為死文字，白話為活文字，而自命為活文學家。實則對於中外詩人之精髓，從未有深刻的研究，徒為膚淺之改革談而已。

胡先驌把胡適的文學改良主義視為「盲人說燭」，並把在他看來僅有的十一首新詩一一加以評說。他認為〈人力車夫〉、〈你莫忘記〉、〈示威〉所表現的是「枯燥無味之教訓主義」，〈一顆遭劫的星〉、〈老鴉〉、〈樂觀〉、〈上山〉、〈周歲〉所表現的是「膚淺之徵象主義」，〈一笑〉、〈應該〉、〈一念〉所表現的是「纖巧之浪漫主義」，〈蔚藍的天上〉所表現的是「肉體之印象主義」，〈我的兒子〉無所謂理論，〈新婚雜詩〉、〈十二月一日奔喪到家〉與〈送叔永回四川〉「無真摯之語」，且有不深切和纖細之感。

胡適認為格律聲韻是限制詩詞創造自由的枷鎖鐐銬。胡先驌認為格律聲韻是詩詞之本能，他從中西詩學的廣征博引中批判胡適之論，甚至指責胡適「強掇拾非驢非馬之言而硬謂之為詩」。他認為用典之起源無害於詩之本質，且可為現實情事生色。詩人意有所刺，不欲人明悉其意，乃假託於昔人。或意有所寓，不欲明言，乃以昔人之情事以寄託其意興，這是詩所允許的。胡先驌認定胡適之詩與胡適的詩論，皆有一種極大的缺點，即認定以白話為詩，不知揀擇之重要，但知剿襲古人之可厭，遂因噎廢食，不知白話固可入詩，然文言尤為重要。針對胡適論詩所主張的不必模仿古人之說，他也提出了相應的商榷。他認為人的技能智力，自語言以致於哲學，凡為後天的所得，皆須經若干時日的模仿，才能逐漸有所創造。思想、藝術皆循此道。思想模仿既久，漸有獨立的能力，或因此而能創造，有創造亦殊難盡脫前人的影響。模仿是創造的開始，這是人類歷史進化的規律性經驗。

經過以上討論，胡先驌認定胡適的詩和詩論所代表的主張，為絕對的自由主義。胡適所反對的為制裁主義，規律主義。從世界文學的發展潮流看去，浪漫主義和盧梭所反對的是古典主義。而胡適及同人所提倡的所謂寫實主義文學，實質上不能超出浪漫派的範圍。胡先驌在〈評《嘗試集》（續）〉（《學衡》一九二二年二月第二期）中首次引白璧德（Prof.Irving Babbitt）及人文主義（Humanism）的思想方法入中國文學批評界。白璧德崇尚古典主義（Classicism），主張遵守文學的紀律，反對盧梭以下的浪漫主義。這對胡先驌及《學衡》同人有直接的影響。作為白璧德及新人文主義思想在中國的最先譯介、引入者，胡先驌繼之在《學衡》第三期全面介紹這位西方思想家、文學批評家。這一期上，他翻譯並登出〈白璧德中西人文教育談〉。吳宓特為此文加了按語。一九二一年九月，白璧德應美國東部的中國留學生之請，為他們作了演說。演說的文稿〈Humanistic Education in China and the West〉刊登在《中國留美學生月報》一九二一年第十七卷第二期上。胡先驌將此文譯出。

白璧德對中國當時的新文化運動的基本情況有一定的瞭解，他的演說也是針對中國的實際情況而發的。他就自己所見的中國人多認為自己的祖國所需要的為文藝復興，而與古代完全脫離，且以西方文化之壓迫為動機的說法，發表了自己的意見。他的這些見解正合胡先驌及《學衡》同人之意，故被胡加以中國化的文字和精神規範。白璧德推崇中國文化及對中國現實文化的關注，正合胡先驌及《學衡》同人的口胃。胡先驌對白璧德言論的認同，並借此來為自己反對胡適及新文化運動的言行充當理論依據和精神支點。胡先驌實為在中國傳播白璧德及新人文主義思想的第一人。

胡先驌認為「浪漫主義，苟不至極端，實為詩中之要素。若漫無限制，則一方面將流於中國之香奩體，與歐洲之印象詩，但求官感之快樂，不求精神之騫舉；一方面則本浪漫主義破除一切制限之精神，不問事物之美惡，盡以入詩」。同時，他舉出胡適的〈威權〉、〈你莫忘記〉，沈尹默的〈鴿子〉，陳獨秀的〈相隔一層紙〉（沈按：此為胡先驌的筆誤，該詩不是陳寫的，作者為劉半農）為趨於極端的劣詩。

胡先驌在比較古典派和浪漫派詩學的優劣時，其理論依據為白璧德的文學主張。白璧德指出：「凡真正人文主義（Humanistic）方法之要素，必為執中於兩極端。其執中也，不但須有有力之思維，且須有有力之自製，此所以真正之人文主義家，從來希見也。」又說：「增廣學術與同情心之主要作用，為使人當應用其才力時，對於專注與揀擇最緊要之頃，得有較充分之預備。凡人欲其揀擇正當，必先有正當之標準。欲得正當之標準，必須對於一已之意志衝動，時刻加以限制。」所以說「吾人欲免此種種之紊亂，必一面保存自然主義派之優點，一面須固持人生之規律，而切要超越全部自然主義之眼光。換言之，若欲重振人文主義，必對於十九世紀所持有之浪漫主義、科學、印象主義、與獨斷主義，皆有幾分之反動也」。對待文學的形式問題，白璧德強調「若浪漫派、自然派與假古學派，不知形式與形式主義之區別，必強謂美限於一物，吾人初無理由必須步其後塵。凡正式之美之分析，必能認別二種元素：其一為發展的，活動的，可以『表現』一名詞總括之。與此相對者則為『形式』一元素，普通覺為制限拘束之規律者是也」。同時又指明，「以拋棄制限之原理之故，彼富於情感之自然主義派，終將非議人類天性中所有較高之美德，與解說此美德之言詞，至最終所剩餘者，僅有野蠻之實用主義（Pragmatism）而已」[8]。

在引述了白璧德的理論主張之後，胡先驌檢討了中國詩歌進化的基本程式和內在精神，指出，自《詩經》始，形式上的賦比興兼有，而精神上所表現的則「純為人文主義，初無一毫浪漫主義羼雜其間，此亦中國古代文明迥異於其他文明也」。「至屈原出，始創離騷，以忠君愛國之忱，一寓於香草美人之什。既破除四言之軌律，復盡變人文主義之精神，秉楚人好鬼之遺風，遂開詩中超自然之法門。雖一時之影響不大，未能開一時期，然中國詩之浪漫主義，以伏根於此矣」[9]。

---

8 《學衡》一九二二年二月第二期。
9 《學衡》一九二二年二月第二期。

隨後，中國詩歌的發展經歷了四次歷史性變遷，至宋詩已窮正變之極，乃不得不別拓疆域與開宋詞元曲。

在他看來，中國詩至宋代，已進入技術完美之域。至於內容，從自然之美、人情之隱、到經史、百家、道藏、內典所含蘊的哲理，宋人都能運用入詩，清人還用詩以為考據之用。時值新文化運動，胡先驌寄希望於「他日中國哲學、科學、政治、經濟、社會、歷史、藝術等學術，逐漸發達，一方面新文化既已輸入，一方面舊文化復加發揚，則實質日充。苟有一二大詩人出，以美好之工具修飾之，自不難為中國詩開一新紀元」[10]。因此，胡先驌堅決反對胡適對古典詩詞的多方面否定。

這篇二萬多字的長文的結論是：「《嘗試集》之價值與效用，為負性的。」胡先驌視胡適為新詩人的先鋒，也是造反作亂的陳勝、吳廣。他同時發出了如下感慨：我國青年既與歐洲文化相接觸，勢不能不受其影響，而青年識力淺薄，對於他國文化之優劣，無抉擇能力，勢不能不對各派皆有所模仿。既然已經模仿了頹廢派，且產生了如此的新詩的失敗，那只能寄希望於迷途青年明白這種主張的偏激之非，知道中庸的可貴，洞悉潰決一切法度之學說的謬誤，而知韻文自有其天然的規律，才能按部就班，力求上達。

四、批評家的責任與文學的標準

《學衡》第三期上，胡先驌同時還登出〈論批評家之責任〉，針對新文化運動中的幾位批評家如胡適、錢玄同、陳獨秀等人的相關言論進行了極為尖銳的批評。他不滿於中國現實文學批評家的作為，認為批評家的責任重大，對社會，對一代青年，尤其是對文化的進步至關重要。他尖銳地指出，在批評方面，我國文學以往的歷史中，有與

10 《學衡》一九二二年二月第二期。

英國相同之處，皆長於創造而短於批評。且我國人富於感情，深於黨見，朱陸之異同，洛蜀之門戶，東林復社，屢見不鮮。加上外來的偏激主義，為之前驅，遂使如林之新著作中，除了威至威斯（Wordsworth，沈按：今譯為華茲華斯）所詆為「偽妄與惡意之批評」外，大概沒有其他東西了。在這種流弊作用下，中國固有文化，徒受無妄的攻擊。西歐文化的畸形發展，既不足以糾正我國學術之短，尤其不能補助我國學術之長，且使多數青年用有心之力，趨入歧途，萬劫不復，此是極大的可悲之事。要改革中國今日的文學批評，首先要標明批評家的責任，使其知道批評事業的艱巨，不學無術者斂手，即是能勝任批評之責者，也要念社會所托之重，審慎將事，不偏不黨，執一執中。

胡先驌認為批評家的責任應包括「批評家之道德」、「博學」、「以中正之態度，為平情之議論」、「具歷史之眼光」、「取上達之宗旨」、「勿謾罵」六個方面。只有博學，無成見，知解敏捷，心氣和平，有知識上的良知，有指導社會上達的責任心這些積極的批評家的素質，才能成為一個稱職的批評家。他以自己的文化觀念和批評原則，具體分析了上述各項條件的基本內涵，並有針對性批評了胡適、錢玄同、陳獨秀的諸多言論。

批評家的責任在於他指導一般社會，對於各種藝術產品，人生的環境，社會政治歷史的問題，均加以正確的判斷，以期臻至美至善之域。因此，立言首貴立誠，凡違心過情，好奇立異之論，奉迎社會，博取聲譽之言，皆在所避忌之列。他指出：「今之批評家則不然，利用青年厭故喜新，畏難趨易，好奇立異，道聽塗說之弱點，對於老輩舊籍，妄加抨擊，對於稍持異議者，詆諆謾罵，無所不至。甚且於吾國五千年文化與社會國家所托命之美德，亦莫不推翻之。」胡先驌所說的這些話是針對胡適等人的。他認為胡適的文學革命之論，尤其是中西比附，所謂古文為死文字，便是牽強之語，似是而非之言。「又如錢君玄同，中國舊學者也，舍舊學外，不通歐西學術者也！乃言中國學術無絲毫價值，即將中國載籍全數付之一炬，亦不足惜。此非違心過情之論乎！胡君適之乃曲為之解說，以為中國思想過於陳舊，故錢君作此有激之言」[11]。他指出錢玄同是有國學根底的，說這樣的話，對一般不知國學的青年，會產生不良的影響。胡適、沈尹默時而寫新詩，時而又寫舊體詩，且理論上前後矛盾，見解不定，這樣很容易迷惑青年人的視聽。因此，他強調對於藝術創造的衝動，必須加以理性的制裁。批評家尤其不能利用人類的弱點，作違心之論，以博得先知先覺的虛譽。這是一個批評家的道德問題。

在「博學」這一問題上，他指明批評和創作的不同。創作依賴於天才，所以學問不深，也能創作出很高水準的藝術品。批評家則需要對古今中外的政治、歷史、社會、風俗以及多數作者的著作，都加以博大精深的研究，再以銳利的眼光，作綜合分析考察，這樣才能言之有據，而不至徒逞臆說，或摭拾浮詞。

以中正的態度，發表平心正氣的議論，的確不是一件容易的事。從歷史上看，我國的文人素尚意氣，當門戶是非爭執劇烈時，對於自己所喜歡的東西，則升之於九天；對於自己不喜歡的，便墜之於九淵。胡先驌對錢玄同那種頗為偏激的言辭表示了自己的不滿，認為那種把駢選之學視為妖孽，把桐城派及其後學看作謬種的說法實在有失中正，也不是批評家應持的態度。他強調如今的批評家所持之態度和已經形成的批評時尚——「立言務求其新奇，務取其偏激，以駭俗為高尚，以激烈為勇敢」——此非國家社會之福，也不是新文化的光明前途。

批評家的歷史眼光，不是一個抽象的說辭。在廣義和狹義的歷史視野裏，往往有這樣的現象：理論上所訾議的，實際上卻極有功用；理論上所讚揚的，實際上卻無法行通；或此邦可行的，在他邦卻不可行；在此時代為善政，而在他時代卻被視為罪惡。所以「作批評也，決不宜就一時一地一黨一派之主觀立論，必具偉大洞徹之目光，遍察國民性、歷史、政治、宗教之歷程，為客觀的評判，斯能公允得當」[12]。

---

11 《學衡》一九二二年三月第三期。

12 《學衡》一九二二年三月第三期。

胡先驌和白璧德一樣，反對盧梭的學說，認為盧梭以下的浪漫主義是一種絕聖棄智，返乎自然的理論，其結果使社會不但不能進步，反而愈退愈下，直至返回到人類的原始狀態。「今日一般批評家之宗旨，固為十八世紀盧騷學說創立以來，全世界風行之主義之餘緒，即無限度之民治主義也。有限度之民治主義，固為一切人事之根本。無限度之民治主義，則含孕莫大之危險」[13]。民治主義要求遇事皆須為一般大眾著想，而不宜僅顧少數知識階級。胡先驌認為，如果一切文化，遷就知識卑下的階級，必然會造成一種退化的選擇。這樣，優美的性質便不足以崇尚，也不為社會上追求上達的人所選擇。其結果保留繁衍下來的，只是本應被淘汰的下劣的東西。作為批評家，其職責是指導社會。這是一項上達之事。上達的崇高宗旨，本來與民治主義不相矛盾。只是在今天的現狀下，一般平民在政治社會上還未能得到這一同等的待遇和同等的機會，因此，平民在無教育普及與社會自由選擇的前提下，就無法進入優美之域。批評家的社會責任，在這時就應該首先認明上達的必要，而不是求不能得到的平等。只有這樣才能不至於返回昔日的蒙昧，而日促文明的上達。胡先驌這裏所謂文明的上達，不是現代西方文明，而是中國古代士大夫所理想的外在的風俗純和內在的聖達。

對於文學批評中的謾罵行為，胡先驌提出了十分尖銳的批評。他指出了今日批評家所好謾罵的可悲缺點。他不滿新文學批評家對林琴南的責難，更對陳獨秀、劉半農、錢玄同、易家鉞等人言論不以為然。他認為假造「王敬軒」，作為謾罵舊學的靶子，有悖批評的基本原則，實開謾罵之風。這有失文人中正、中庸的君子風度，也敗壞了社會風氣。

一九二四年他在美國學習時，對中西文學又有了進一步的認識。一方面，他身歷了中國的新文學運動，另一方面他對西方文學也有意地作了比較考察。在中西參照比較中，他的保守主義文學觀更加明確

---

[13] 《學衡》一九二二年三月第三期。

和堅定。一九二四年七月《學衡》第三十一期上刊出了他的〈文學之標準〉的長文（三十五頁，近二萬字）。這篇文章是胡先驌文學觀念和理論主張的代表作，同時也體現了他的政治思想和歷史觀。他縱論中西文學，堅持自己的古典文學觀，極力反對中國的新文學和西方浪漫主義以來的一切文學。

胡先驌認為現在是一個眾人皆談科學的時代，是一個沒有文學標準的時代。那麼確立文學標準的依據，就要以科學的基本精神作為內在的指導。要作到這一點，首先要解放個人，使個人有獨立意識和獨立行事的能力，不再滿足於「孝子順孫」的「阿順」，不因襲成見和隨波逐流。這也正是五四新文化運動的精神導向和個人解放的目標。個人解放與文學標準的確立本應是同步不悖的。新文學運動的激進和偏至不是沒有標準，只是這一標準不合乎文化保守主義者的文學批評觀。

他要首先明辨的是文學的宗旨。胡先驌認為文學的宗旨是一為娛樂，一為表現高超卓越的理想想像與情感。前者的格調雖然較低，但自有其功用，其標準也較為寬泛，所用以消遣閒情，供茶餘酒後之談資。因為人類不可能終日工作，在休息娛樂的時候，文學便可以愉快其精神。後者的格調高而標準也嚴。這類文學要求有修養精神，增進人格的能力，能為人類上進起到一定的作用。從作品上看，前者為諧劇與所謂輕淡文學；後者為悲劇與所謂莊重文學。二者雖然各有其藝術的標準，對其格調的高下不可不知。正因為不知這些，才會有近日文學上的邪說怪論，充滿文學的篇幅，貽害讀者。

接下來，他具體論述了「文學的本體」和「盧梭之害」。《學衡》的精神導師白璧德極力反對盧梭及其浪漫主義，胡先驌的言論尤甚於他的老師。他說：

> 自盧梭民約論出，而法國大革命興，殺人盈野，文物蕩然，至今元氣未復。而人類之幸福距烏托邦尚遠。至今日失望之餘，遂使獨裁大興，不為蘇俄之暴民專制，即為意國之法西斯蒂運

> 動。而英美舊式之民本主義，乃大有衰退之象。自盧梭《愛米兒爾》出，教育之宗旨大改，因勢利導之方法，乃取嚴厲之訓練而代之。其優點固在使求學為可樂，其弊則在阿順青年避難趨易之趨向，使之於學問僅知淺嘗而無深造。此現象在美國大學（College）中尤顯。……文學之影響人生類皆如此，在以娛樂為目的之輕淡文學，影響尚不大。在以代表「主義」之莊重文學，則每有風從草偃之魔力。僉以歐戰歸罪於尼采之超人主義。抑知近日一切社會罪惡皆可歸咎於所謂近世文學者，而溯源尋本，皆盧梭以還之浪漫主義有以使之耶。[14]

此話最能反映胡先驌思想的保守、偏至之處。

這裏，我引用英國著名學者 A·N·懷海特的一段話作為對比。懷海特的這段話是一九二五年二月在哈佛大學演講時說的。此時，胡先驌正在哈佛大學攻讀博士學位。兩位學人對浪漫主義的看法有著完全相反的取向。懷海特認為在浪漫主義之後，有一個浪漫主義的反作用浪潮，其最明顯的特點是科學的長足進步。他說：

> 隨著十九世紀的逝去，浪漫主義思潮也就漸次衰頹了。但它並沒有消滅，而只是失去了思潮的清晰輪廓，流散在許多港灣之中，與人類其他的事物結合起來罷了。這個世紀的信念有三個來源：第一是表現在宗教復興、藝術以及政治思潮上的浪漫主義思潮；第二是為思想開闢道路的科學躍進；第三是徹底改變人類生活條件的科學技術。這三個信念的泉源，源頭都在上一時代。法國大革命本身就是浪漫主義受到盧梭薰染後的第一個產兒。……整個這一時代，科學的進步都是法國和法國影響的光榮。[15]

---

14 《學衡》一九二四年七月第三十一期。

15 A·N·懷海特：《科學與近代世界》（何欽譯）第九十三頁，商務印書館一懷海特看到的是浪漫主義積極影響的一面。二者相比，懷海特的這段話較符合歷史的基本發展實事，和人類文明進化的軌跡。

胡先驌通過對「中國浪漫主義之害」、「美術（美育）代宗教是不可能的」、「浪漫主義的道德觀念」、「自然主義、寫實主義的邪路」等多種文學現象和歷史根源的具體問題的檢討批評，指出了中外思想與文學中的不中正之處，把在他看來違背文學之標準的東西一一指摘，並加以痛斥。他和白璧德一樣把浪漫主義視為文學發展中魔障，把一切社會的罪惡也加給了文學。這是他的偏至和不公。在文章的最後，他警告世人：

> 勿以為不趨極端，不為驚世駭俗之論，即不得為好文學。中外最佳之文學，皆極中正，可為人生之師法，而不矜奇駭俗者也。在今日宜具批評之精神。既不可食古不化，亦不可惟新是從，惟須以超越時代之眼光，為不偏不黨之抉擇。[16]

他指出文學思想，常函局於時代與超越時代的兩種原素。有「時代精神」的東西，不一定有永久的要素，我們後人不可一味盲從。有「古昔精神」的東西，其短處和缺失，也不能逃於我們的耳目。因此，對待中外古今的文學要有一定的判斷力，要有一個基本的文學評價標準。他的結論是引用薛爾曼教授的一段文字：

> 如何以給與快樂而不墮落其心，給與智慧而不使之變為冷酷。如何以表現人類重大之感情，而不放縱其獸慾。如何以信仰達爾文學說，而同時信仰人類之尊嚴。如何以承認神經在人類行為中之地位，而不至於麻痹動作之神經。如何以承認人類之弱點，而不至於喪失其毅勇之概。如何以觀察其行為而尊重

九五九年版。

16 《學衡》一九二四年七月第三十一期。

> 其意志。如何以斥去其迷信而保存其正信。如何以針砭之而不輕蔑之。如何以譏笑其愚頑而不賤視之。如何以信任惡雖避善，而永不能絕跡。如何以回顧千百之失敗，而仍堅持奮鬥之希望。[17]

他把這段尋求中正、中庸的話作為文學的標準，當成創造新文學者的所宜取法。

由胡先驌對胡適的對立，可見文化激進主義、自由主義與文化保守主義之間的歷史鴻溝。英國著名自由主義思想家霍布豪斯在《自由主義》一書中提出了思想理論發展過程中的理解和溝通的問題。霍布豪斯指出：「巨大的變革不是由觀念單獨引起的；但是沒有觀念就不會發生變革。要衝破習俗的冰霜或掙脫權威的鎖鏈，必須激發人們的熱情，但是熱情本身是盲目的，它的天地是混亂的。要收到效果，人們必須一致行動，而要一致行動的話，必須有一個共同的理解和共同的目的。如果碰到一個重大的變革問題，他們必須不僅清楚地意識到他們自己當前的目的，還必須使其他人改變信念，必須溝通同情，把不信服的人爭取過來。」[18]

事實上，文化激進主義、自由主義者在新文化運動取得勝利的情況下，其話語的霸權性，和由此產生並開始擁有的神聖不可侵犯的權力，使得他們蔑視文化保守主義者。而文化保守主義者則以固有的信念和道德力量，強化自己心中的文化情結和文化托命意識，在不能相互理解和無法溝通的情況下，更談不上「爭取」了。

從知識譜系上看，胡適關注的是文學的社會－事功型知識作用，而胡先驌關注的是文學的本質－教養型知識的作用。二者的取向不同，個體言說的話語也就出現了迥異，乃至十分尖銳的對立。

---

17 《學衡》一九二四年七月第三十一期。

18 霍布豪斯：《自由主義》（朱曾汶譯）第二十四頁，商務印書館一九九六年版。

茅盾的晚年
——歷史及其限制

一、限制的背後

茅盾的一生是複雜的、矛盾的。他不平凡的經歷，似乎可以作為二十世紀中國知識份子的一面鏡子。這「鏡子」的影像既體現著中國知識份子在「解釋世界」(知）和「改造世界」(行）二者間的矛盾選擇，同時也展示了知識份子在中國現代社會生活中所充當的「啟蒙者」、「救亡者」、「被改造者」、「勞動者」——工人階級的一部分的不同角色。作為政治家，他有著中國知識份子近於「劣根」的軟弱——書生本色；作為文學家，他染指政治，有著強烈的政治「參與」(介入）意識。作為傑出的作家，他又有著愛情、婚姻、家庭——情與理、愛與憎、歡娛和不可名狀痛苦的矛盾。特別是在茅盾的文學生涯中有這樣一個不容忽視的現象：批評家——作家——批評家。即作為「批評家」，前、後是矛盾的：一個是開放的、多元的，與二十世紀世界文學同步的；一個是保守的、封閉的、一元的，抗拒、背離世界文學總體趨勢的（這裏有一段國情投映)。後者甚至是對前者的否定、批判（如《夜讀偶記》對他早期倡導的自然主義和批判現代主義的全盤批判、否定)；前「批評家」與「作家」有矛盾，後「批評家」與「作家」有矛盾。所以說，茅盾一生充滿矛盾。

怎樣認識這一歷史及其限制，我認為這不是個單純的屬於茅盾自身的問題。因為這首先是一個社會歷史問題，是一種獨特中顯示出一般的文化現象，茅盾只不過是中國知識份子的一個代表而已。在思想戰線上，胡適可以說是中國現、當代歷史上的「自由主義」的大師，也是一個典型。他在思想戰線上的命運如同茅盾在文學領域一樣，具有一定的代表性。胡適早年主張自由主義，呼喚民主、科學，二十年代末、三十年代初，他曾猛烈地抨擊過蔣介石政府的封建專制。但不久，由於外患加劇，民族危急，他在《獨立評論》上轉向替統治者鼓吹社會重心和政治穩定。但很快又發現這種封建專制有礙民主化進程，卻又迫於戰爭而說話無力。五十年代，在臺灣蔣介石政府的專制政體的高壓下，只好選擇了「不說話的自由」。從積極自由轉向消極自由。茅盾與胡適雖在不同的政治領域，卻有著相似的處境，共同的文化心態。

中國先進的知識份子自上個世紀末嚴復、康、梁以下，到五四知識份子群體力量的形成，是先覺者，承擔的是覺醒的啟蒙者的歷史重任，在推進中國現代化的歷史進程中，直接或間接都有所貢獻。不論是對新知識的灌輸，新思想的引介，新觀念、新方法的啟迪，新制度的推行，舊風俗習慣的改革，都表現出過去從來沒有過的熱誠和高度的銳氣，其感時憂國和對社會責任的道義擔當都是十分積極主動的。歷史經歷了一場偉大的民族自救、復興的戰爭之後，知識份子卻面目全非，斯人憔悴。特別是一場反「右」，秋風乍起，而草枯木黃，落葉紛紛。茅盾即經歷了這一歷史性的轉折，並扮演了重要的角色。在五四新文化運動中，茅盾參與文化啟蒙和新文學的開創性工作。二十年代，他一度參與政治鬥爭，為一個理想的主義而奮鬥。三、四十年代，他又投身到民族救亡的洪流之中。但到了五、六十年代，他卻和許多知識份子一樣，成了「被改造」的對象。甚至像批胡風，批「右派」那樣，說了許多違心的話。穿上緊身夾克，過著蹇蹙淡漠的生活，在無可奈何的失落中，他不得不主動向這種政治文化認同。他說：

> 一個人有機會來檢查自己失敗的經驗，心情是又沉重而又痛快。為什麼痛快呢？為的是搔著自己的創傷，為的是能夠正

視這些創傷總比不願正視或視而不見好些。為什麼沉重呢？為的是雖然一步一步地逐漸認識了自己的毛病及其如何醫治的方法，然而年復一年，由於自己的決心與毅力兩俱不足，始終因循拖延，沒有把自己改造好。數十年來，漂浮在生活的表層，沒有深入群眾，這是耿耿於心，時時疚悔的事。……我首先應當下決心……從頭向群眾學習，徹底改造自己，回到我的老本行。[1]

這篇序，沒有指出書中嚴重的錯誤，序文本身亦是空空洞洞，敷衍塞責的。這又是不負責，不嚴肅的表現。再說，當我走馬看花似地看了這書以後，我的確也為書中某些寫得比較好的部分所迷惑而忽略了書中的嚴重錯誤。而這，又與我之存著濃厚的小資產階級思想意識是不可分離的。

文藝工作者的思想改造過程是長期的、艱苦的，要勇於接受教訓，勇於改正，我接受這次教訓，也希望白刃同志在接受了這次教訓後，能以很大的勇氣將這本書來一個徹底的改寫。因為，這本書的主題（知識份子改造的過程）是有意義的，值得寫的。[2]

作為一個作家，茅盾一九四九年以後中斷了創作，理論文章偶然為之，但多數是言不由衷，「空空洞洞」、「敷衍塞責」。或今是而昨非、唯一獨尊，對過去的批判、否定。一個作家靠「作品」說話，若沒有作品，就等於失去作家的「自我」，五十年代初期，他五十多歲，正是生活經驗豐富、思想成熟，創造力旺盛的時期，本可大顯身手，再留下幾部力作，可是他擱筆了。畢生一千三百多萬字的作品，百分之八

---

1 〈《茅盾選集》自序〉，一九五二年開明書店版。見《茅盾全集》第二十四卷第二〇九－二一〇頁，人民文學出版社一九九六年版（全集用十多年的時間才出版完成，所以各卷的出版時間不同，以下注釋中有顯示）。

2 〈茅盾關於為《戰鬥到明天》一書作序的檢討〉，載《人民日報》一九五二年三月十三日。見《茅盾全集》第二十四卷第一七七－一七八頁。

十寫於一九四九年以前。前後形成了強大的落差，可以說一九四九年以後茅盾「不說話」了。在存在意義上的人生歷程中，他這是一種新的選擇。因為他想說話而不能，想克服心理上的矛盾，但又無力，最後只好把自己封閉起來。

人生處處充滿了選擇，作家創作是這樣，批評家的批評也如此。一個作家願意幹什麼，由他的選擇所決定。但這種選擇一般情況下對作家來說，應該是充滿了自由的內在張力和彈性，但對於當代中國作家來說卻是極向的：或者選擇「說話」的自由——，大唱頌歌，宣傳、教化、圖解政策，配合政治形勢，為工農兵創作，為工農兵利用；或者選擇「不說話」的自由——中斷創作，茅盾、巴金、沈從文等都如此這般。否則，災難很快就會降臨。當然，茅盾的這種選擇，有他的「自由」，但更多的是有他的苦衷。

「歷史及其限制」作為用來描述以上觀察到的現象和事實的名稱或標記，並非具有絕對的概念意義上的明確性和理論上的必然性。作為一個「概念」，它是研究者心理體驗的產物，而「任何心理體驗在現象學還原的道路上都與一個純粹現象相符合。這個現象指出，這個體驗的內在本質（個別地看）是絕對的被給予性」[3]。甚至可以說「不僅個別性，而且一般性，一般對象和一般事態都能夠達到絕對的自身被給予性」[4]。茅盾實際上是代表著舊的一代沒有完全介入或參與政治的知識份子的失落，而對這一現象的還原，也只能在現實條件允許下，作相應的闡釋。

從中國現當代歷史演變來看，茅盾的這一「失落」是因歷史的急劇變遷的結果。當然這歷史的變遷不是偶然的，也不是簡單的因素導致的，這一變遷是與時代的變遷息息相關而為時代的變遷之一環。因為在近現代之交及五四以後的十多年間，被殷海光（《中國文化的展

---

[3] （德）艾德蒙德・胡塞爾：《現象學的觀念》（倪梁康譯）第四十一頁，上海譯文出版社一九八七年版。

[4] （德）艾德蒙德・胡塞爾：《現象學的觀念》（倪梁康譯）第四十七頁。

望》）稱之為是「思想者」、「搞觀念的人」的時代。他們引進主義，發動民眾，以圖建立理想的社會制度，也就是說在滿清皇權政體轟毀後，在群眾性運動被發動起來之初期，觀念人物、思想者作為啟蒙者、宣傳煽動者之雄才大展，崢嶸畢露，在社會的導向上，他們處於主導地位，等到新的權力形態出現，新的政體建立，就該換主角演員了。也就是說，該是實際行動的人物登上歷史舞臺了：從一九二七年以後的國民黨「黨天下」，到一九四九年以後名為「工人階級領導一切」、「工農兵當家作主」，實際的共產黨「黨天下」，乃至毛澤東的個人天下。

問題在於這種更迭後，怎樣擺正知識份子的位置？由於權力階層的核心人物觀念上的誤導、政策上的失當，以及對政治運動的威力的狂熱、執著的信奉，和由此獲得的短期社會行為效應的虛假膨脹，從而導致忽視知識份子在新的社會機體中轉變並充當建設者的強大力量，甚至錯誤地把他們當成異己成份進行批判、改造，乃至清除。

從政治文化背景看，由於歷史急劇變遷後，缺乏相應的建設時期的理論指導，和成功的行為規範模式及經驗的借鑒（蘇聯史達林的極端獨裁專制反倒是一個政治誤導），也沒有建立和健全對權力階層的約束、監督機制，國家機體也就成了人治（某一個人）而非法治。這樣領袖人物憑著對「鬥爭」哲學的片面理解而濫用權力，在對政治運動的熱衷及知識份子政策的失誤下，導致頻繁的政治運動的勃起。而政治運動作為一種外在的強大的力量，不是某一個人（如茅盾）所能突破的、化解的。茅盾等一批作家何嘗不想衝破而獲得他們應有的創作自由呢？但他們不敢，也無力，因為這種外在的力量，對人的約束、控制，對人性的扭曲、改造是顯現的、公開的、無法回避的。同時，頻繁、不正常的以運動方式的衝擊，使知識份子的人格扭曲、變形，雖然是無形的，卻更為殘酷。它的必然結果是：知識份子之間「窩裏鬥」；或為保身而泯滅自我，喪失獨立意識，說假話，說空話；或見勢投機，曲學阿世，乃至「借刀殺人」（如周揚對待丁玲、馮雪峰、胡風），以洩私慾。

從知識份子本身來看，他們有著來自傳統文化，近於劣根的軟弱和缺陷：「奴性意識」、「清官意識」——寄希望於明君、清官；「極端症」——「達則兼濟天下，窮則獨善其身」；「軟骨症」——重「知」而輕「行」；「冷熱症」——見風行事，遇到政治稍稍清明，氣氛寬鬆，於是就雀躍而起，三呼萬歲，爭相高唱讚歌，以致忘乎所以，走火入魔；或者以先哲、聖者自居，指點江山，激揚文字，似乎世人皆睡，而我獨醒。但若一旦形勢突變，運動到來，便有人自相殘殺，有人噤若寒蟬，膽顫心驚，聞風聲鶴唳，視草木皆兵，結果有人就此沈默、沉淪；有人頗識時務，自我批判，自我否定；有人為不失大節而輕生；有人則明哲保身，口是心非。這樣三番五次的折騰，結果是讓知識份子自己泯滅良知，蒙上眼睛，閉上嘴巴。茅盾作為一個心底善良、自幼即膽怯、怕事、謹小慎微的人，他又有什麼能力去突破，又如何能克服作為一個知識份子自身的弱點及劣根性呢？為了不使善良的心徹底扭曲，不使自己獨立的人格徹底淪喪，同時又能生存下來，他只好選擇了不說話的自由。這種所謂的「歷史及其限制」，對於現當代社會轉型中的作家，乃至大部分知識份子而言，是具有普遍的代表意義的。但就茅盾而言，又是具有相對的特殊性。

二、痛苦而艱難的選擇：不說話的自由

愛因斯坦曾將科學家所需求的自由分為「外在的自由」和「內心的自由」。我認為作家同樣需要這種自由。「外在的自由」能為作家探索人生，開掘藝術的美，提供政治、經濟、文化等必要的社會條件，使作家有一種安全感，能夠在一種寬容、自由的環境下馳騁。然而，一九四九年以後中國的現實社會中並不經常、充分地具備著這種「自由」。這種外在的不自由，有的人能適應，茅盾則不適應，正如同夜鶯可以唱黑夜的歌，而不能唱白天的歌一樣。為了「適應」，他只好不說話——中斷創作。作家的「內心的自由」，一方面是指作家在創作之中

能用自己的頭腦去思考和分析問題，不因政治氣候的變化而喪失藝術的獨立品格；另一方面也指在「外在的自由」不具備的情況下，作家對自己所從事的事業的自由認識，重新思考。「不說話的自由」有兩層意思：對外、對己。茅盾在「外在的自由」不具備的情況下，本著良知，依靠著最初的、最本能的「內心的自由」，選擇了「不說話的自由」（對外）。但這只是淺層次上的外在行為意義上的選擇，最根本上的是在「不說話的自由」（對外）的基礎上，能否有「對自己說話的自由」呢？就茅盾而言，他連這種自由也喪失了。所以說，茅盾「不說話的自由」既是對外，也是對內的。如果說茅盾五十年代初期尚有「內心的自由」而選擇「不說話的自由」的話，那麼，隨之而來的是由這種「不說話的自由」的導致的對外、對內（己）的完全封閉（當然他還要思想），使他連「內心的自由」也逐步泯滅殆盡了。

「不說話的自由」的對外這一意義是指他中斷創作，對內當然不是指他停止了思想，而是指他失去了自我。

（一）特殊身份

作了文化官，高高在上，聲名所累，他不敢隨便說話了。創造性思維停滯（創作中斷）的同時，是批評和理論思維的單一、僵化，乃至成了「傳聲筒」、「揚聲器」。這一點，只要將他一九四九年以後的大部分講話、文學批評文章與早期的文藝理論一對比即可看出。這種淺顯層次上的問題，似乎不需要多費筆墨。本文僅引兩篇材料，以存真。

一九五〇年初，茅盾在《人民文學》編輯部舉辦的「創作座談會」上作了題為〈目前創作上的一些問題〉的報告，率先提出了文藝創作與完成政治任務，配合政策宣傳的關係問題：

> 如何能使一篇作品完成政治任務而又有高度的藝術性，這是所有的寫作者注意追求的問題。……如果兩者不能得兼，那麼，與其犧牲了政治任務，毋寧在藝術性上差一些。……為了

> 「趕任務」，作者不得不寫他自己認為不成熟的東西，是否值得呢？我以為是必要的，也是值得的。「趕任務」之為必要，想來大家都能夠知道，不用多說。我們不但應當不以「趕任務」為苦，而且要引以為光榮。因為既然有任務要我們去趕，就表示了我們文藝工作者對革命事業有用，對服務人民有所長，難道這還不光榮麼？
>
> ……濫造是不應該的，但有時為了革命的利益，粗制實無可厚非。這就是為了「趕任務」便不得不寫你自己認為尚未成熟的東西。當然這說不上傳世不朽，但確能完成任務；如果為了追求傳世不朽而放棄了現在的任務，那恐怕不對。[5]

一九四九年以後，茅盾身居中國作家協會主席、文化部長的要職，這裏，他從理論和現實生活的需要上提出、倡導為「趕任務」——配合形勢、圖解政治、宣傳服務而放棄或降低藝術上的追求，為後來文學的政治化、公式化、概念化傾向開了個理論上的道口。因為大家都「趕任務」，必將會導致公式化、概念化的創作傾向。

這種理論是茅盾自「五四」後期主持《小說月報》時就倡導的功利主義文學理論的自然延伸和極端發展。然而，值得思考的是，茅盾這裏倡導「趕任務」，而他自己卻從未寫出一部「趕任務」之作。他呼喚文藝界去「趕任務」，並說這是一件光榮的事，但他從來不去從事。因為政治與文學之間有著茅盾所深知的，無法完全調和的矛盾，而這一矛盾在一九四九年以後又是採取單向傾斜的方法來解決。一個在一九四九年以前曾未追求功利主義的文學，通過文學參與政治的作家，一九四九年以後，只在這種理論上加以倡導，而實際創作中，他卻並沒有為之。茅盾心中、生活中充滿了矛盾，而這種矛盾，他想克服，卻又無力，那就只好擱筆。

---

5 載《文藝報》第一卷第五期。見《茅盾全集》第二十四卷第一三〇—一三一頁。

文化官有他的難處，大作家的聲名也使他有說不完的苦衷。從他一九五五年一月六日給周恩來總理的信中，可見他心境之概貌：

> 五年來，我不曾寫作。這是由於自己文思遲鈍，政策水平思想水平低，不敢妄動，但一小部分也由於事雜，不善於擠時間，並且以「事雜」來自解嘲。總理號召加強藝術實踐，文藝界同志積極回應，我則既不做研究工作，也不寫作，而我在作家協會又居於負責者的地位，既不能以身作則，而每當開會，我這個自己沒有藝術實踐的人卻又不得鼓勵人家去實踐，精神上實在既慚愧且又痛苦。雖然自己也知道，自己能力不強，精力就衰，寫出來的未必能用，但如果寫了，總可以略略減輕內疚吧？年來工作餘暇，也常常以此為念，亦稍稍有點計畫，陸續記下了些。如果總理以為還值得我一試，我打算在最近將來請一個短時期的寫作假，先把過去陸續記下來的整理出來，寫成大綱，先拿出來請領導上審查。如果大綱可用，那時再請給假（這就需要較多的日子），以便專心寫作。
>
> 這幾天，總理特別忙，而我卻拿這些小事來打擾，實在是極不應該的。但一想，與其隱匿不言，還是直捷陳情為好，因此就說了那麼多。[6]

很顯然，茅盾的創作的自主意識和藝術精神上獨立意識都淪喪了。

至於文學批評中的簡單機械，概念化、公式化更是顯而易見的。僅以《夜讀偶記》為例，他將中外文學歸結為現實主義與反現實主義的鬥爭並進，並以此為演進路線，來縱觀幾千年的中外文學。今天看來，這豈不是一件太簡單、太附庸政治概念的做法。

---

6 〈致周恩來〉，收入《茅盾全集》第三十六卷第三〇七－三〇八頁，人民文學出版社一九九七年版。

（二）書信、日記

本來就是心底善良、性格內傾、理智、謹慎的茅盾，一九四九年以後完全封閉了自我，他的書信大多已公開出版。除了空泛的應酬之外，要想從中找到他的心靈之光，藝術的火花，是很難的（有，但很少）。他不願也不會向你袒露他的內心世界。當然這是許多「聰明人」的選擇，誰也不願再重蹈胡風的不幸的前轍——被自己的朋友、學生舒蕪出賣，公開了書信，落個「反革命」的罪名，蹲了二十多年的監牢。這裏僅錄用茅盾在「文革」期間致一位文學青年的信，以示這位大作家晚年的心境：

> 楊建平同志：
>
> 首先讓我們共同敬祝我們偉大的領袖毛主席萬壽無疆，萬壽無疆！
>
> 你的信轉了幾處，昨日方到我手中。你我素不相識，承你寫信，不恥下問，我很感謝。你寫了長篇小說，希望我看看，提點意見。但是抱歉得很，我不能滿足你的願望。因為我雖然年逾七十，過去也寫過些小說，但是我的思想沒有改造好，舊作錯誤思想多極嚴重，言之汗顏。我沒有資格給你看稿，或提意見。一個人年紀老了，吸收接受新事物的能力便衰退，最近十年來我主觀上是努力學習毛澤東思想，但實際上進步極少，我誠懇地接受任何批評，也請您給我批評，幫助我！
>
> 此致
>
> 無產階級文化大革命的敬禮！
>
> 沈雁冰
>
> 一九七〇年一月二十六日[7]

---

7 〈致楊建平〉，收入《茅盾全集》第三十七卷第一四七頁，人民文學出版社

茅盾這時賦閒在家，成了京都寓公。他找藉口推辭「為人師」，看稿子。因為他這時的政治處境和家庭生活都到了最艱苦的時刻，自顧不暇。但他的藉口還是找得有理有據，迎合了當時一般民眾的心理，祝「萬歲」萬壽無疆。

茅盾生性內向、謹慎、膽小怕事。「文革」期間雖受周恩來總理的保護免受大的衝擊，但處境也很艱難。「文革」中，他與外界幾乎中斷了書信來往，偶爾也寫一、兩封必回復的信，但心中那份驚悸、恐懼情緒恐非一般人所想像。如他回答一讀者對《子夜》的批評時，那種怕事的心理，如我常人、俗人一般。因找不到此信原件，僅引他的日記為證：

> 一九六六年八月五日「又復河北省交通局宋懷廷同志的題為〈是對地下黨員的侮辱〉，指《子夜》寫蘇倫（托派）的追求女性及關於男女關係的肉麻為侮辱地下黨員，且質問是何居心。我寫信給平傑三秘書長，說明大字報的作者沒有看出蘇倫是托派等等，共三點。……但請政協代轉寄，說明大字報的三點，是在寫給平傑三秘書長的信中談到的，我請他考慮要不要把這三點說明寄到河北省交通局宋懷廷。因為恐怕宋接信後，以為我是抗拒批評，為自己辯護。」[8]

書信不同於文學作品，因為它的讀者通常只是對方一個人（一般情況下）。但畢竟還是給別人看的，何況他這樣的大作家、文化官，在其中不暴露自我尚可以理解。那麼日記則常使人們施展個人「內心的自由」的天地。少數人因不敢對外說話而對內——在日記中向自己說，如吳宓。

一九九七年版。

8 《茅盾全集》第四十卷第一四四頁，人民文學出版社二〇〇一年版。

茅盾一九四九年以後的日記是怎樣一個情況呢？我的回答是：同樣封閉了自我，連對自己說說的自由都沒有了。六、七本日記，可以說大都是流水帳，幾乎看不出他的「思想」的外露，也很少有自我對話。當然，沒有思想外露不正是體現著一種「不敢外露思想」的心態嗎？沒有「自我對話」的下面，不正是有「潛對話」——說明他「不敢說話」。「流水帳」的日記不正體現了他「不說話的自由」的心態嗎？連對自己的話都不敢說，這對於一個曾以作品「說話」的作家來說，該是一件十分痛苦的事情吧！究其因，這首先是不具備「外在的自由」所造成的；同時，還有著他寫日記的自我心理因素：是寫給別人看的（他大名早成，深知自己的日記，身前或身後別人是會看的，會重視的），而不是寫給自己看的。另外，他將每天的氣候變化、飲食、起居、簡單的生活記述一下，還可以借此充實一下無聊、單調、空虛的日子，使自己的生活的每天多一件要幹的事。而這種日復一日、年復一年的「寫給別人看」的失去「自我」的日記，記到後來（一九七二年），他也覺得沒什麼意思，乾脆就不再記了（一九七九年又曾記了短時期）。

這裏需要指出的是，茅盾在日記中也失去「內心的自由」，不敢和自己說話，是指他的全部日記的概貌而言，並不是說幾十年間他完全沒有對自己說過一句話，他時而也有和自己對話，吐露一下內心獨白和發表對某人、某事的看法。

如他對所謂的「思想改造」的戲嘻、嘲弄：

> 一九六一年五月三十日「今晨五時醒後不能複睡，五時半起身（在此之前，約在三時許又曾醒過，當時服M.劑一枚，以為可睡至六時許，不料仍只睡二小時許）。做清潔工作一小時。計家中無女僕已將一月矣。每日早起灑掃，原亦不壞，至少可醫便秘（恐怕這些勞動對改造思想未必有助，不但這些勞動，我曾見下放農村勞動一年者，臉曬黑了，手粗糙了，農業生產懂一點，會一點，嘴巴上講一套，比過去更能幹了，然而思想

深處如何？恐怕——不，不光是恐怕而是仍然和從前一樣）。矛盾之處在於清晨精神較好之時少讀一小時的書了。」[9]

或有感而發，對文壇上的標語、口號的創作傾向表示不滿：

一九六二年八月二十三日「晚七時看電影《女英烈傳》（英國片），事先竟傳此片為反動影片，但看後覺得陳義未高則有之，反動則未必……我以為此片值得我國電影工作者參考學習，因其？片沒有一句口號，而政治性強，傾向性極為鮮明。全片亦無演說，主管者交待任務，扼要數語，沒有那一套『有信心沒有？』『有！保證完成任務』等等俗不可耐的公式話。而且全片亦沒有故作險筆以吸引觀眾。總之，這不是用口號等等來取得觀眾的鼓掌，而是通過女主角的堅強性格（但她仍然是個女性）而深深感動觀眾的。」

「我們聽到國際友人說，不怕我們的作品左，只怕我們的作品簡單而公式。這句可作我們文藝工作者的座右銘。」[10]

但這樣作的時候是極少的，既便是這樣作了，事後，膽小怕事，謹慎的本性，常使他在形勢突變或處於別的什麼考慮的情況下，還得重新對日記進行「加工改造」——把曾說的真話塗抹去、或撕去，以防留給後人，授人以柄，或引禍上身。茅盾一生為人處事，用心良苦，長於心計，連記日記也如此。如下列幾則日記節錄：

a.一九六〇年一月十七日「看電視轉播《林則徐》。此劇甚好，林則徐這個人物是刻劃得很好的。[11]

9　《茅盾全集》第三十九卷第一八五－一八六頁，人民文學出版社二〇〇一年版。

10　《茅盾全集》第三十九卷第三三七-三三八頁。

塗改後變成了：

一九六〇年一月十七日「看電視轉播《林則徐》。此劇甚壞，林則徐這個人物是刻劃得很不盡理的。」[12]

b.一九六〇年一月二十一日「晚赴人民大會堂小劇場看蒲劇《薛剛反朝》。甚為精采。」[13]

塗改後變成了：

一九六〇年一月二十一日「晚赴人民大會堂小劇場看蒲劇《薛剛反朝》。聽不懂唱詞。」[14]

c.一九六六年六月十七日「九時赴人大河北部出席統戰部召集之會議，徐冰同志報告彭真、陸定一、羅瑞卿、楊尚昆四人所犯之錯誤後，即分發閱讀中共中央有關文化革命運動之文件。」[15]

塗改後變成了：

一九六六年六月十七日「九時赴人大河北部出席統戰部召集之會議，徐冰同志報告彭真、陸定一、羅瑞卿、楊尚昆四人所犯之罪行後，即分發閱讀中共中央有關文化革命運動之文件。」[16]

---

11 轉引自沈衛威：《茅盾傳》第二二五頁，臺北業強出版社一九九一年版。
12 《茅盾全集》第三十九卷第四十三頁。
13 轉引自沈衛威：《茅盾傳》第二二六頁。
14 《茅盾全集》第三十九卷第四四頁。
15 轉引自沈衛威：《茅盾傳》第二二六頁。
16 《茅盾全集》第四十卷第一三一頁。

（三）自傳體回憶錄

在〈得到的和失去的〉[17]一文中。我曾談到對茅盾《我走過的道路》的總體看法，這裏僅談與本文相關的意見。茅盾寫回憶錄，起始於一九七六年，當時只是口述錄音，「四人幫」跨台後才開始揮筆寫作。這時，禁錮鬆動了許多，「外在的自由」的「度」較以前大了一些，但是茅盾「內心的自由」的「度」卻很難回升，藝術真誠的靈性也淡逝了，從而導致他的半部回憶錄（上、中、下三卷，一半是他逝世後，家屬續寫的）幾乎和他的日記一樣，成了記實性流水帳（童年、家世及青少年時代，因情緒記憶的張力的作用，寫得尚好）。他不願，也不敢袒露真實的「我」。同時對自己已走過的道路，不乏粉飾、溢美之處，缺乏自省和懺悔，甚至對重大問題採取回避的態度。有了說話的自由，但他卻不願和不敢說。換句話說，敢說和願說的，是對自己有利的。「內心的自由」的「度」從零回升，只達到了這一刻度——利己的層次上。

三、選擇的背後：陰影籠罩

茅盾在生存的「場」中作了「不說話的自由」的選擇。當然是因為有政治、社會的多重因素。茅盾的失去「內心的自由」的背後，實際上籠罩著兩個濃重的陰影：政治上的「脫黨」與情感上的「負情」。

（一）脫黨

一九四九年共產黨建國的禮炮剛剛響過，億萬中國人在共產黨的領導下，依靠自己的力量，從近百年屈辱、戰亂、貧窮中掙扎過來，挺起腰杆，揚眉吐氣時，作為文化部長的茅盾的心中卻被濃重地罩上一團陰影。象他這樣在革命最艱苦的時候脫離共產黨的人，如何在共產黨的政府中有一立身之地，且榮任部長呢？他深知，共產黨上層領

[17] 載《湖州師專學報〈茅盾研究專號〉》一九八九年第三期。

導人看重的是他「茅盾」這個作家的牌子，而不是他「沈雁冰」這個人。「黨領導一切」，而他這個不是共產黨黨員的部長領導誰呢？文化方面的方針、政策是黨組織制定的，他因置身黨外，則完全受人領導、被人領導。文化部長有名無實，有職無權，作家的大名空頂一部長的頭銜。文化部內部的事，他因不是黨員，一切部務都是在別人的操縱之下執行，他卻受人指使。結果出力不討好，十四年後（一九六四年），他因文化部被毛澤東指責為「才子佳人部」、「資產階級掌權」而被免職。他自己則乾受氣。這些苦衷，他因有「脫黨」的陰影，只好自作自受，怨氣堪向誰訴？

一九四九年中共政權初建時，因人事安排的需要，毛澤東讓茅盾出任文化部長，是看重他「作家」的大名，而不是他這個人。毛澤東、劉少奇等對他這樣一個「脫黨分子」是不會給以充分信任的。這從一九六〇年代中期毛澤東的批示和劉少奇的講話可以證實。脫黨這一事件實際上給他後半生帶來了極度的不安和痛苦。而這一點又恰是毛澤東、劉少奇最為熟悉的。一九二六年國共合作時期，茅盾（沈雁冰）在廣州與毛澤東同室共事，一個是國民革命政府代理宣傳部長，一個是宣傳部秘書。茅盾直接受毛澤東領導。一九二七年國共合作瓦解，國民黨政府大肆屠殺共產黨人時，毛澤東、朱德等人舉起武裝鬥爭的旗幟，茅盾望而卻步，臨陣逃脫（組織上給他二千元的支票要他去參加南昌起義，他中途遭搜身檢查時，交給國民黨憲兵，逃回上海——回上海後，向有關組織掛失，使支票作廢），轉搞文學。而茅盾一九二七年夏以廬山牯嶺為轉捩點離開政治舞臺時，正好劉少奇也同時在牯嶺，劉少奇對茅盾當時的轉變當然瞭若指掌。毛澤東等人靠武裝鬥爭，艱苦卓絕地開創山村根據地時，茅盾則攜秦德君女士逃亡日本。一九四〇年，茅盾因新疆之行，落魄不堪，前往延安，與毛澤東相見，「脫黨」之事，兩人心照不宣。但茅盾畢竟老馬識途，眼見共產黨得力於蘇聯作後盾，其聲勢逐漸強大，將取代國民黨統治大陸。於是他將一雙兒女留在延安。茅盾的這一舉止，是向毛澤東表示自己對共產主義的信仰未變，願意再次投身到共產主義陣營。雖然這一舉動並不像有人所說的是政治投資，但起碼可見茅盾的這一「政治投資」的良苦用心。建國後，茅盾在他的老上級——那帶有十足的封建帝王式的領導作風的毛澤東手下作事，眼看許多對共產黨有卓著貢獻的將帥都因拂逆毛意而慘遭不幸，他因有「脫黨」的過失，在毛澤東手下，更是如履薄冰，如臨深淵，不敢「亂說亂動」，享受「不說話的自由」以保自身。這對他來說無疑是一種明哲保身的選擇，而非了身達命之悟，其內心深處的矛盾和痛苦，更是不敢流於言表。

另外，據茅盾回憶，三十年代初在上海和四十年代初在延安，他曾分別向他的好友，同時也是共產黨的上層領導人瞿秋白、張聞天提出過自己的「黨籍」問題。但現在瞿、張兩位知情者都先茅盾而去，其實情無法核實。因此，共產黨政府在未取得中國執政黨地位時未能同意茅盾重新回到共產黨內的原因不得而知。一九四九年以後茅盾未再向共產黨政府提出「黨籍」的問題，也許會有這樣的考慮：革命最危險、最艱苦的時刻自己逃脫了，共產黨在未得天下的艱苦年代都沒有同意自己恢復黨籍，那麼，現在共產黨打得天下，作了執政黨，自己來提出這樣問題，共產黨執政者會怎麼看他呢？對他這種「徒享其成」的作法會持什麼態度呢？他似乎覺得自己今生今世沒有資格來向共產黨伸手要「黨票」，那就只好寄希望於身後了。「脫黨」的陰影並不因劉少奇、毛澤東的死而淡化，這一陰影一直伴隨他痛苦地離開這個世界。而臨終之際，他想憑藉自己作為中國共產黨的最早黨員的資格，和後半生忠心耿耿跟共產黨走，「未失晚節」的表現，再捐出二十五萬元的稿酬用於他所從事並希望的文學事業，「追認」為共產黨黨員也是可能的，於是，他留下了要求追認為中國共產黨黨員的遺囑。

（二）負情感

茅盾之於秦德君，雖然不是像秦德君所說「政治上欺騙了我，經濟上欺騙了我，感情上欺騙了我」那麼簡單，但他後來對秦德君的「絕情」和政治、生活上的不負責任確實給他自己帶來了相應的心理負擔，並使他產生了一種負罪感和心理陰影。胡風曾說秦德君活著是插在茅盾心中的一把刀子。問題似乎沒有這麼嚴重，但這一陰影的籠罩，加上他自身婚姻的不幸，則使他在後半生，尤其是晚年的生活十分痛苦。

茅盾一九二八～一九三〇年，在日本、上海與秦德君共同生活了兩年，其間生活、創作多得秦的幫助。這其實是一段婚外生活，但後來茅盾處於利己的考慮拋棄了秦德君，而秦德君也以她特有的毅力和能力，頑強地活了下來。與秦德君近兩年的生活，茅盾是難忘的。儘管他後來諱莫如深，連回憶錄《我走過的道路》中也割斷歷史事實，編造幾頁謊話，隻字不提秦德君，害怕讓人知道了這段在中國人看來並不光彩的往事。因為這樣會損傷他的大名。但小說《虹》則完全可以作為他和秦德君的生活的文字見證：《虹》因為有秦德君而作——秦既為他提供了寫作的素材和創作靈感，也為她提供了創作賴以進行的必要的生活條件。一九三〇年兩人分手時，茅盾提出以四年之時為約，再結百年之好。但實際上，這是茅盾要甩掉秦德君所使出的一招。茅盾處於自己的考慮——兒女大了，母親反對離婚，又怕原配夫人孔德沚亂鬧（她以這種必然的方式，尋求自己作為妻子的的應有的絕對權利），加上怕由此壞了前程，傷了美名——於是與秦德君徹底斷絕來往。

一九三七年抗戰爆發後，許多文化人紛紛逃離上海。八年抗戰，茅盾的日子也是在流亡中度過的。他自己疲憊不堪的境況是無法與活得瀟灑、自由、富有的川軍「參議官」秦德君相比的。這時他沒有忘記秦德君。據作家端木蕻良回憶，抗戰開始時，茅盾對他說：你到重慶，若生活上遇到困難，可以去找秦德君，就說是我介紹的。很顯然，茅盾這時是想通過端木蕻良去打聽秦德君的近況，以撫慰自己愛的思念和因忘情的負疚之心。一九四〇年，茅盾在重慶停留一個時期，得知秦德君出入川軍、國民黨政府、共產黨的八路軍辦事處之間，混跡於許多達官貴人之中，上通下和，神出鬼沒的情況後，於是就產生了一種神秘感、恐懼感。他懷疑秦德君墮落了——成了交際花，又懷疑她成了國民黨特務。當然他不願讓自己曾愛過，現在仍難以忘懷，甚至仍然愛著的情人落到他所想像的可怕的地步，更害怕這可怕的想像成為現實，尤其害怕秦德君對他忘情的報復。加上外在其他的政治因素，他匆匆逃亡到香港。也就在香港，他為秦德君寫了《腐蝕》——茅盾害怕秦德君成了他想像中的女特務趙惠明，更懼怕自己成了無辜的犧牲者小昭（趙惠明的男友），他把趙惠明寫成一個原本美麗、善良、墮落後又值得同情，人性未完全泯滅，仍然有著善良的品行，甚至可以諒解、可愛的女人，直至讓她自新、自拔。這部小說實際上是茅盾為了排遣那不可名狀的痛苦的陰影而寫，為解開秦德君的神秘之謎而作。我這樣分析，與茅盾的回憶錄所說的寫《腐蝕》是有所指的創作意圖相符，也與女作家白薇及秦德君憑女性的藝術直感所獲得的心理感受相吻合。實際上，秦德君並不象茅盾想像中的那樣。秦是站在正義的立場上從事著抗日的愛國統戰工作。一九四九年以後秦德君作為對中國人民的解放事業有過貢獻的人士，成了第二至七屆全國政協委員。生活雖屢遭不幸，但她很堅強、坦然地活下來了。這對茅盾的心理，無疑投下的是一片陰影，他對秦有負罪感。自從與秦分手後五十多年，他流亡了大半個中國，許多日記、書信及珍貴的書籍都散失了，但他卻一直保存著他所拍攝的秦德君在日本的生活照多張，且秘不示人，直到逝世後，才由他的兒子發現，轉送給秦德君。真可謂「春蠶到死思方盡」。[18]

四、生存的狀態：不安與孤寂

不幸的事常常結伴而至。在政治、仕途上不順心，生活上失意的同時，茅盾還有他自身家庭生活的不幸。在常人或一些茅盾研究者眼

---

[18] 參見拙著《一位曾給茅盾的生活與創作以很大影響的女性》，連載於《許昌師專學報》，自一九九〇年第二期始，共五期（未完）。秦德君、劉淮：《火鳳凰——秦德君和她的一個世紀》，中央編譯局一九九九年版。

裏，也許以為茅盾有個「幸福的家庭」。殊不知，提起自己的家，他更有著難言的苦衷。不幸的家庭生活來自他的沒有愛情的包辦婚姻，源於他對於妻子一向的忍讓、屈從——他的「懼內」。所以說他晚年的心態，有這個不幸的家庭帶來的不安與孤寂。

（一）不安

茅盾五歲時，由祖父、父母作主，與鎮上孔家四歲的女兒訂婚。此時兩小一對均不懂事，面對這種包辦，既無力反抗，也不容反抗。待茅盾在商務印書館謀得一工作後，回故里完婚，「無情人終成眷屬」。這樁婚事，茅盾完全是為了寬慰母親，不拂逆母意。因為父親早死，母親含辛茹苦將他和弟弟沈澤民拉扯大，如果抗婚、拒婚，寡母在鎮上的日子難過，處境難堪。結婚時，他的妻子有姓無名，「德沚」二字是茅盾為她起的。而此時的孔德沚留著一雙「解放足」，尚不知北京、上海距家鄉哪個遠，只認得自己的「孔」姓。茅盾則擄商務印書館之文化「重鎮」，伺機崛起、騰飛於文壇。夫妻倆文化知識差異若天壤之別。五四新文化運動中，婦女解放成了反封建啟蒙工作的一部分。茅盾置身其中，寫了大量的討論婦女解放的文章，其中一個重要的觀點是婦女解放運動的準備工作，應當包括爭取婦女受教育的權利和適當減輕婦女的家庭負擔。他認為知識份子娶一個沒有文化知識的妻子是可以的，關鍵是要對她進行教育。這種言論體現了茅盾當時的文化心態。他娶孔德沚後，便嘗試了他的「婦女解放」的主張，讓他母親作孔德沚的老師教她識字學習，後來又讓她進學校讀書。但是茅盾的這一主張並沒有如他想像的那樣，他的計畫後來失敗了。孔德沚後來成了地道的家庭婦女，而且變得使他難以忍讓，給他的生活帶來了巨大的不安和騷動，尤其是一九四九年以後。這裏引用茅盾的日記為證，因為茅盾在日記中很少對自己「說話」，很少對他人說三道四，唯獨對他妻子的言行舉止記得很詳細。也許是孔德沚實在使他難以忍受，實在是觸動他的神經之故——他和孔德沚在一起有諸如此類的痛苦記錄：

a.一九六〇年五月九日「昨真正入睡時間實為今晨二時左右，但今晨六時許即醒，不能再睡，此因德沚規定早餐在七時，至時我若仍睡，她將嘮叨半天，彼蓋不知失眠症者之難。」

「上午頭昏昏然，不能續寫，僅閱書、文數篇，處理一些例行公事而已……中午小睡一小時許，覺衣單，不得不從箱中取出一星期前收好之棉衣，此又沚之經驗主義，每年過五一，必收棉衣，但今年五月內將有多次寒流，接踵而至，雖經預告，而我亦提起她注意，她還是毫不在意。」[19]

b.一九六〇年五月三十日「昨入睡後，於今晨二時醒一次，四時四十分又醒，久久始又入睡，然而不酣，六時許又醒，此後朦朧，覺甚倦，尚能睡，然隔房德沚作申訾，無論如何不能再睡矣。每晨對女傭必有一番吵鬧，已成規律。這個女傭無戶口、又懶，雇用將半年，因找不到人，只好將就。女傭曾對德沚說：你再找不到好些的了。只有我這樣的人才肯在你這裏，你何時找到人，我何時走，這話妙極，既為她自己寫照，也為德沚寫照；蓋沚之喜怒無常，是用不到好人之根本原因也。」[20]

c.一九六〇年七月五日「今晨五時三十分起身，甚倦，然此時工地上則已闃然無聲矣。」（沈按：茅盾住處附近為建築工地）

「由於我家庭的習慣（主婦之習慣），固執不能稍減，因此，我向來即使是一夜未能安眠也被剝奪了早上多睡一會兒的權利。工地上每日清晨三時以後到八時的安靜（因為這時工人們都睡覺了），我卻無法利用。」[21]

---

19 《茅盾全集》第三十九卷第七十六頁。

20 《茅盾全集》第三十九卷第八十四－八十五頁。

21 《茅盾全集》第三十九卷第九卜九頁。

d.一九六六年四月二十三日「因講過去事，與沚發生口角。」[22]

e.一九六九年十二月三日「阿姨買菜歸，始知昨夜德沚於床上抽煙，將煙蒂（未熄滅）隨手扔在地板上，不料正扔在換下之襯褲（單的）上，她自己卻睡著了。後來襯褲燃燒，她方覺醒，據她說用腳去踏，燙痛了腳，改用鞋底，仍未全滅。本此時已為五時後，阿姨已上樓，在中間客室打掃，乃親自撲滅，而褲已燒去大半條，本事發生後，她尚囑阿姨守秘密，恐我知道埋怨，但阿姨因她抽煙燒及棉被、床褥已有兩次，本均在白天，此次在夜間，事猶嚴重，而睡後尚抽煙，迷蒙中亂扔未熄之煙頭，又是她的習慣，後患堪慮，故終於告訴我。我問她，她堅不承認扔煙頭後睡著，而謂該褲布料甚易著火，且謂此時在今晨四時，無人可叫；我謂我即睡在隔房，叫應可聞，何不叫我？她支唔不答，其意蓋即叮屬阿姨守密之同一目的，恐我說話。我當時勸她戒煙，且萬一火災，火，我無路可出也。不料她竟發怒，謂燒就燒了算，戒煙絕對不行。上午為此煩惱，心悸不已，服藥後稍可……」[23]

f.一九七〇年一月二十二日「今晨四時半醒後暫時不能入睡。急然沚喚阿姨聲。阿姨睡在樓下，叫喚如何得聞。旋又急聲喚我，並說不好了，我疑又是跌了一跤，開門看時，則濃煙滿屋，嗆人咽喉，蓋又是在床上抽煙，燒著衣被了。此次幾將成災，急為沚扯下棉襖，胸前已燒成大洞，火光點點，急攜至廁所，放面盆中澆水，又撲滅棉被上零星之火。亦已燒焦一大塊了。房中煙氣不散，只好開門，約半小時火滅。……阿姨等

22 《茅盾全集》第四十卷第一一八頁。
23 《茅盾全集》第四十卷第五〇八－五〇九頁。

> 皆謂此事甚險，要我禁止她抽煙，我謂禁過幾次，都無效，最危險是躺在床上，口銜煙捲，半睡半醒，煙捲落下，幾次燒破衣服，皆由此故。」[24]

茅盾因患「失眠症」之沉疴，後半生每天晚上均靠安眠藥催眠，且多半要在凌晨四時許追服一次藥。青年時代即患下的「失眠症」，後因長期夜間寫作而加劇。到了晚年，雖少寫作，但仍是有晚睡的習慣。而早上他想多睡一會兒的自由（有時是凌晨四時追加的藥力的影響），也被孔德沚剝奪了。在日記中，茅盾別的不多記，但卻經常流露出這種被剝奪了睡眠自由的痛苦，和無可奈何的悲哀。到後來，因孔德沚經常晚上抽煙，幾次失火，茅盾感到安全都受到威脅，類此日記，簡直是一個「懼內」者的控訴狀。一個大作家、文化部長，家庭生活如此這般，可見茅盾婚姻的狀況——「忽聞河東獅子吼，柱杖落地心茫然」。

「文革」初期，孔德沚因為對茅盾身邊的工作人員的粗暴行為，引起某工作人員的嫉恨，於是，引來了一群「紅衛兵」的抄家之禍。對此，茅盾氣得乾瞪眼，只好扼腕長歎。

一九七〇年春，孔德沚患糖尿病去世，茅盾總結了他對孔德沚教育失敗所導致的家庭生活的不幸，特別是她對女傭人的刻薄（一九四九年以後，茅盾家女傭人換了十多個）給茅盾自己的生活帶來的痛苦（女傭人走了，茅盾必須每天早起做清潔工作）：

> 一九七〇年一月二十九日「……蓋想及她的一生，確是辛辛苦苦，節約勤儉，但由於主觀太強，不能隨形勢而改變思想、生活方式，故使百不如意，而人亦對她責言甚多。其最為女工們所嫉惡，乃其時時處處防人揩油，其實以我們之收入而言，人即揩點油，也不傷我脾胃，何必斤斤計較，招人怨詈。我及

[24] 《茅盾全集》第四十卷第五二五－五二六頁。

阿桑曾多次規勸，她都不聽，反以為我們不知節儉。」(衛威按：阿桑為茅盾之子韋韜）[25]

一九七〇年二月二日「……下午與小剛談奶奶之為人，過後思，我倒很對不起她，因為我不善於教育她，使她思想能隨時代變化，因而晚年愈見主觀、急躁，且多疑也。」[26]

（二）孤寂

無情的婚姻原本是茅盾不幸的家庭生活的一部分，但一九七〇年孔德沚病逝後，他本無聊、單調、賦閒在家的生活頓時成了一片孤寂、荒蕪的沙漠，陷入孤獨、悲涼的境地。

一九六四年被免職賦閒的茅盾，在「文革」中實際上是消遙事外，僅有的一次抄家也沒有動到他的什麼，因為他早已不是什麼「當權派」了。原來所有的許多待遇被取消了，兒子、兒媳各自有自己的工作，且遠遠住在郊外，所以兒子只能每週六來看他一次。孔德沚病逝後，人去樓空，連那平時的吵鬧之聲也聽不見了。「文革」初期尚有人來找他這個「活檔案」瞭解各種情況，這些人多是來自全國各地，在向他詢問情況的同時，尚可給他帶來些京城以外的人事情況。而一九七〇年以後，家中的來人更少了，電話不響了，小汽車沒有了，「大參考」取消了，連看病就醫也讓他轉移到西郊的北京大學醫院。只有臧克家等偶爾來看看他，聊一聊。林彪出逃摔死的消息，也沒人來告訴他，遲至兒子來看他時才知道。過分的孤寂和悲哀使他感到「死神已在門外」，自己只是在「苟延殘喘」。每天晚上隨便看會兒電視，翻翻書籍，然後服安眠藥上床，勉強睡三、四個小時，然後再加服些藥，俟到天亮。早起做點清潔工作，上午流覽一下報紙，中午再睡一小時許，下午再隨便翻幾頁書，記一下日記。就這樣日復一日，年復一年，直到

25 《茅盾全集》第四十卷第五三〇頁。
26 《茅盾全集》第四十卷第五三二頁。

一九七六年，大孫女從部隊轉業回城，留在她身邊工作，家庭才有一點兒生活氣息，他也多一點兒家庭的溫暖。也就在這一年，在親屬的勸說下，他開始口述自己走過的道路，由親屬錄音，這樣使他才感到有事可做。隨之而來的毛澤東死亡，「四人幫」垮臺，文藝的春天到來，他便結束了那孤寂的生活，重新恢復生活的信心和勇氣。夕陽雖好，但畢竟近了黃昏。

影響與接受的中國語境
——林語堂、梁實秋與「學衡派」的疏離

按照《學衡》雜誌總編輯吳宓對「學衡派」社員的界定，「凡為《學衡》雜誌做文章者，即為社員，不做文章即不是社員」。林語堂雖就讀過哈佛大學，聽過白璧德的課，但他不屬於「學衡派」成員。梁實秋也勉強只能算是個週邊成員。他兩人都沒有為《學衡》雜誌寫過文章。這兩人與「學衡派」的關係問題，我在〈彼與此：新文學發生時的語境關聯〉，(《南京大學學報》二〇〇三年第五期）和《「學衡派」譜系——歷史與敘事》（江西教育出版社，二〇〇七）一書中，已有初步涉及，但只是相對於整體的簡單引述，這裏再做進一步的梳理、整合。因敘述事實的需要，材料有重複使用，互見部分不另注。

一

一九二〇～一九三〇年代中國留學生在美國哈佛大學讀書的學生不少，「學衡派」成員中就有近十位。一九三三年七月十五日，白璧德在哈佛大學所在地美國的劍橋逝世，一九三三年十二月二十五日，吳宓在《大公報・文學副刊》第三一二期刊出〈悼白璧德先生〉的紀念文章。他所列舉的白璧德的「中國門弟子」依次是梅光迪、吳宓、湯用彤、張歆海、樓光來、林語堂、梁實秋、郭斌龢八位。同時他指出「林語堂君，則雖嘗從先生受課，而極不贊成先生之學說」。「而要以吳宓、郭斌龢君，為最篤信師說，且致力宣揚者」。門弟子以外有胡先驌，曾翻譯白璧德的文章，「又曾面謁先生，親承教誨」。吳芳吉、繆鉞是讀白璧德文章，間接受白璧德的影響。在吳宓所列舉的上述十一

人中，沒有陳寅恪。梁實秋曾寫文章宣揚人文主義，他所編的《白璧德與人文主義》，一九二九年在新月書店出版，被吳宓在此稱「為欲知白璧德先生學說大綱者之最好讀物」。

若以林語堂的界說，他們回國後多少都帶有「哈佛味」。林語堂、湯用彤、陳寅恪、樓光來、張歆海、梁實秋、郭斌龢可以算是「四年畢業」（文學幽默的表達，並非實際時間），而梅光迪、吳宓則始終沒能「畢業」，即患上了「哈佛病」，沒有擺脫「哈佛味」。

林語堂有過哈佛大學一年學習的經歷，本與樓光來、吳宓同坐一個長凳聽課，因不滿白璧德的保守而轉學[1]。他在〈哈佛味〉一文中強調，文章有味，大學也有味。他引美國著名幽默家羅起士（Will Rogers）的話說：「哈佛大學之教育並非四年。因為是四年在校，四年離校，共是八年。四年在校使他變成不講理的人，離校以後，大約又須四年，使他變成講理的人，與未入學時一樣。」他說自己初回國時，所作之文，患哈佛病。後來轉變了，不失赤子之心。於是，他罵人的話出來了：「許多哈佛士人，只經過入校之四年時期，永遠未經過離校四年之時期，而似乎也沒有經過此離校四年時期之希望。此輩人以為非哈佛畢業者不是人，非哈佛圖書館之書不是書，知有俗人之俗，而不知有讀書人之俗。我見此輩洋腐儒，每每掩袂而笑，笑我從前像他。」[2]

林語堂是胡適的朋友（他留學的部分費用是在他不知道的情況下由胡適先墊支的），也是新文化派的重要成員。他日後嘲笑哈佛學子，與新舊文學之爭有關。胡適在與梅光迪、任叔永論辯時，說「我輩不作腐儒生」[3]。此話中有話。溫源寧在英文著作《一知半解及其他》中有〈吳宓先生〉一章，林語堂對此文有特別的興趣，將其譯為中文。

1　林語堂：《林語堂自傳》第七十五頁，河北人民出版社一九九一年版。

2　林語堂：《林語堂散文經典全編》第一卷第三六九頁，九州出版社二〇〇二年版。

3　參見沈衛威：《無地自由——胡適傳》第三十一頁，上海文藝出版社一九九四年版。

林語堂甚至在自傳中有關哈佛大學同學的那一節裏說：「吳宓，看來像個和尚，但其風流韻事則可以寫成一部傳奇。」[4]

究竟什麼是「哈佛味」？白璧德的中國學生的「哈佛味」又表現出什麼特點？有學者注意到了梅光迪、吳宓身上在為人處事方面體現出的白璧德「不苟言笑、執著專致和嚴肅認真」[5]的風格，和除張歆海外，白璧德的中國學生像導師一樣，「也都以獲得碩士學位為滿足，而沒有攻讀博士學位」[6]。

吳宓的同事溫源寧對吳宓的評價（英文），經吳宓的哈佛大學同學林語堂的翻譯變成了：「悲哉雨生，你是那樣的孤芳自賞，不屈不移。更可悲者，是雨生對自己也沒有瞭解。他立論上是人文主義者，雅典主義者；但是性癖上卻是徹頭徹尾的一個浪漫主義者。雨生為人坦白無偽，所以此點人人都已看出，只有他自己看不見。」[7]「這個弱點，病不在論理不明或者立意不誠，病在他人文主義的立場——而且是白璧德式的人文主義的立場。雨生不幸，墜入這白璧德式的人文主義的圈套。現在他一切的意見都染上這主義的色彩。倫理與藝術怎樣也攪不清。你聽他講，常常莫名他是在演講文學或者是在演講道德。」[8]

溫源寧是林徽因的姊丈，徐志摩留學英國時的同學。他對吳宓的認識，和林徽因對沈從文、徐志摩、雪萊的認識相同。一九三四年，沈從文個人因與高青子的婚外戀而陷入一場感情的危機，林徽因在給費正清、費慰梅的信中說道：「他的詩人氣質造了他自己的反，使他對生活和其中的衝突茫然不知所措，這使我想到雪萊，也回想起志摩與他世俗苦痛的拚搏。……過去我從沒有想到過，像他那樣一個人，生活

[4] 林語堂：《林語堂自傳》第七五頁。

[5] 王晴佳：〈白璧德與「學衡派」〉，見陸曉光主編：《人文東方——旅外中國學者研究論集》第五〇九頁，上海文藝出版社二〇〇二年版。

[6] 王晴佳：〈白璧德與「學衡派」〉，見陸曉光主編：《人文東方——旅外中國學者研究論集》第五一一頁。

[7] 溫源寧：《一知半解及其它》（南星等譯）第九十九頁，遼寧教育出版社二〇〇一年版。

[8] 溫源寧：《一知半解及其它》（南星等譯）第九十八頁。

和成長的道路如此地不同，竟然會有我如此熟悉的感情，也被在別的景況下我所熟知的同樣的問題所困擾。這對我是一個嶄新的經歷。」[9]吳宓本人在一九三六年三月一日《宇宙風》第十二期發表有〈徐志摩與雪萊〉，他承認「志摩與我中間的關鍵樞紐，也可以說介紹人，正是雪萊」[10]。「我那時沉酣於雪萊詩集中（雖然同時上著白璧德師的文學批評課），以此因緣，便造成我後來感情生活中許多波折」[11]。他特別強調凡是受過雪萊影響，身曆人生的困苦的人，誰不為志摩同情而哀悼呢？「我一生處處感覺 Love（所欲為）與 Duty（所當為）的衝突，使我十分痛苦」[12]。「大家哀悼志摩，我便更要哀悼我自己！」[13]林徽因此信所要表達的正是新月派理論家梁實秋所謂的永恆的人性。她在沈從文這樣的「鄉下人」身上看到了和他們留學生所共同具有的浪漫情懷。在這種對比中同時也彰顯出吳宓的兩個精神「導師」：詩情的浪漫的雪萊與人文的古典的白璧德的矛盾。甚至可以說吳宓在本質上是一個浪漫的詩人，他那得自白璧德人文的古典的外衣，只是偶爾的穿著打扮。

因此，推崇自然、人性，主張自由、性靈而不肯接受白璧德「標準說」的林語堂說：白璧德的人文主義不同於文藝復興時代新文化運動中所張揚的人文主義，它一方面與宗教相對，一方面與自然相對，「頗似宋朝的性理哲學」。他甚至幽默道：白璧德佩服孔子，中國的孔子門徒自然也就極佩服白璧德。白璧德個人的學問，誰都佩服，「論鋒的尖利，也頗似法國 Brunetiere（沈按：布呂納介）先生，理論的根據，也同 Brunetiere 一樣，最後還是歸結到古典派的人生觀。總而言之，統而言之，就是藝術標準與人生正鵠的重要——所以 Brunetiere 晚年轉入天主教——而 Babbitt 稍為聰明一點，以為宗教最高尚當然是最高尚，不

---

9 林徽因：《林徽因詩文集》第二〇三頁，上海三聯書店二〇〇六年版。

10 徐葆耕編：《會通派如是說：吳宓集》第二五六－二六六頁，上海文藝出版社一九九八年版。

11 徐葆耕編：《會通派如是說：吳宓集》第二六六頁。

12 徐葆耕編：《會通派如是說：吳宓集》第二七〇頁。

13 徐葆耕編：《會通派如是說：吳宓集》第二七三頁。

過並非常人所能蒞臻之境，所以轉而入於 Humanism，唯人論」[14]。事實上，林語堂本人不肯接受白璧德「標準說」，但他對人文主義卻十分感興趣。在他的文章中多次談論中國的人文主義，並與白璧德倡導的人文主義做比較。他曾在〈從人文主義回到基督信仰〉一文中寫道：「三十多年來我唯一的宗教乃是人文主義。」[15]這是因為孔子提倡禮、忠恕、責任心，和對人生的嚴肅態度。他相信人的智慧，也相信藉教育的力量，可以達到完美的境界。「這種哲學和歐洲的人文主義頗相似，現在成為我自己的的哲學了」[16]。但是現實的挫折，又使他回到基督信仰。在〈吾國與吾民〉中，他專門有談「中國的人文主義」[17]，說欲瞭解中國人對於生命之理想，先應明瞭中國的人文主義。他一九三二年春在牛津大學的和平會演講〈中國文化之精神〉時特別強調，「中國文化的精神，就是此人文主義的精神」[18]。他說：

> 「人文主義」（Humanism）含義不少，講解不一。但是中國人的人文主義（鄙人先立此新名詞）卻有很明確的含義。第一要素，就是對於人生目的與真義有公正的認識。第二，吾人的行為要純然以此目的為指歸。第三，達此目的之方法，在於明理，即所謂事理通達，心平氣和（spirit of human of reasonableness），即儒家中庸之道，又可稱為「庸見的崇拜」（religion of commonsense）。[19]

這實際上是林語堂個人對人文主義的體認。與此相關的是，他提出孔子學說之人文主義的本質可謂十足地純粹，它有一種對待人生與

[14] 林語堂：〈《新的文評》序言〉，《林語堂名著全集》第二十七卷第一八九－一九〇頁。

[15] 林語堂：《林語堂自傳》第一六九頁。

[16] 林語堂：《林語堂自傳》第一七一頁。

[17] 林語堂：《吾國與吾民》第九十頁，中國戲劇出版社一九九〇年版。

[18] 林語堂：《林語堂散文經典全編》第二卷第九頁，九州出版社二〇〇二年版。

[19] 林語堂：《林語堂散文經典全編》第二卷第九頁，九州出版社二〇〇二年版。

宇宙的思想，接近乎宗教而本身不是宗教。因為「中國人生理想之現實主義與其著重現世的特性源於孔氏之學說。孔教精神的不同於基督教精神者即為現世的，與生而為塵俗的，基督可以說是浪漫主義者而孔子為現實主義的，基督是玄妙哲學家而孔子為一實驗哲學家，基督為一慈悲的仁人，而孔子為一人文主義者。從這兩大哲學家的個性，吾人可以明瞭希伯來宗教與詩，和中國的現實思想及普通感性二者對照的根本不同性。」[20]

隨後，林語堂在一系列文章中強調在中國的實際生活中，是人與天、人與國家、人與社會、人與人之間的心靈之約、向善的信任，是以家為本位的倫理形態，和小我服從小家而後大家，國家，公德與私德不分的一元道統觀念。這些含混和合一，完全有別於西方人的法律契約關係（那是一種來自本能原罪的求善救贖的文化表現）。特別是不同於啟蒙運動以後，西方人將信仰、道德等終極關懷和科學、知識的工具理性分開，所形成的二元存在。

二

梁實秋說他的「白璧德的門徒」稱號，是一九三〇年左傾批評家和魯迅給他的，雖只是一頂帽子而已，實在又當之無愧。「因為白璧德的書並不容易讀，他的理想很高也很難身體力行，稱門徒談何容易！」[21] 同時他明確提出，「左傾批評家和魯迅」等的確又沒有讀過白璧德的原著。直到一九八〇年代他在回答大陸學者方仁念的詢問時，還明確表示「我大體上服膺古典主義，反對浪漫主義」。「白璧德教授和 More 教授影響我最大，他們的著作我全部讀過」[22]。

---

[20] 林語堂：《林語堂散文經典全編》第四卷第一三四頁。

[21] 《梁實秋文集》編輯委員會編：《梁實秋文集》第五卷第二〇一頁，鷺江出版社二〇〇二年版。

[22] 《梁實秋文集》編輯委員會編：《梁實秋文集》第九卷第九十六頁。

沒有為《學衡》寫文章，但以學生身份短期到東南大學聽過吳宓的課的清華學子梁實秋，是白璧德的學生。中國第一部關於白璧德與新人文主義的文集是他編的。他的文學的人性論主張、對新文學源流的揭示和批評、以及文學的紀律都是來自馬修・阿諾德和白璧德。梁實秋是胡適的弟子、朋友，也是吳宓的弟子、朋友。因此他的雙重身份十分明顯：政治上的自由主義和文化－文學上的保守主義。梁實秋一九七七年十月十一日為文集《論文學》寫的序言中再次強調：「白璧德教授是給我許多影響，主要的是因為他的若干思想和我們中國傳統思想頗多暗合之處。」[23]孔子所說的克己復禮，正是白璧德所樂於引證的道理，「他強調西哲理性自制的精神，孔氏克己復禮的教訓，釋氏內照反省的妙諦。我受他的影響不小，他使我踏上平實穩健的道路。」[24]

一九三三年四月十六日《論語》半月刊第十五期載有林語堂的〈有不為齋隨筆・論文〉一文。主張「文章者，個人性靈之表現」的林語堂，借評論沈啟无編的《近代散文鈔》，由談論胡適與公安三袁排斥仿古文學的性靈立場，進而拉出金聖歎與白璧德的對決。他說了這樣一段讓梁實秋不快的話：

> 文章者，個人之性靈之表現。性靈之為物，惟我知之，生我之父母不知，同床之吾妻亦不知。然文學之生命實寄託於此。故言性靈之文人必排古。因為學古不但可以不必，實亦不可能。言性靈之文人，亦必排斥格套，因已尋到文學之命脈，意之所之，自成佳境，決不會為格套定律所拘束。所以文學解放論者，必與文章紀律論者衝突，中外皆然。後者在中文稱之為筆法、句法、段法，在西洋稱為文章紀律。這就是現代美國哈佛大學白璧德教授的「人文主義」與其反對者爭論之焦點。白璧德教

23 《梁實秋文集》編輯委員會編：《梁實秋文集》第七卷第七四〇頁。

24 《梁實秋文集》編輯委員會編：《梁實秋文集》第七卷第七三四頁。

授的遺毒，已由哈佛生徒而輸入中國。紀律主義，就是反對自我主義，兩者冰炭不相容。……

中國的白壁德信徒每襲白氏座中語，謂古文之所以足為典型，蓋能攫住人類之通性，因攫住通性，故能萬古常新，浪漫文學以個人為指歸，趨於巧，趨於偏，支流蔓衍必至一發不可收拾。殊不知文無新舊之分，惟有真偽之別，凡出於個人之真知灼見，親感至誠，皆可傳不朽。因為人類情感，有所同然，誠於己者，自能引動他人。金聖歎尤能解釋此理，與西方歌德所言吻合[25]。

這是一種典型的有性靈出發，尊重自我，進而抒發真實情感的童心文學觀。

梁實秋隨即在天津《益世報・文學週刊》第二十七期（一九三三年五月二十七日）刊出〈說文〉，表示不滿。他說我是「哈佛生徒」之一，但不自己承認是「中國的白璧德信徒」之一，「因為白璧德教授的思想文章有些地方是我所未能十分瞭解，亦有些地方是我所不十分贊同的。不過白璧德教授這個人的六部著作，中國現在在雜誌上隨便寫寫文字的人怕還未必能讀得懂罷。林語堂先生當然是另當別論，他譯過《新的文評》，他至少從側面，從反面多少曉得一點白璧德的文章思想」。他認為林語堂所說的「遺毒」，頗似衛道口吻，未免有違幽默之旨。梁實秋說：「以我所知，白璧德教授並未主張過『筆法、句法，段法』之類的『文章紀律』，並未說過『古文足為典型』，亦並未說過文章要什麼『格套、定律』。」並進一步表示：「林語堂先生要談『性靈』儘管談，要引金聖歎儘管引，但不知為什麼拉上一位哈佛老教授做陪襯？」[26]

---

[25] 林語堂：《林語堂散文經典全編》第一卷第五十九－六十一頁，九州出版社二〇〇二年版。《梁實秋文集》編輯委員會編：《梁實秋文集》第七卷第一三六－一三七頁引了林語堂的的這段話。

[26] 《梁實秋文集》編輯委員會編：《梁實秋文集》第七卷第一三七頁。

梁實秋表示他個人的私見，和林語堂先生一樣，也是以為「性靈」是很重要的。還說自己的意見比林語堂先生的還要更進一步，不但反對「模擬古人」，也反對模擬今人。模擬金聖歎，模擬鄭板橋，令人作嘔；模擬魯迅，模擬蕭伯訥，也令人作嘔。何以呢？因為，林語堂先生說得最好：「文章者，個人性靈之表現也。」一類比起來，便容易發生林語堂先生所謂的「遺毒」了。

梁實秋這時候實際上回擊了林語堂，因為林語堂本人正在大談金聖歎，欣賞金聖歎的「不亦快哉」三十三則，並和周作人一起推崇「公安派」。

作為基督徒的林語堂，在無法接受白璧德的那種具有基督教神學色彩和崇尚文化古典主義傾向的人文主義思想的同時，在一九三〇年代，他明確確立了自己回歸中國古典文化的文學觀。這一文學觀念，經歷了對老莊哲學、天人合一的哲學觀念的接受，到對明代思想家、哲學家李贄童心——赤子之心說的吸納，進而在「公安派」那裏找到推崇「性靈」的文心，最終達成他幽默的文學語言呈現。而幽默的表達實際是一種心態的展示，是心靈合一的表現，是將情感、理性和智慧融合的語言呈現。

這裏需要指出的是，白璧德的中國學生中，陳寅恪、林語堂、湯用彤、張歆海、梁實秋五人都是胡適的好友。陳寅恪、梁實秋雖與胡適的文化觀念和知識背景不同，但沒有影響他們的朋友關係。梁實秋與胡適的文學思想不一致，也批評胡適的文學革命，但在自由主義議政方面，又是戰友、朋友。他晚年回憶說：「我在新月書店出版《白璧德與人文主義》一書，按常理胡適先生會要提出異議，因為《學衡》一向和胡先生處在敵對地位，但是胡適先生始終沒說過一句話，他的雅量是可佩服的。胡先生也從來沒有譏訕過白璧德一句話。」[27]而林語堂、張歆海從不和胡適及新文學對立。在白璧德的中國學生中，梁實

---

[27] 《梁實秋文集》編輯委員會編：《梁實秋文集》第七卷第七三五頁。

秋最具有批評家的氣質和明晰的文學思想。梁實秋、張歆海和胡適、徐志摩、徐新六、宋春舫、張禹九（嘉鑄）、吳德生（經熊）、余上沅八人更是新月書店的發起人。其中銀行家徐新六、法學家吳德生，非文學中人。而樓光來本人回國後一直在南京教書（東南大學－中央大學－南京大學），是白璧德的中國弟子中，因沒有著述（傳說他從不公開發表文章，我本人也沒有找到他的任何著作），在學術界影響最小的一位。但他南京的講堂有「活字典」之譽，被師生們公認為名師。相傳一九五〇～一九六〇年代的中印邊境條約，中國政府外交部最後讓他負責英文文詞把關。

梁實秋認為人文主義並非僅僅是一套淺顯的文藝理論，而實在是一種人生觀，是做人的一種態度。人文主義沒有抽象的理論系統，所以又異於純粹的人生哲學。據 Norman Foerester 在他的「Towards Standards」中所說，人文主義的內容有八項：

（一）標準的人性是完整的，需要各各部分的涵養，不要壓制任何部分。

（二）但人性各各部分的發展需要均衡，要各各部分都是和諧的。不無條件的「承認人生」，而要有價值的衡量。

（三）完整的均衡的人性要在常態的人生裏去尋求。常態的人生是固定的，普遍的。

（四）完整均衡的標準人性也許是從來沒有存在過，但是在過去有些時代曾經做到差不多的地步。例如希臘的人生觀，基督教的傳統精神，東方的孔子和佛教等等，這裏面都含著足以令後人效法的東西。

（五）浪漫主義重情感，人文主義則信仰理性。

（六）人文主義異於由科學演變出來的人生觀，因為人文主義者除了理性之外還要運用倫理的想像。此倫理的想像，乃是透視人生的一種直覺。

（七）倫理的基本原則是節制。「自然律」是完全物質的，若適用於人生則流於紊亂放浪，一方面變成定命主義的唯物論，另一方面變成浪漫主義。

（八）人文主義異於宗教，因為人文主義者沒有「禁慾」的趨勢，也沒有形式的「神學」；但有一點又同於宗教，因為他反對「自我的擴張」而主張對於「普遍的理性」的遵從，即宗教中所謂之 humility。[28]

簡約言之，人文主義的文藝論即古典主義文論的一種新的解釋。因此，梁實秋把人文主義者的批評方法歸結為：第一步是歷史的瞭解，第二步是價值的判斷。這種以研究始，以論斷終，是完全異於近代所謂的「科學的批評」。他認為人文主義有三大優點：積極的主張、不涉及宗教與玄談、倡導節制的精神。同時他也不回避人文主義的缺憾：人文主義者的論著在文字上太嫌含混籠統，人文主義不應該與近代科學處在敵對的地位。

梁實秋在理念與文字「含混籠統」的「學衡派」中是個例外。其理論明晰，論說有力有據。他儘管只是「學衡派」的週邊成員和邊緣性人物，並不居於「學衡派」反新文學的敵對前沿，但卻是一位宣揚白璧德及人文主義思想的同時又敢於指出其不足的中國學生。這也是他和其他「學衡派」成員的不同之處。

實際上梁實秋所說的人文主義的缺憾，也正是中國「學衡派」及其人文主義思潮的缺憾。特別是五四運動以後，他們在《學衡》上還固執地用文言文來介紹白璧德及人文主義，連梁實秋都認為這樣一來很難引起青年人的共鳴，同時也有極大的含混籠統性。在一九二〇年一月北洋政府教育部下令一、二年級小學生改學白話文後才起而反白話新文學的「學衡派」中人，意義本身的不明確恐怕連他們自己也不

[28] 轉引自梁實秋：〈白璧德及其人文主義〉，《現代》第五卷第六期（一九三四年十月一日）「現代美國文學專號」。

甚清楚，在行為上自然也不遵從。梅光迪、吳宓離婚後追求女學生，特別是吳宓陷入了浪漫詩人與人文主義者的矛盾時，郭斌龢就一針見血地指出這有礙人文主義的開展[29]。其行為正是吳宓自己、也是白璧德及人文主義者所反對的 Romantic[30]。

在這種人生觀和態度的作用下，梁實秋認定人文主義者所謂的人性是固定的、普遍的，文學的任務即在於描寫這根本的人性。在〈文學的紀律〉一文中指出：「一切的文學都是想像的，我們要問的是：這想像的質地是否純正」。「文學發於人性，基於人性，亦止於人性」。「文學的態度之嚴重，情感想像之理性的制裁，這全是文學最根本的紀律，而這種紀律又全是在精神一方面的。」最後他強調：「文學的紀律是內在的節制，並不是外來的權威。文學之所以重紀律，為的是要求文學的健康。」[31]

受白璧德保守的新人文主義影響的梁實秋，其身上表現出政治上的自由主義和文化上的保守主義的二元傾向。在清理「古典主義」與「浪漫主義」的基本概念時，白璧德強調既要在明顯不同的事物中看出相同，又要在明顯相似的事物中看出區別。他說「古典主義」與「浪漫主義」有著根本的對立。「只有一件東西是奇異的、出乎意料的、強烈的、誇張的、極端的、獨特的時，它才是浪漫的。另一方面，只有當一件東西不是獨特的，而是一個階層的代表時，它才是古典的。……當一件東西屬於高等階層或最優秀的階層時，只要將其意思稍微擴展一下，它就成為古典主義了」[32]。古典與浪漫的對立在文學觀念的表現上，是人性中永恆、實在、有限與變革、超越、無限的二元對立。梁實秋在自己的文學批評中，尤其是在使用「古典主義」與「浪漫主義」

---

29 吳宓：《吳宓日記》第 V 冊第五十六頁，生活・讀書・新知三聯書店一九九八年版。

30 吳宓：《吳宓日記》第 V 冊第七十二頁。

31 《新月》第一卷第一號（一九二八年三月十日）。

32 歐文・白璧德：《盧梭與浪漫主義》（孫宜學譯）第三頁，河北教育出版社二〇〇三年版。

的基本概念時，通常是直接照搬白璧德的。正如他在〈關於白璧德先生及其思想〉一文中所昭示的那樣，他是在逐漸明白了白璧德人文主義思想在現代的重要性後，從極端的浪漫主義，「轉到了多少近於古典主義的立場」[33]。

梁實秋說白璧德「強調人生三境界，而人之所以為人在於他有內心的理念控制，不令感情橫決。這就是他念念不忘的人性二元論」[34]。白璧德認為盧梭的浪漫主義頗有中國老莊的色彩。中庸所謂「天命之謂性，率性之謂道，修道之謂教」，孔子所說的「克己復禮」，正是白璧德所樂於引證的道理。他重視的是人的克制力，而不是創造力。「一個人的道德價值，不在於做了多少事，而是在於有多少事他沒有做」[35]。白璧德所堅持和力主的是健康與尊嚴的人生態度。所以梁實秋說白璧德「在近代人文主義運動中，他是一個最有力量的說教者」[36]。

白璧德、艾略特之後，作為人文主義批評譜系的一個重要發展人物是英國劍橋大學的文學教授弗·雷·利維斯（一八九五－一九七八），表現出與中國「學衡派」部分同人極其相似的關注「文學與人生」和重視傳統的文學思想展示。他和白璧德一樣十分關注大學的文學教育，有《教育與文學》的專論。他既推重馬修·阿諾德所呼籲的批評才智和批評標準以及關於「核心立場」的思想陳述，維持「人生批評」的這一提法[37]，強調「文學批評必須始終體現人文主義」[38]，認為人文文化應該「始終恰當意識到自身胎源於而且依傍本土文化」[39]。同時又

33 《梁實秋文集》編輯委員會編：《梁實秋文集》第一卷第五四八頁。

34 梁實秋：〈影響我的幾本書〉，《中華散文珍藏本·梁實秋卷》第一三四頁，人民文學出版社二〇〇一年版。

35 梁實秋：〈影響我的幾本書〉，《中華散文珍藏本·梁實秋卷》第一三四頁，人民文學出版社二〇〇一年版。

36 《梁實秋文集》編輯委員會編：《梁實秋文集》第一卷第五五二頁，鷺江出版社二〇〇二年版。

37 雷納·韋勒克：《近代文學批評史》（楊自伍譯）第五卷第三八二頁，上海譯文出版社二〇〇二年版。

38 雷納·韋勒克：《近代文學批評史》（楊自伍譯）第五卷第三八三頁。

39 雷納·韋勒克：《近代文學批評史》（楊自伍譯）第五卷第三七五頁。

發揮了艾略特的洞見和趣味，並對馬修・阿諾德、白璧德他們思想觀念中過分的道德和文化偏重有所修正[40]。他一方面排斥批評中純粹的說教作風，同時卻強調批評活動中隱含的道德判斷。甚至聲稱批評家不得已時，也可能成為「顯見的道德家」。這是西方知識界所普遍認同的人文主義所必須的倫理標準的底線，也可以說一種重要的道德原則。甚至可以說是人文主義者注重個人自身榮譽的價值的立足點——頗似伏爾泰對個人的勸喻：「謹記你為人的尊嚴。」

梁實秋在清華學校讀書時，是屬於新文學派，他是《創造》季刊的作者，有白話新詩《荷花池畔》和新詩評論集《〈草兒〉評論》（與聞一多合作出版《〈冬夜〉、〈草兒〉評論》）等發表。一九二三年九月－一九二六年七月留學美國，其中一九二四年九月－一九二六年七月在哈佛大學。一九二六年九月－一九二七年四月梁實秋在東南大學任教。他在《槐園夢憶》中說：「我拿著梅光迪先生的介紹信到南京去見胡先驌先生，取得國立東南大學的聘書。」[41]隨後他到了上海，成了胡適領導的《新月》的總編輯。他在〈影響我的幾本書〉中列了八本書，排在前三位的是《水滸傳》、《胡適文存》、白璧德的《盧梭與浪漫主義》。這分明可見他思想的二元傾向。同時，歷史的反思性也因此而顯示出來。他說胡適影響他的地方有：明白清楚的白話文、獨立思考的思想方法和認真嚴肅的態度。他自己是五四運動養育的，也是新文學的積極參與者。到美國聽了白璧德的「法國十六世紀以後的文學批評」[沈按：梁誤寫為「英國」]的選修課後，「前所未聞的見解，而且是和我自己的見解背道而馳」的刺激，使得他得以讀到白璧德的《盧梭與浪漫主義》。他說：「白璧德的思想主張，我在《學衡》雜誌所刊吳宓、梅光迪幾位介紹文字中已略為知其一二，只是《學衡》固執的使用文言，對於一般受了五四洗禮的青年很難引起共鳴。我讀了他的書，上了他的課，突然感到他的見解平實通達而且切中時弊。我平夙心中蘊結的

---

40 雷納・韋勒克：《近代文學批評史》（楊自伍譯）第五卷第三八三頁。
41 《梁實秋文集》編輯委員會編：《梁實秋文集》第三卷第五四二頁。

一些浪漫情操幾為之一掃而空。我開始省悟，五四以來的文藝思潮應該根據歷史的透視而加以重估。我在學生時代寫的第一篇批評文字〈現代中國文學之浪漫的趨勢〉就是在這個時候寫的。隨後我寫的〈文學的紀律〉、〈文人有行〉，以至於較後對於辛克萊拜金藝術的評論，都可以說是受了白璧德的影響。」[42]他在反思五四新文學運動時，把視野投向西方，說這種浪漫的趨勢來自歐美，是對歐美文化思潮和文學思潮的移植，或者說是在中國的延續性表現，「現今中國的新文學就是外國式的文學」。他在〈現代中國文學之浪漫的趨勢〉[43]一文所揭示的是「新文學運動」的趨向是「浪漫主義」。

二十世紀初開始的新文化運動－新文學運動，在陳獨秀、胡適看來，類似歐洲的啟蒙運動或文藝復興，是有組織，有目的，也充滿理性的運動。即便是對西方五百年人文主義作出另類解釋的當代美國學者約翰•卡洛爾也十分看重啟蒙運動。他說：「啟蒙運動將人文主義的潛能發揮得淋漓盡致。它是人文主義理想最純粹、最堅定的體現，是人文哺育的最生氣勃勃、最樂觀、最成功的孩子。」[44]中國的啟蒙運動同樣以人的解放、自新和知識進步作為主導性的目標，首次以科學的方法讓理性和自由意志來面對客觀的事實本身，進而由思想界進入知識界，成為現代大學教育的基礎。但在新文化運動的反對力量「學衡派」看來，則是一場浪漫主義運動，是非理性的。梅光迪、吳宓、梁實秋借助白璧德對法國文學的研究方法——推崇古典主義，反對盧梭以下的浪漫主義的思想方法，把新文化－新文學運動看成是西方浪漫主義運動在中國的表現。

以賽亞•伯林明確指出浪漫主義的重要性在於它是近代史上規模最大的一場運動，改變了西方世界的生活和思想。從文學藝術上，浪

---

[42] 《梁實秋文集》編輯委員會編：《梁實秋文集》第五卷第二〇〇頁。

[43] 梁實秋：〈現代中國文學之浪漫的趨勢〉完成於一九二六年二月十五日的紐約，刊發在《晨報副鐫》第一三六九、一三七〇、一三七一、一三七二號（一九二六年　三月二十五、二十七、二十九、三十一日）。

[44] 約翰•卡洛爾《西方文化的衰落：人文主義複探》（葉安寧譯）第一五三頁，新星出版社二〇〇七年版。

漫主義帶來的是自由的觀念，進而破壞了寬容的日常生活和世俗趣味，破壞了常識和人們平靜的娛樂消遣，把每一個人提升到滿懷激情的自我表達經驗的水平。[45]白璧德個人就十分反感浪漫主義文學自我中心觀所表現出的狂熱、極端的自我主義傾向，以及由此所引發的思想、政治和社會革命。保守主義的反潮流傾向也由此而生。只是在一九一五～一九二〇年間，新文化－新文學運動中的這種所謂的浪漫主義並不明顯。

一九二二年一月反新文化的《學衡》創刊後，即受到新文化陣營強烈的反擊，此事自然影響到了「學衡派」成員對白璧德的著作的翻譯。可以說，在文學思潮激進和政治鬥爭激蕩的一九二〇－一九三〇年代，白璧德的多部著作沒有一冊被翻譯成中文，對他的介紹只是零星的文字。最有資格翻譯的應當是「學衡派」成員，但他們沒有做，以後他們也就沒有機會做了，所以整個二十世紀中文領域沒有白璧德著作的完整譯本。據梁實秋晚年回憶說，他在哈佛大學讀書時就到書店把白璧德的五本著作一古腦兒買回來讀過。他說白璧德「是一位與時代潮流不合的保守主義學者……他畢生致力於批判盧梭及其代表的浪漫主義，他針砭流行的偏頗的思想，總是歸根到盧梭的自然主義。有一幅漫畫諷刺他，畫他葡匐地面揭開被單窺探床下有無盧梭藏在底下」[46]。這也是「學衡派」成員活動的語境。連梁實秋本人也從未為《學衡》寫過文章，可見當時激進文學思潮的強勢和白璧德及「學衡派」成員的個人處境。

---

45 以賽亞·伯林：《浪漫主義的根源》（呂梁等譯）第一四五頁，譯林出版社二〇〇八年版。

46 《梁實秋文集》編輯委員會編：《梁實秋文集》第五卷第一九九－二〇〇頁。

新文學運動的發生

——文學變革的原動力

緒論：中國現代文學的基本精神

首先，我來概述一下中國現代文學的基本精神。

啟蒙理性是進入學科的關鍵路徑。中國現代文學的產生，是一代知識份子自覺的有意識的共同努力的結果，是對西方文明衝擊的積極回應。具體表現為：以西方文明為參照的理性的自覺；以擺脫愚昧為目的的知識價值的重視；以人性批判為途徑的反傳統的需要；以內省為人格重鑄的思想的訴求；以虛己為品格的制度變革的心態；以革命的紅色暴力美學為新的審美選擇。

現代性的追求作為知識份子有意識的心靈嚮往。放眼看世界成為留學生歸來後的打破鐵屋子的現實號召；自由民主成為體制創新的基本元素；嚮往工業文明和城市文明成為現代文學的最新品格；以鄉野牧歌作為傳統農業文明的輓歌；重視個人的體驗和尊重個人的價值成為文學的普世價值；流動的不確定性、人與人之間的陌生感以及對都市情調的憧憬、迷惘、失落等心態的描繪成為文學的新質。

活的文學的理性建構。「一代有一代之文學」的文學進化史觀的確立；思、說、寫一致的白話語言觀念的形成；新的文學形式的嘗試；國語作為多民族國家重建的語言工具的確立；外來語、方言與國語並重對作家創作力的啟動。

人的文學的自覺追求。以人為本成為文學的基本價值觀；發展健全的個人成為文學創作的路向；重視人的創造性成為作家的自覺；展示人的複雜性和豐富性成為文學的內在屬性；感時憂國與主觀抒情成為文學的兩大基調；悲劇意識融入現實批判和民族救亡文本，成為詩學的核心。

商品化成為文學的現代品格。現代都市的形成，市民文化為白話新文學的存在營造了基本的空間；科舉制度的廢除，知識份子晉升之路的改變，使大量文人轉身另謀生路，為白話新文學準備了作者群；近代報業、出版業的興起，為新文學提供了傳播、流通的主要渠道；稿費、版稅制度的確立，為作家提供了體制外生存的可能和享有人身自由的條件；媚俗成為新文學作家必須面臨的新的威脅。

大河之旁必有大城。歷史的發展有著偶然和必然的雙重因素，同時也顯示著特定歷史時期偉大人物與時代、社會相互作用的關係，以及民族文化的導向。「白話文」進入文學，有著一個漫長的歷史演進過程，但「白話文學」的真正實現卻是在一九一七年之後。胡適、陳獨秀、魯迅、周作人等在其由漸變到突變的轉折關頭，發揮了積極作用。

歷史上偉大的事件與偉大人物有關，時代的精彩也由於偉大人物層出迭現。因此，我服膺威廉·詹姆斯在〈偉大人物、偉大思想與環境〉一文中所說的：

> 為了使社會發生翻天覆地的變革，需要群英薈萃，連接不斷。這就是偉大時代如此稀少的原因——這也是希臘、早期羅馬、文藝復興時期的突然繁榮顯得如此神秘的原因。疾風必須一陣接一陣地勁吹才不至於平息。然後，國家大多數成員的激情持續高漲達到它的極盛時期，並且在國家內部的原動力消失之後，仍可通過純粹的慣性而保持長時期的繁榮。我們常常聽到這樣的驚歎，即在人類歷史發展的高潮階段，不僅民眾充滿活力，而且天才層出不窮。此中奧秘就像長期來存在的難解之謎一樣——為何大河之旁必有大城。[1]

[1] 轉引自〔美〕懷特著、曹錦清等譯：《文化科學——人和文明的研究》第一八一頁，浙江人民出版社一九八八年版。

「五四」時期是中國歷史、社會「發生翻天覆地的變革」的「偉大時代」，因此出現了「偉人」。也正是有眾多「偉人」的出現，「五四」才顯得偉大。胡適、陳獨秀、魯迅等文化偉人可謂大河之旁的大城。

接下來，講五四新文學誕生的文化語境和偉人創造歷史的社會化行為。

「文化移植」：全面反傳統為目標的西化派得勢

辛亥革命，帝制轟毀，以一九一五年陳獨秀創刊《青年雜誌》為標誌的新文化運動的勃興，揭開了現代歷史新的一頁。「新文化」是一個十分寬泛的概念，以它的對立性，革命性，與傳統的舊文化劃開了一道歷史的鴻溝。新文學是在新文化的母體中孕育出來的，它在一九一七年胡適發表〈文學改良芻議〉的陣痛中破胎降生。同時，這個產兒反過來又促使新文化運動得以廣泛深入的傳播。可以說，新文化運動是新文學誕生的文化母體，新文化因為有新文學這樣一個時代的寧馨兒而顯示出文化家族新的輝煌和壯麗。

一九一五年湧起的新文化潮頭，由於一九一九年「五四」反帝愛國運動的推波助瀾而勢不可擋。延續幾千年的中國人超穩定的天朝模型的世界觀、人生觀崩潰了，天朝模型的文化中心論也失落了，代之以一個「轉型」的社會文化。以全面反傳統為契機的西化派也由此得勢。在現代中國思想界，西化論成為文化的主流。即便是中國大陸一九四九年以後的「馬克思列寧主義」也是一種「西化」思想的傳入。西化派認定中國傳統文化不僅不能富國強民、救國民於愚弱，反而成了中國現代化的阻力，必須徹底摧毀，才能為擁抱西方現代文化創造有利的條件。胡適直到一九六一年在臺北「亞東區科學教育會議」上演說〈科學發展所需要的社會改革〉時，還持此見。他說：「我相信，為了給科學的發展鋪路，為了準備接受、歡迎近代的科學和技術的文明，我們東方人也許必須經過某種知識上的變化或革命。」即丟掉東方文明中本來很少的精神成分，學習、瞭解西方文明的真「精神」。胡適這裏意指要發揚「五四」精神。他認為「五四」的政治運動干擾了思想啟蒙，「五四」啟蒙運動因政治干預而夭折，未完成其應有的歷史使命，所以還要來一次「知識上的變化或革命」。在此之前，他口述自傳時便說過：「在一九一九年所發生的『五四運動』，實是這整個文化運動中的，一項歷史性的政治干擾。它把一個文化運動轉變成一個政治運動。」[2]陳獨秀乾脆由開始的主張西化，到完全接受一個比西化更超前的「俄化（蘇化）模式」。後來陳獨秀對此有所反悔，而「主張重新估定布爾什維克的論理及其人物（老托也在內）之價值」[3]。

實際上，陳獨秀、胡適等一代新型知識份子的「文化危機」意識，是一種對西方文化「挑戰」的最大限度的「回應」（史學家湯因比以「挑戰與回應」來觀照歷史文化的演進）；並且這一「回應」是下了最大的文化本錢，以全面轟毀傳統儒教為代價來接受西方現代文明，達到一種文化的移植。這一「文化移植」在「五四」新文化運動的高潮中得勢，則是在經歷了一個複雜、曲折的中西文化碰撞、鬥爭的過程之後。

大體上可以說，近現代中國知識份子在探求救國方略上，基本上都是在中學與西學、傳統與現代的關節點上尋找答案，並以此作為對西洋文明「挑戰」的「回應」。

自一八四〇年始，在列強堅船利炮和鴉片的侵略下，西學東漸，帶給時勢巨大的震撼。這一「震撼」不僅僅在政治、外交上，更重要的是在一個民族文化精神上。因此，從魏源的「師夷之長技以制夷」到張之洞的「中學為體，西學為用」；從康、梁的維新變法，到孫中山的「三民主義」建國綱領，其「目的理性」都是在探求中華民族落後挨打、積弱不振、無力應付西方「挑戰」問題的癥結所在。尤其是曾、

2 胡適口述、唐德剛譯注：《胡適口述自傳》第一八九頁，傳記文學出版社一九八一年版。

3 〈陳獨秀致鄭學稼〉，水如編：《陳獨秀書信集》第五二一頁，新華出版社一九八七年版。

左、李、胡的洋務運動，重在學習西方的科技器物；康、梁、譚的變法維新，試圖取法西方君主立憲制度；孫中山欲推翻滿清，摧毀帝制之政體，實施民主憲政，其目的都是在以西方列強為樣板，謀求中國政治社會的轉型改造，並擺脫貧窮落後、任人宰割的困窘局面，走上富國強民之路。但這一歷史變革的思想歷程，仍未脫離「中體西用」的思維模式，終於又在「共和國」的機體上演出了一幕幕稱帝、復辟、尊孔的保皇保教醜劇，迫使新一代「西化派」群起而攻之，並掀起反孔非儒、徹底摧毀傳統的新文化運動。這就使中國知識份子的心態由在基本思想和體制不變的情況下學洋務，走維新、變法、立憲之路的樂觀，轉向不脫胎換骨從文化上橫向移植、全盤西化來改造國民靈魂就不能自救的文化危機感，進而形成由民主、科學主導社會思想界主潮的局面。

「新青年」：挑起「青年文化」與「父輩文化」的矛盾、衝突

本世紀中國的希望之光，是灑在青年身上的。啟蒙思想家陳獨秀、胡適、魯迅等也看準了這一點。他們明白光靠幾個先知先覺者的吶喊、呼喚，無法改變中國文化的精神本質，只有喚起一代青年人的覺醒，中國文化的革命才可能取得成功。由梁啟超的「新民」到陳獨秀、胡適關注「新青年」，啟蒙目標的轉移和相對集中，表現出新一代啟蒙思想家的遠見卓識。

西化派「文化移植」的基本思路是從外向內，從民族文化心理結構上，肢解傳統文化的價值體系（即多看重文化的負面效應），然後逐個擊破，並明顯地呈現出：掀起「青年文化」與「父輩文化」的矛盾、衝突，撼動倫理文化的焦點，解除道德逼迫和集體麻木狀，改變語言文字符號，展開大眾文化，使科學與民主的理性之光燭照中國傳統文化的各個角落，並試圖為中華民族走向富國強民的現代化之路掃除文化精神（主要是心理）上的障礙。

陳、胡、魯等對「新青年」的呼喚、刺激乃至鼓動，目的是讓他們認識到自己的文化心態是與父輩「相互隔絕」的，兩代人處於不適應、不協調的矛盾狀態，衝突狀態，中間橫亙著一道「吃人」的「敵對文化」之牆。因為在傳統的儒教控制下，父子關係中一個重要特性便是子輩對父輩的無條件順從，即「孝」——子對父的權威的絕對服從，並形成一個恒定的文化能量，作用於社會生活的秩序、過程中。子輩修煉自身，必須做到抑制自我的欲念來順從父意，乃至視父輩的意願為至上的準則，達到自我控制。這樣，順從父親的結果使得兒子要極力內化自己的「超我」，使自覺遵從父意成為自己的天良，不允許兒子在信念、態度和行為上與父意有任何潛在抵觸的狀態。這種在父權壓制下的儒子，「是一個懦弱膽小，優柔寡斷的依附屈從的人物形象」[4]，並成為「青年文化」與「父輩文化」千年間的「社會心理穩態」。

挑起「青年文化」與「父輩文化」的矛盾、衝突的發難之作，是陳獨秀一九一五年在《青年雜誌》上登出的〈敬告青年〉。這篇解放青年的宣言，高亢而鮮明地指出，新時代的青年應是：「自主的而非奴隸的」、「進步的而非保守的」、「進取的而非退隱的」、「世界的而非鎖國的」、「實利的而非虛文的」、「科學的而非想像的」。隨後，陳獨秀又發表〈新青年〉一文，進一步闡明他「新青年」的主張：

> 吾可敬可愛之青年諸君乎！倘自認為二十世紀之新青年，頭腦中必斬盡滌絕彼老者壯者及比諸老者壯者腐敗墮落諸青年之做官發財思想，精神上別構真實新鮮之信仰，始得謂為新青年而非舊青年，始得謂為真青年而非偽青年。[5]

4 參見〔美〕A·馬塞勒等著、任鷹等譯：《文化與自我——東西方人的透視》第二四五頁，浙江人民出版社一九八八年版。

5 陳獨秀：《獨秀文存》第四十三頁，安徽人民出版社一九八七年版。

並指明：「青年之精神界欲求此除舊佈新之大革命，第一當明人生歸宿問題」；「第二當明人生幸福問題」[6]。最後，他又向老年的「父輩文化」投下一枚重彈：

> 予於國中之老者壯者，與夫比諸老者壯者之青年，無論屬何社會，隸何黨派，於生理上，心理上，十九懷抱悲觀，即自身亦在詛咒之列。幸有一線光明者，時時微聞無數健全潔白之新青年，自絕望消沉中喚予以興起，用敢作此最後之哀鳴！[7]

他甚至在〈偶像破壞論〉一文中，把子輩對父輩的節孝也視為一種虛偽的偶像：「節孝必出於自身主觀的自動的行為，方有價值；若出於客觀的被動的虛榮心，便和崇拜偶像一樣了。虛榮心偽道德的壞處，較之不道德尤甚；這種虛偽的偶像倘不破壞，卻是真功業真道德的大障礙！」[8]同時，陳獨秀還在〈《新青年》宣言〉中，對「父輩文化」的主體提出了更進一步的要求：「我們相信尊重女子的人格和權利，已經是現在社會生活進步的實際需要。」[9]即在解放「新青年」的過程中，尤其要尊重「新青年」中的女性。

在陳獨秀之後，由於胡適、魯迅、李大釗、周作人、劉半農、錢玄同等加入《新青年》這一革命陣營，使得對「父輩文化」的審判更加嚴厲和激烈，並見諸具體的文化意象和真實的人生。魯迅的《狂人日記》、〈我們現在怎樣做父親〉；胡適的《終身大事》、〈易卜生主義〉、〈我的兒子〉、〈不朽——我的宗教〉，譯介的《娜拉》（易卜生著）；以及到「五四」高潮時，初登文壇的女作家冰心寫的家庭問題小說，都是一種「審父」意識主導下的對「父輩文化」的批判。而魯迅的〈我們現在怎樣做父親〉，胡適的〈我的兒子〉則是一種作家的自審。

---

6 陳獨秀：《獨秀文存》第四十四頁。
7 陳獨秀：《獨秀文存》第四十五頁。
8 陳獨秀：《獨秀文存》第一五六頁。
9 陳獨秀：《獨秀文存》第二四五頁。

由此可以看出，傳統的「父輩文化」作用下的「孝子賢孫」，經歷了梁啟超時代的「新民」說的鼓動，到「五四」新文化運動時期變成了「新青年」。文化的重心已轉向「青年文化」，且把祖國的未來寄託在「沒有吃過人」的「孩子」身上。

科學與民主：滌蕩傳統文化的新思潮的原動力

面對激蕩的「五四」時代，不難看出陳獨秀、胡適、魯迅、周作人等思想上的矛盾與偏激，不論是對傳統文化還是西洋文明，以及他們自身的思想與人倫情感的關係（理性上接受西方現代文明，而情感上又無法完全割捨傳統），都有值得重新認真審視的地方。儘管在思想上，他們對於當時西方兩個重要的文化觀念「科學」與「民主」的理解也都不免流於含混和膚淺，但是他們卻看到科學與民主是西方現代文明的主要趨勢，也是中國走向現代化的雙軌。由於中國文化的內在制約機制，使「中國知識份子無形中養成了一種牢不可破的價值觀念，即以為只有政治才是最後的真實，學術則是次一級的東西，其價值是工具性的」[10]。所以，當陳獨秀、胡適一投身新文化運動，借助西洋文明的兩大學理性觀念來解決中國的現實問題時，一方面把希望寄託於政治的革命（陳獨秀式的）或改良（胡適式的），另一方面又主張借助學術的工具性實現民族文化心理的改造、重建。

在「五四」時代，整個社會彌漫著一種「新思潮」，這一「新思潮」實指從西方引進的各種「思想」、「主義」、「學理」。它為不同層次的知識份子所消化、吸收，並傳佈於國人。對此，胡適有一個最基本的解釋：「新思潮的根本意義只是一種新態度。這種新態度可叫做『評判的態度』。」那麼「新思潮的意義」是什麼？胡適的回答是：「研究問題，

---

10 〔美〕余英時：〈試論中國文化的重建問題〉，辛華、任菁編：《內在超越之路——余英時新儒學論著輯要》第六十六頁，中國廣播電視出版社一九九二年版。

輸入學理，整理國故，再造文明。」[11]這裏可以明顯地看出，胡適的解釋是對當時紛繁複雜的「新思潮」加以學理上的概括、發揮，以及屬於他自己的理性的引導。

事實上，當時推動這一「新思潮」來滌蕩傳統文化的原動力，是科學與民主。這一對「先生」自鴉片戰爭之後便被一批憂國憂民的有識之士請入國門了——洋務運動便是給「科學」以崇高的地位，而「民主」則是立憲派和之後孫中山在建國方略中都極為看重的一項基本原則。時值陳獨秀的〈敬告青年〉，則把「科學」、「民主」作為解放青年、向傳統文化宣戰的兩大武器。他要求青年做到「自主的而非奴隸的」，「科學的而非想像的」，就是在張揚「民主」與「科學」。

到一九一九年「五四」運動前夕，陳獨秀發表了〈《新青年》罪案之答辯書〉，以擬人化的筆法，賦予「科學」與「民主」以相應的人格魅力，敬稱之為「德先生」和「賽先生」。並把社會上保守勢力對《新青年》及新文化運動的攻擊、詆毀，看作是《新青年》同人擁護「德先生」和「賽先生」的結果：

> 本志同人本來無罪，只因為擁護那德莫克拉西（Democracy）和賽因斯（Science）兩位先生，才犯了這幾條滔天的大罪，要擁護那德先生，便不得不反對孔教、禮法、貞節、舊倫理、舊政治；要擁護那賽先生，便不得不反對舊藝術、舊宗教；要擁護德先生又要擁護賽先生，便不得不反對國粹和舊文學。[12]

同時，陳獨秀從比較文化的視野，十分堅定地提出：

> 西洋人因為擁護德、賽兩先生，鬧了多少事，流了多少血，德、賽兩先生才漸漸從黑暗中把他們救出，引到光明世界。我

---

11 胡適：《胡適全集》第一卷第六九二－六九九頁，安徽教育出版社二〇〇三年版。

12 陳獨秀：《獨秀文存》第二四二－二四三頁。

> 們現在認定只有這兩位先生，可以救治中國政治上道德上學術上思想上一切的黑暗。若因為擁護這兩位先生，一切政府的壓迫，社會的攻擊笑罵，就是斷頭流血，都不推辭。[13]

這段話擲地有聲，催人奮進，長人勇氣。

後來，胡適在〈《科學與人生觀》序〉中，又進一步給「科學」正名，並從歷史的發展進程上，給「科學」以相應的肯定。他說：「這三十年來，有一個名詞在國內幾乎做到了無上尊嚴的地位；無論懂與不懂的人，無論守舊和維新的人，都不敢公然對他表示輕視或戲侮的態度。那名詞就是『科學』。這樣幾乎全國一致的崇信，究竟有無價值，那是另一問題。我們至少可以說，自從中國講變法維新以來，沒有一個自命為新人物的人敢公然譭謗『科學』的。」[14]同時，胡適還對菲薄科學的人動以肝火，並憤然斥責：

> 我們要知道，歐洲的科學已到了根深柢固的地位，不怕玄學鬼來攻擊了。幾個反動的哲學家，平素飽饜了科學的滋味，偶爾對科學發幾句牢騷話，就像富貴人家吃厭了魚肉，常想嚐嚐鹹菜豆腐的風味：這種反動並沒有什麼大危險。那光焰萬丈的科學，決不是這幾個玄學鬼搖撼得動的。一到中國，便不同了。中國此時還不曾享著科學的賜福，更談不到科學帶來的「災難」……我們那裏配排斥科學？至於「人生觀」，我們只有做官發財的人生觀，只有靠天吃飯的人生觀，只有求神問卜的人生觀……中國人的人生觀還不曾和科學行見面禮呢！我們當這個時候，正苦科學的提倡不夠，正苦科學的教育不發達，正苦科學的勢力還不能掃除那迷漫全國的烏煙瘴氣，——不料還有名

---

13 陳獨秀：《獨秀文存》第二四三頁。
14 胡適：《胡適全集》第二卷第一九六頁。

> 流學者出來高唱「歐洲科學破產」的喊聲，出來把歐洲文化破產的罪名歸到科學身上，出來菲薄科學，歷數科學家的人生觀的罪狀，不要科學在人生觀上發生影響！信仰科學的人看了這種現狀，能不發愁嗎？能不大聲疾呼出來替科學辯護嗎？[15]

胡適的這種「科學崇拜」，是在回應近世西方的「唯科學主義」精神，同時也是真誠地為科學能在中國紮根、達到富國強民的理想而呼號。這既體現了「五四」一代啟蒙思想家欲振興民族的良知和真誠，也是自歐洲啟蒙運動以下，「唯科學主義」者共有的偏激。

自「五四」始，「科學」一方面成了胡適為中國走向現代化的化的富強之路尋求的器物上的導向，另一方面，「科學」的精神成了胡適治學的方法論的內在統攝。「民主」，則成了他關注政治、社會、人生的一面鏡子，並借自己立足的學術領地，實施對政治社會的批評監督職能。

「文化焦點」的震撼：
作為中國傳統文化特質的儒家「倫理文化」被革命

在傳統中國，皇權的專制是一個顯在的政治控制手段。從傳統文化的視野看，在其穩定的社會結構中，一個最為重要的能動調節手段便是儒家的「倫理文化」，並且也是一個內在的管理規範，而具體的管理則是外在的組織和決策方法。[16]因此，便有了「三綱五常」這一社會化的自上而下、由外入內的管理網路，像鐵幕一般嚴實。從中國文化的整體機制來看，儒家的「倫理」是中國文化的聚焦。正是這一「文化焦點」在「五四」「新思潮」的衝擊下被撼動和瓦解，中國文學的新

---

15 胡適：《胡適全集》第二卷第一九九－二〇〇頁。

16 關於這一問題的具體論述，可參見〔美〕成中英：《文化・倫理與管理》，貴州人民出版社一九九一年版。

生因而具備了一種文化的可能性，同時西洋近現代文學的輸入也調動了一種文化的可適性。

面對辛亥革命之後新政體中舊思想、舊道德、舊文化的延續，《新青年》編輯群這一精英群體便決心在思想文化戰線上開闢主戰場，發起強勁的攻勢。陳獨秀從「文化移植」的角度來謀劃中國的新政體，並針對「孔教」這一「倫理文化」的精神支柱，寫了〈憲法與孔教〉一文，呼籲：「欲建設西洋式之新國家，組織西洋式之新社會，以求適今世之生存，則根本問題，不可不首先輸入西洋式社會國家之基礎，所謂平等人權之新信仰，對於與此新社會新國家新信仰不可相容之孔教，不可不有徹底之覺悟，猛勇之決心；否則不塞不流，不止不行！」[17]而要達到「新社會、新國家、新信仰」的確立，就必須將革命的矛頭指向儒教倫理這一「文化焦點」：

> 儒者三綱之說，為一切道德政治之大原：君為臣綱，則民於君為附屬品，而無獨立自主之人格矣；父為子綱，則子於父為附屬品，而無獨立自主之人格矣；夫為妻綱，則妻於夫為附屬品，而無獨立自主之人格矣。率天下之男女，為臣，為子，為妻，而不見有一獨立自主之人者，三綱之說為之也。緣此而生金科玉律之道德名詞，——曰忠，曰孝，曰節，——皆非推己及人之主人道德，而為以己屬人之奴隸道德也。[18]

因此，陳獨秀主張要解除這非人道的奴隸道德，以恢復男女青年的「獨立自主之人格」。

這種「孔子之道」作用下的傳統中國文化，與西洋文明形成了明顯的差異。要在中國實施民主的共和憲政，就必須從文化聚焦點上廢除孔教儒經，代之西洋現代學理和政治規範。所以陳獨秀在〈孔子之

---

17 陳獨秀：《獨秀文存》第七十九頁。
18 陳獨秀：《獨秀文存》第三十四－三十五頁。

道與現代生活〉中反覆強調在倫理上進行革命的重要性和必要性，他認為要從學理上弄清「孔子之道」是何物，然後才能使「現代生活」開始起步。同時，陳獨秀明確地指出，「倫理的覺悟，為吾人最後覺悟之最後覺悟」。因為：

> 倫理思想，影響於政治，各國皆然，吾華尤甚。儒者三綱之說，為吾倫理政治之大原，共貫同條，莫可偏廢。三綱之根本義，階級制度是也。所謂名教，所謂禮教，皆以擁護此別尊卑明貴賤制度者也。近世西洋之道德政治，乃以自由平等獨立之說為大原，與階級制度極端相反。此東西文明之一大分水嶺也。
>
> 吾人果欲於政治上採用共和立憲制，復欲於倫理上保守綱常階級制，以收新舊調和之效，自家衝撞，此絕對不可能之事。[19]

陳獨秀認為當時左袒孔教者，都是心懷復辟企圖之輩，因此要毀掉孔廟，廢棄儒教。他甚至不無偏激地指出，「全部十三經，不容於民主國家者蓋十之九」[20]，須焚禁此物，方可使社會進步。隨著陳獨秀的革命性呼喊，吳虞、錢玄同、胡適、易白沙、魯迅、周作人、李大釗等都作出了積極的回應，向儒教的「倫理文化」開戰，且在言論和思想上，又都較陳獨秀更進了一步。吳虞是激烈地去打「孔家店」，要對儒教進行徹底的革命：「儒教不革命，儒學不轉輪，吾國遂無新思想、新學說，何以造新國民。」[21]時值「五四」高潮到來，在強大文化批判的衝擊波下，這一封建文化的主體，儒教「經學也就氣息奄奄，危如朝露」[22]了。

---

19 陳獨秀：《獨秀文存》第四十一頁。

20 陳獨秀：〈複錢玄同〉，《新青年》第三卷第四號。

21 吳虞：〈儒家主張階級制度之害〉，《新青年》第三卷第四號。

22 湯志鈞：《近代經學與政治》第三四六頁，中華書局一九八九年版。

緊隨其後的魯迅的小說《狂人日記》、《祝福》、《孔乙己》的發表，胡適的劇本《終身大事》、譯介易卜生《娜拉》、論文〈貞操問題〉的出現，對倫理文化的批判進入了形象化的國民靈魂的層面，批判矛頭深入到國民的集體意識之中。魯迅概括中國的倫理文化為「吃人」，胡適則抨擊正在「吃人」的社會，從而使思想革命借助文學革命由知識階層擴大到廣大民眾，成為一場影響深巨的群眾性運動。文學革命借重思想文化革命的理性先導，直面人生，關注社會，剖析文化基因；思想文化革命又因文學革命而插上藝術的形象化的翅膀，飛得更高更遠。可以說，沒有新文化運動的思想革命作先導，就不可能很快產生魯迅、胡適等一批啟蒙文學家反禮教、反儒教的「文化小說」、「文化戲劇」。同時，這一批「文化小說」、「文化戲劇」的出現，又標誌著新文化運動的深化和成功。

新思潮衝擊波：「集體麻木狀」和「道德逼迫感」被解除

中國文化傳統有特別看重人文精神和崇尚道德理性的兩個方面，但到了「五四」時期，由於科學、民主等新思潮的衝擊，原有的人文精神被視為迷信偽科學，道德理性被個性解放所取代，從而一個「重新估定一切價值」的時代到來了。儒教倫理秩序失去了原有的對社會的控制，也失去了原有的神聖不可侵犯的尊嚴，乃至「化神奇為腐朽」，被列入文化遺毒和醜惡之列。原來讓人敬重、崇信的東西，卻需要經由「評判的態度」重新鑒定有無價值，有無益處，有無存在的必要。一向被敬重的儒教倫理文化被當作學術問題來研究，而不是被敬若神明。尤其是一代啟蒙思想家陳獨秀、胡適、李大釗、魯迅、周作人等都曾留學國外，他們拿西方現代文明和明治維新後日本的國強民富，來和國內的醜惡現實對比，大都產生一種「文化自卑」意識，在心理上先解除了中國人一向唯我獨尊的天朝模型的優越感，代之以文化上的自卑尊他意識。自卑並不是一件壞事，它完全可能是一種自我超越的前意識和內驅力。因此，可以說這種「文化自卑」實乃一種「文化危機」感下的憂患、焦慮和哀其不幸、怒其不爭的心理集聚，是一種世紀初新人的內在精神氣質。因為他們都受到達爾文進化論、尤其是社會達爾文主義（嚴復譯赫胥黎的《天演論》）巨大、積極的影響，並「拿來」當作向封建文化開戰的武器。特別是在中國近幾十年屢戰屢敗的屈辱之下，他們都感到中國在世界的生存競爭中，會因劣被汰、因弱被食。因此，強烈的愛國主義情感（愛之深，恨之也深，看得也就越透）的驅使下，他們大都採取極端的思維方式，用自己文化的劣根性來和西洋文明的精華相比，以刺激麻木的國民，喚醒他們酣睡的靈魂。因為中國人把這些劣根性的東西早已當成文化的一部分加以迷信和敬重，甚至成麻木狀態，習焉不察，它們的存在也就合理合情了。

針對這種麻木狀態，魯迅以阿 Q 為個體文化典型加以解剖，指出了其內在精神枯萎的「精神勝利法」；胡適從「差不多先生」身上找出了中國人的麻木、不求進取、不負責任、得過且過的偷生苟安特性。這是中國人靈魂深處被儒教倫理腐蝕了的最顯著的特徵。

為了改變國人靈魂的麻木狀態，首先要把這種「狀態」大膽地暴露於新時代科學的理性之光中。魯迅、胡適切中肯綮地對中國文化的劣根部分給予了真實的概括和生動的形象化的表現。如魯迅筆下那劣根的「國民性」表現為無聊、自私、麻木、自尊、自大、自賤、庸俗、陳腐，以及一些文化意象：窩裏鬥、染缸、看客、二丑、奴才等等。胡適筆下那骯髒的「國粹」實際上是：辮子、纏足、納妾、嫖娼、節烈、抽鴉片、迷信鬼神、四代同堂、不負責任、差不多……他們拿這些傳統文化中的糟粕（「國渣」）去和西洋現代文明中的精華：科學、民主、自由、人權、平等、博愛、法治、公義、責任等相比，目的不是在自輕自賤、自我抹黑，而是用一種雙向的並非等質的終極對比，刺激國人的沉睡麻木狀態，力圖使青年人走向健全的自主、自由的發展之路。

與麻木狀同時存在的還有被儒教倫理文化控制著的「三綱」、「五常」的思想。在這種禁錮下，國民產生一種道德逼迫感，並且代代相因就範而很少有反抗之聲。對此，陳獨秀、胡適、魯迅、吳虞、李大釗、易白沙、周作人等都積極地在反孔教、批儒學的過程中，努力為國人求得一個解除道德逼迫的門徑。他們首先否定國民倫理觀中最敏感的貞操、節烈、孝、禮、無後等道德觀念，並宣揚健全的個人主義，鼓勵個性解放和戀愛、婚姻自由，主張寡婦改嫁，不視被強暴所傷的女性為不貞；主張對不貞節（納妾、嫖妓）的男子，女子沒有守貞節的義務；主張無後不為不孝，反對節烈，主張女子受教育等等。在為國民、尤其是為青年指明解除道德逼迫感的方法和途徑的同時，這一代啟蒙思想家又以實際的蔑視孝道禮俗的行為，為青年人作了「示範」。如陳獨秀發動「家庭革命」，主張「非孝」，與父親斷絕關係（陳獨秀是為革命工作之故，同時他父親也怕這位養子連累自己而宣佈他們脫離父子關係）；追求戀愛自由，反對包辦婚姻，改娶他的小姨子為妻。

「新青年」只有解除了道德上的逼迫感，從麻木狀態中走出，投身社會實踐，才能成為一個獨立的、自由的個人。對此，胡適明確地概括為「健全的個人主義」。

文學語言符號變異：新文化邁向現代化坦途的新載體

「文化即在滿足人類的需要當中，創造了新的需要。」[23]尤其是作為文化顯示功能層的知識體系，不僅聯接了人類的各種活動，並將過去的經驗傳遞於將來的活動，而且這種「知識體系」同時又有一個普遍的原則，即它的相對的「永久性，普遍性，及獨立性」[24]。在個體的

---

23 〔英〕馬林諾夫斯基著、費孝通等譯：《文化論》第九十一頁，中國民間文藝出版社一九八七年版。

24 〔英〕馬林諾夫斯基著、費孝通等譯：《文化論》第十八頁。

生命過程與人類發展歷史之中，語言即思想。為了能夠獲得知識，我們必須借語言文字符號的能指和所指，達到我們對現實世界新的知識價值的承諾和文化建構，並在複雜的變革中顯示出它作為一種進步的「文化模式」——對舊的「文化模式」的革命性超越。可以說「五四」新文化運動為新文學精神的自由和成功帶來了契機，反過來，新文學精神又成為推動新文化的「創造性因素」。

文學是一個相對穩定的能動變數，而作為文學載體的語言符號則趨於相對的守恆。在中國文學的發展、演進歷程中，知識階層對文學的改良，尤其是對「活的文學」都有自覺的要求，其目的都是要給文學注入新的生機和活力。他們配合思想解放的潮流，使文學由貴族化走向世俗平民化（獨抒性靈，信手信腕），或使文學參與維新變法，興國興民。只是他們在對傳統文學的變革中所扮演的角色為局部的「改良」，在文學創作的實踐中追求的是「活的文學」創造。事實上，只追求「活的文學」還是遠遠不夠的，因為語言符號還要負載人的思想、情感。

到了清末，由於梁啟超等人倡導、實踐的「新文體」的出現，與「詩界革命」、「小說界革命」相映生輝，為語言符號由近代向現代轉變起到了相應的過渡性作用。但是這一局部的漸變，卻招致「國粹派」文化保守主義者的反撲。鄧實在〈雞鳴風雨樓獨立書〉中說道：「一國有一國之語言文字，其語文亡者則其國亡，其語言文字存者則其國存。語言文字者，國界種界之鴻溝，而保國保種之金城湯池也。」並感傷地歎息道：「昔者英之墟印度也，俄之裂波蘭也，皆先變亂其言語文字，而後其種族乃凌遲衰微焉……學亡則國亡，國亡則亡族。」[25]一九一七年以後，由於「文化移植」帶來的變革和新的「文化模式」的出現，文學獲得了真正的新生的機會。於是，在新文化運動的基礎上出現了「白話文學運動」，即「國語運動」，並因「人的文學」的新質的注入，

---

[25] 轉引自胡逢祥、張文建：《中國近代史學思潮與流派》第二九一頁，華東師範大學出版社一九九一年版。

為中國文學帶來了一場偉大的革命，從而改變了原有的語言符號的文化承受機制，且為文學開闢了廣闊的大眾文化市場。同時，白話文作為國語成為多民族國家文化重建和國家統一的語言工具。

在「五四」新文化運動中，以語言符號為文學轉型的突破口的首倡者、實踐者，為胡適、陳獨秀、魯迅、周作人、錢玄同、劉半農、黎錦熙等。其中胡適在理論上確立了白話文學的正宗地位，並以新詩創作為中國詩歌帶來了一次革命性轉折。陳獨秀從思想文化上給白話文的革命性進程以理性的推動。魯迅在小說創作中，以「文化」為開掘重心，推出一批「文化小說」，並以他的深刻和睿智，借助白話這一新文學的工具，實現了他「改造國民靈魂的文學」的理想和企求。周作人用清新、灑脫、自然的文筆為散文開拓了一個新天地。同時也可以看到，周氏兄弟在新文學運動發生的十年前，曾試圖進行文學革命的實驗，由於沒有白話文這一語言符號的變異機遇和符號的絕對給予，未能成功。他們寫的詰屈聱牙的文學論文和用古文翻譯的小說，很少人去看，得不到讀者的回應，也沒能達到他們創作的目的。正是有了一九一七年新文學革命的成功，白話文學時代到來，周氏兄弟才得以扮演他們啟蒙思想家和文學家的角色，實現著他們的文學之夢。

文學革命在語言符號上的突破性進展，為新文化運動增添了一把所向披靡的理性之劍，也為新文化邁向現代化的坦途提供了新的文化載體。一個時代有一個時代的文學，同時語言文字作為載體又必須與之相適應。新的「文化模式」的展開，也就相應地出現了新的符號載體，二者相輔相成，共同為新世紀中國文化革命和建設確立了以「新」為契機的共時之約。白話文學的出現，為中國由傳統向現代「轉型」起到了重要的符號載體的作用。

我這裏不拿魯迅來全面比較，只說其中的一點。周氏兄弟因受章太炎以復古為解放的「文學復古」（實際的「文章復古」）的激進民族主義思想的影響，從漢民族文化的最基本元素「小學」（語言文字的形、聲、義）入手，作反清排滿的最根本的政治顛覆。因此，他們所用的語文表達方式，是最純正漢語的古文。作為激進民族革命的政治鬥爭方可，但作為大眾文學的傳播卻走進了死胡同。一九一七年以前，魯迅就開始了小說創作，語言形式是文言文的《懷舊》，可說沒有任何影響。他和弟弟周作人用古文文體翻譯的《域外小說集》，只賣了二十一冊。論說文〈摩羅詩力說〉、〈文化偏至論〉等詰屈聱牙，也是曲高和寡。其原因是缺乏新的語言工具，未進入文化－文學的變革時代。於是，魯迅陷入了「鐵屋子」的自我囚禁，一度對文學創作失去了信心，懷疑文學創作的意義指向，只好以「鈔古碑」度日。這個「鐵屋子」的自我囚禁可說是「語言的牢籠」。是胡適開啟的白話文學時代，以及作為語言工具的白話文學成為魯迅打開「鐵屋子」的鑰匙。正是《新青年》為魯迅提供了一個走向文學輝煌的舞臺。這也許就是語言工具的意義。胡適對這一語言工具歷史性的清醒認識，使他在一九二二年所寫的〈五十年來中國之文學〉一文中對周氏兄弟有如下的示例：

> 古文究竟是已死的文字，無論你怎樣做得好，究竟只夠供少數人的賞玩，不能行遠，不能普及。我且舉一個最明顯的例。十幾年前，周作人同他的哥哥也曾用古文來譯小說。他們的古文工夫既是很高的，又都能直接瞭解西文，故他們譯的《域外小說集》比林譯的小說確是高的多。
>
> ……但周氏兄弟辛辛苦苦譯的這部書，十年之中，只銷了二十一冊！這一件故事應該使我們覺悟了。[26]

胡適是主證據說話的，他在一九二二年的這時候能夠用具體的二十一冊來說事，是得自周氏兄弟。魯迅在一九二一年上海群益書社出版的《域外小說集》新版序言中說道，當時在日本得浙江友人資助第一冊印一〇〇〇冊，賣掉二十一本；第二冊印五〇〇冊賣掉二十本；那第一冊多賣出的一冊是他們自己託人買來驗證定價的。在上海也只

[26] 胡適：《胡適全集》第二卷第二八〇－二八一頁。

有二十冊上下，其他遭火災燒毀。[27]因為這時候他們三人的關係很好，彼此相互借書。後來魯迅對此有專門的文章。

我在一九九四年出版的《傳統與現代之間》一書中，曾論及此事，並寫下這樣一段話：

> 在這裏，胡適注意到用古文譯小說同樣可以做到「信、達、雅」，但是得不償失，終究還是要失敗的。周氏兄弟也正是由於這次失敗，才認清了舊文學的底蘊，並反戈一擊，加入新文學革命的陣營，成為新文學的兩員主將。胡適最早認識到了周氏兄弟的這一歷史性轉變，並從史的發展及教訓上加以正確的張揚，從而為文學革命運動的價值導向提供了一個強有力的證據，也為埋葬舊文學譜下一曲無情的輓歌。[28]

對於魯迅來說，胡適是他的文學價值和意義存在的外在條件。這是我就文學本身（不及其他）最簡單、最直接，也最感性的說辭。你可以不同意我的意見，但事實正是如此。

因為，在胡適的直接推動下，一九二〇年一月北洋政府教育部下令小學一、二年級課本廢止文言文，改用國語；一九二二年錢玄同發表〈漢字革命〉；一九三〇年二月教育部又通令全國學校厲行國語，並將國語推行到政府行政系統的公文。一九三五年錢玄同起草〈第一批簡體字表〉；一九四九年以後大陸的漢字簡化，是胡適、錢玄同之前想做而沒有成功的事。

魯迅依靠白話文為工具，成為新文學作家後，他對白話文的個人感情是超乎尋常的。一九二二年一月，反對新文化和白話新文學，特

---

[27] 魯迅：《魯迅全集》第十卷第一六一－一六二頁，人民文學出版社一九八一年版。

[28] 沈衛威：《傳統與現代之間——尋找胡適》第二一四頁，河南大學出版社一九九四年版。

別是反對胡適的刊物《學衡》創刊時，胡適本人不屑應答。最先起來反擊，並且態度堅決的是周氏兄弟。

《學衡》伊始，反對新文學的三個最堅決的人物胡先驌、梅光迪、吳宓恰好都曾留學美國。胡先驌為植物學家，對舊體詩詞情有獨衷。梅光迪、吳宓是西洋文學教授。三人都不是研究國學的，而提倡國故。然而，提倡中庸、節制、紀律的人文主義思想，反對浪漫主義文學和新文化的梅光迪、吳宓，日後卻都陷入浪漫主義的愛情與婚姻的新舊道德困境，與胡適、魯迅又恰成反比。

一九二二年二月四日《晨報副鐫》第三版「雜感」欄刊登了式芬（周作人）的〈評《嘗試集》匡謬〉，該文對胡先驌的批評逐個批駁。魯迅在二月九日《晨報副鐫》，以「風聲」為筆名發表〈估《學衡》〉。他的結論是：

> 總之，諸公掊擊新文化而張惶舊學問，倘不自相矛盾，倒也不失其為一種主張。可惜的是於舊學並無門徑，並主張也還不配。倘使字句未通的人也算是國粹的知己，則國粹更要慚惶煞人！「衡」了一頓，僅僅「衡」出了自己的銖兩來，於新文化無傷，於國粹也差得遠。
>
> 我所佩服諸公的只有一點，是這種東西也居然會有發表的勇氣。[29]

我說魯迅對白話文個人感情是超乎尋常，在他一九二六年五月發表的〈二十四孝圖〉一文中有更加明確的表白。他先說：

> 我總要上下四方尋求，得到一種最黑，最黑，最黑的咒文，先來詛咒一切反對白話，妨害白話者。即使人死了真有靈魂，

[29] 魯迅：《魯迅全集》第一卷第三七九頁。

> 因這最惡的心，應該墮入地獄，也將決不改悔，總要先來詛咒一切反對白話，妨害白話者。
>
> 自從所謂「文學革命」以來，供給孩子的書籍，和歐，美，日本的一比較，雖然很可憐，但總算有圖有說，只要能讀下去，就可以懂得的了。可是一班別有心腸的人們，便竭力來阻遏它，要使孩子的世界中，沒有一絲樂趣。[30]

所以，魯迅極端的結論是：「只要對於白話來加以謀害者，都應該滅亡！」[31]《三閒集》所收〈無聲的中國〉一文，更是強調：「我們此後實在只有兩條路：一是抱著古文而死掉，一是舍掉古文而生存。」[32]

直到一九三四年底，魯迅的語言文字觀念還是如此極端。他在〈關於新文字——答問〉一文中說：「方塊漢字真是愚民政策的利器，不但勞苦大眾沒有學習和學會的可能，就是有錢有勢的特權階級，費時一二十年，終於學不會的也多得很。……所以，漢字也是中國勞苦大眾身上的一個結核，病菌都潛伏在裏面，倘不首先除去它，結果只有自己死。」[33]。

我認為作為文學家的胡適與魯迅，白話文是他們最為直接的立身的根基。其他各種選擇可以因各自利益、興趣的不同而分歧，唯獨這一點所結成的同盟牢不可破。

大眾文學得勢：新舊文學之爭的結果

在文化發展的基本模式中，只有文學藝術這一能動的變數，既能為我們帶來十足的貴族、士大夫氣，又能使我們通過這一文化表現形式，走向最底層的社會，乃至野蠻的荒原之中。「五四」新文學運動使

---

30 魯迅：《魯迅全集》第二卷第二五一頁。
31 魯迅：《魯迅全集》第二卷第二五二頁。
32 魯迅：《魯迅全集》第四卷第十五頁。
33 魯迅：《魯迅全集》第六卷第一六〇頁。

中國文學由貴族、士大夫階層走向平民，形成了一種新的現代文學形態。這一形態的基本特性可概括為大眾文學。

從一九一五－一九一六年胡適與梅光迪、任叔永等人關於白話文學、白話詩的最初論爭，到一九一七年以後新文學與舊文學的較量——胡適、陳獨秀、魯迅、錢玄同、劉半農、周作人等與林紓、梅光迪、吳宓、胡先驌、章士釗等文學保守勢力的鬥爭，可以看出，在歷史的急劇變革中，舊文學無力抵抗新文學的全面攻勢而潰敗。可以說，自一九一七年一月胡適在《新青年》上登出〈文學改良芻議〉，提出文學的「八事」開始，傳統的舊文學的主流地位走到了盡頭。胡適的「八事」通過文學語言革命的基本途徑去解決舊文學作為「死文學」的最嚴重的弊端，為文學尋找「活」路——「活的文學」：

> 我主張用白話作詩，友朋中很多反對的。其實人各有志，不必強同。我亦不必因有人反對遂不主張白話。……
>
> 新文學之要點，約有八事：（一）不用典。（二）不用陳套語。（三）不講對仗。（四）不避俗字俗語。（五）須講求文法。（六）不作無病之呻吟。（七）不摹仿古人。（八）須言之有物。[34]

陳獨秀從思想文化的高度把握白話文學的發展趨向，為胡適推波助瀾，尤其是他在〈文學革命論〉中提出了「三大主義」，為文學革命確立了基本的思想導向——「推倒雕琢的阿諛的貴族文學，建設平易的抒情的國民文學」；「推倒陳腐的鋪張的古典文學，建設新鮮的立誠的寫實文學」；「推倒迂晦的艱澀的山林文學，建設明瞭的通俗的社會文學」[35]。特別是陳獨秀對「三大主義」的進一步解釋，為新文學走向平民、社會、大眾提供了最基本的理論依據：

---

[34] 胡適：《胡適全集》第二十八卷第四三九頁。

[35] 陳獨秀：《獨秀文存》第九十五－九十六頁。

> 際茲文學革新之時代，凡屬貴族文學，古典文學，山林文學，均在排斥之列。以何理由而排斥此三種文學耶？曰：貴族文學，藻飾依他，失獨立自尊之氣象也；古典文學，鋪張堆砌，失抒情寫實之旨也；山林文學，深晦艱澀，自以為名山著述，於其群之大多數無所裨益也。其形體則陳陳相因，有肉無骨，有形無神，乃裝飾品而非實用品；其內容則目光不越帝王權貴，神仙鬼怪，及其個人之窮通利達。所謂宇宙，所謂人生，所謂社會，舉非其構思所及，此三種文學公同之缺點也。此種文學，蓋與吾阿諛誇張虛偽迂闊之國民性，互為因果。今欲革新政治，勢不得不革新盤踞於運用此政治者精神界之文學。[36]

時值「五四」高潮，白話文學全面展開，從理論上看，周作人由相對抽象的「人的文學」，轉向「平民文學」的主張。北京有「新潮」詩人群的崛起，魯迅文化小說的深刻和尖銳，周作人散文「小河」般的自然清新；上海郭沫若的詩歌中「女神」再生；杭州湖畔詩人「蕙的風」吹起；南京保守的東南大學裏信奉基督教的心理學教授陸志韋也開始了新文學的「渡河」。他們共同為中國文學帶來了新的生機，並呈現出最初的輝煌。同時，「白話文學」也給思想文化革命以強大的活力，以致舊派文人和保守派文化勢力無力抵抗這一文學新潮。新文化使中國文學真正走向了「大眾」，同時也使整個文化趨於「大眾文化」。到了這時，新文化運動才真正走向群眾，深入人心。而這一點又絕對得力於語言文學符號變異後產生的「大眾文學」的傳播。

作為「大眾文學」，其基本含義應該是，它的文學形式和內容上相對的通俗性、現實性是大眾的，在傳播的量的測定上是大眾的，即有意識地用文學把最大量的資訊傳達給最大多數的人。從「白話文」到「白話文學」，並將其應用於新文化的傳播，「這意味著借助群眾性交

---

[36] 陳獨秀：《獨秀文存》第九十八頁。

際手段，社會力圖使社會最大多數成員獲得最大限度的文化資訊。由於群眾性交際手段的多樣性，它們具有同樣順利地、迅速地、卓有成效地、並在同等數量上傳遞科學、藝術、政治、經濟、意識形態、宗教以及其他資訊的能力」[37]。文學資訊的性質和它的思想傾向性，以及對整個文化的影響，又都取決於文學本身自然、真實的語言表現形式。「白話文學」作為一種直面人生、關注現實的「大眾文學」，通過對「大眾文化」的啟動，使之由傳統文化向現代文化作順時的轉折，並將其現實價值充分體現出來。

創造性轉化：新文學的誕生與輝煌

一九一七年之前，突出的先行者有嚴復、黃遵憲、梁啟超、王國維、黃遠庸。一方面，他們從心理上並沒有完全打破「中學為體，西學為用」的文化模式；另一方面，他們從實踐上促成中國文學觀念的轉變，這種轉變是量上的，漸變的。但同時，由於維新改良派和革命派各自的立足點不同，他們對文學的借助又帶有明顯的功利性和實用性，所以直到胡適、陳獨秀等發起新文化運動，文學才真正全面地獲得它的新值、新質。

一九一七年以後的新文學與舊文學的顯著不同在於，這種由傳統到現代的創造性轉化，是全方位、多層次的，並以整個文化的變革為背景。而過去幾千年舊文學的進化過程多是在文學內部實行局部的調整和革新。一九一七年以後的新文學，從作家的文學觀念看，明顯地體現出開放的世界文學意識、悲劇意識、創新意識。從新文學的社會學屬性看，包含了文化實體的開掘、社會機制的批判、社會的參與、對生活的干預、對人生的指導。從文學的外在形式看，小說、詩歌、戲劇、散文、報告文學全面新生，並完成了由文言向白話、古文文學

---

37 〔蘇〕尼・瓦・貢恰連科著、戴世吉等譯：《精神文化——進步的源泉和動力》第一五四頁，求實出版社一九八八年版。

向白話文學的順轉。從文學的精神形態看，文學中人的意識覺醒，完成了由載道向「毀道」的轉折，之前文學中占主導的虛偽的道統觀念敗落，文學張揚出人道主義和自由主義精神；悲劇精神的升騰，帶來對瞞和騙的「大團圓」模式的揭穿和批判，從而使文學走向真實，並在此基礎上出現了文學走向平民化、大眾化的趨勢，進而把帝王將相、鬼神妖怪趕出文學的殿堂。

可以說，中國歷史上任何一個時代的文學都不曾像「五四」新文學這樣銳意介入社會生活，喚起人的覺醒，參與思想解放運動，並在「轉型」後的政治社會生活中，為新文化的重構起到了積極的作用。同時，也只有「五四」新文學達到了與世界文學發展同步，進入了世界文學那既多元循環、又一體化行進的序列之中。在這最初的輝煌之下，是一個新世紀的文學創造的精英群體：啟蒙者和覺醒者兩代作家的接力行進。從《新青年》作家群到《新潮》詩人群，以至「文學研究會」、「創造社」（一九二一年）的同時崛起，共同為新文學的輝煌帶來了相應的精神空間和歷史的機遇。

總之，文學的歷史的長河，是不息的流動，文學本身又有傳承和發展。每個先行者都是這歷史鏈條中的一環。

在這樣一個歷史的大背景下看待胡適，我們可以說他對中國新文學的最大貢獻，在於他抓住了歷史的機遇，認清了清末白話文運動的流向及其優長、缺陷，並對其加以正確的引導。他在這種已經蓬勃發展的白話文運動的基礎上，重新調整了行進的步伐和性質，並進行果斷的定位（具體過程見胡適的〈逼上梁山〉）。胡適把白話文由原本只在文人筆下作為個別、局部裝點的白話文，擴大到文學創作的一般、全體，使其成為內在創造精神上的自覺；將白話的使用對象從下層社會或部分文人（主要是民間藝人），擴大到整個社會階層，使其成為一種書面的工具性語言，並為大學教授和文學創造者所接受。而且這種接受不單單是工具、形式上的應用，更重要的是精神、心理上的承受。正如胡適自己所說的：「白話並不單是『開通民智』的工具，白話乃是創造中國文學的唯一工具。白話不是只配拋給狗吃的一塊骨頭，乃是我們全國人都該賞識的一件好寶貝。」[38]

於是，我們有了魯迅，有了更多的文學新人。同時也有了新文學輝煌的開始。[39]

---

[38] 胡適：《胡適全集》第二卷第三二九頁。

[39] 本章根據為本科生、碩士生授課的講義整理而成，部分內容先行刊印在《傳統與現代之間——尋找胡適》中，河南大學出版社一九九四年版。

現代大學的兩大學統
——以北京大學、東南大學－中央大學為主線考察

學統所指

這是一份論綱，一些具體的細節，體現在我已經出版的《「學衡派」譜系——歷史與敘事》（江西教育出版社二〇〇七年版）、《大學之大》（人民文學出版社二〇〇七年版）兩本專題研究著作中。因敘述事實，材料有重複使用，互見部分，不另注。我在前者的「後記」中提出了這樣的話題：每一所大學都有屬於自己的「歷史」，但不是每所大學都形成了可以言說的屬於自己的所謂「大學精神」和「學術傳統」。中國大學很多，有學術特色，形成學派的卻很少。「學統」是「大學精神」和「學術傳統」的合稱，並非一個周延的概念。「大學精神」是校長、教授和學生三者合力的社會化展示；「學術傳統」是「大師」的魅力發散。這裏我提出「現代大學的兩大學統」的命題，主要指人文學科，這也正是建立在我對多所大學歷史的研讀之後，同時也是我在「學衡派」研究基礎之上的進一步整合、昇華，即「問題」的發現和提出。既然是「大學統」之說，也就有個別的「小學統」的存在，不可一概而論，陷入絕對。本文的「兩大學統」之論，也只是一個相對的說辭。同時存在的還有某校某學科或某專業，因具體的地緣優勢和特殊的個人開創的某一學科的強大，並在梯隊和後繼者的努力下形成的「小學統」。但這種相對單一的學科優勢並不足以左右中國現代大學人文學科的整體發展走向。

一九四九年之前民國時期的現代大學形態，基本上是三大版塊：公立大學、私立大學、教會大學。而教會大學相對於中國政府的學校實際上也是屬於私立。

辦學首先需要經費，上述三大版塊的大學群落的經費來源明顯表現出：公立大學由政府出資、私立大學由民間集資、教會大學由教會贊助。

由於經費決定辦學，所以就出現大學運作中三種力量：

公立大學受制於政府的國家權力和主流意識形態，主要體現在校長的任命和經費來源。私立大學（如南開大學）受制於民間財團和個人的資助，受校董事會的權力制約，但同時受校長個人人格魅力的強烈影響。因此體現出私學家法的特性，尤其注重學生的人格陶冶。教會大學（如燕京大學、金陵大學）的特殊屬性是其有必須要遵從的教義教規的前提，和西洋文化的接受，才可能有自由發展，同時由教會力量，對學生進行心靈的滲透。

民國時期公立大學必須要面對的動盪就是政治勢力作用下的校長任命和學潮。私立大學和教會大學相對要穩定得多。北京大學、清華大學、中央大學都有過因校長去留和任命時發生的動亂。好的校長，反倒可以穩定、發展和振興學校。羅家倫穩定發展中央大學九年，梅貽琦穩定發展清華大學十八年，竺可楨穩定發展浙江大學十三年[1]。

本文所謂的「學統」是以公立大學中的國立大學為討論對象。首先我引用霍爾丹勳爵在《大學和國民生活》中的名言：「大學是民族靈魂的反映。」[2]因為民國時期國立大學必須要承擔起民族國家重建過程中的培育人才、學術研究的重任，在教育、學術的雙肩上，還必須有民族文化精神和國家主流意識形態的責任擔當。這是民族國家對自己國立大學的政治期待和要求。因此，羅家倫一九三二年上任伊始，首

---

1 竺可楨興浙江大學的手段之一是「用人校長有全權，不受黨政之干涉」。竺可楨：《竺可楨日記》第一冊第十八頁，人民出版社一九八四年版。

2 亞伯拉罕•弗萊克斯納：《現代大學論》（徐輝等譯）第二頁，浙江教育出版社二〇〇一年版。

先在《中央大學的使命》的演講中強調「要把一個大學對於民族的使命認清，從而創造一種新的精神，養成一種新的風氣，以達到一個大學對於民族的使命」[3]。私立大學和教會大學所具有的相對獨立的自在屬性，是國立大學所沒有的。因此，國立大學的教授們一直在爭取教育獨立，即爭取學術獨立、學術自由，但始終沒有成為現實。這自然是由其本身的「國立」屬性所決定。

下面將由九個話題，或詳或略，展示兩大學統的不同和基本的歷史演進。

大學空間

激進的「新青年」－「新潮」派的學脈在大學空間的分佈

北京大學、中山大學、武漢大學、清華大學、青島大學－山東大學、西南聯合大學、臺灣大學的人文學科是一個學統。因為他們有師資的內在關聯，特別是北京大學的文科教授對後者幾所大學學科建設的支援，同時也帶來了北大求新、求變的學風和自由主義思想資源的發散。《新青年》所張揚的科學與民主精神，為後來者樹立起鮮明的標杆。《新潮》對《新青年》繼承和超越時所列舉的新「元素」是：批評的精神；科學的主義；革新的文詞[4]。這自然與胡適作為前者的「顧問」、「指導」有密切的關係。

廣東高師向廣東大學和中山大學的轉型過程，與廣州作為國民黨革命的中心有關，這個轉型的實際師資力量來自北京大學。中山大學的初形，尤其是文科，簡直像一個新的北京大學。

據一九二七年八月二十五日出版的《國立中山大學》第十九期的〈本校文史科介紹〉所列的教授名單看，他們大都是出自北京大學。

3　《國立中央大學日刊》，一九三二年十月二十日。

4　傅斯年：《〈新潮〉之回顧與前瞻》，《新潮》第二卷第一號（一九一九年十月）。

「除須聘傅斯年、顧頡剛、江紹原等人外，新聘的教授有汪敬熙、馮文潛、毛准、馬衡、丁山、羅常培、吳梅、俞平伯、趙元任、楊振聲、商承祚、史祿國等」[5]。當然一部分人並沒有聘到，但也有前邊沒有提到的如魯迅、許壽裳、容肇祖（元胎）、董作賓（彥堂）、何思源（仙槎）、朱家驊（騮先）、伍叔儻（倜）、羅庸（膺中）、費鴻年等都先後到了中山大學。從上述所列舉的成員看，大多是北京大學畢業生（多為「新潮社」的核心社員），或原北京大學教授。從顧頡剛在廣州中山大學的日記看，他到中山大學的第一個月（四月十七日－五月十七日）[6]和一九二七年十月十三日－一九二九年二月二十四日的這段時間裏，其人事來往和飯局應酬，幾乎都是北大的故舊。[7]

顧頡剛本人具有編輯刊物和叢書的實際工作能力，他效仿北京大學文科的作法，為中山大學做了如下籌畫：

> 今日議定刊物四種：
> （一）文史叢刊　有文科主任及各系主任編之。
> （二）語言歷史學研究所週刊　余永梁、羅常培、商承祚、顧頡剛等編。
> （三）歌謠週刊　鍾敬文、董作賓編。
> （四）圖書館週刊　楊振聲、顧頡剛、杜定友編。[8]

中山大學的人文學科，特別是文學院長傅斯年以「語言歷史學」為路徑和門類所確立的學術研究的崛起，開學界新風。他們辦的《國立中山大學語言歷史學研究所週刊》[9]是北京大學的《北京大學研究所

[5] 轉引自陳平原：《中國大學十講》第二二三頁，復旦大學出版社二〇〇二年版。
[6] 顧頡剛：《顧頡剛日記》第二卷第三十七－四十七頁，聯經出版事業公司二〇〇七年版。
[7] 顧頡剛：《顧頡剛日記》第二卷第九十五－二五六頁。
[8] 顧頡剛：《顧頡剛日記》第二卷第九十六頁。
[9] 一九二九年一一月二十日，顧頡剛在北平收到廣州中山大學的來信，說《語

國學門週刊》的繼續和發展，同時他們也把《民俗》週刊辦起來了，更是北京大學「民俗學」研究的南下。而「民俗學」中，他們特別看好的是歌謠等鮮活的民間文學，是胡適倡導的白話新文學的一個重要的支撐力量。同時因顧頡剛、江紹原在中山大學執教，帶動了鍾敬文、容肇祖在民俗學領域的崛起。

一九二八年五月十九日，胡適在南京參加教育大會，大學院院長蔡元培動員胡適出任中山大學副校長，胡適以寫《哲學史》，和戴季陶思想反動，「恐怕不能長久合作」為理由，謝絕不去。[10]

一九三〇年代的文學院院長是原北京大學「新潮社」的社員吳康。一九四九年以後的陳寅恪、容庚、商承祚、劉節等都是北京的南下教授。中山大學的「民俗學」研究一直是傳統的優勢學科，至今設在這裏的教育部人文社科重點研究基地「中國非物質文化遺產研究中心」，就是這一優勢的體現。[11]而傅斯年認為歷史學、語言學在人文學科裡最具有科學性，隨後他在中央研究院建立了「歷史語言研究所」，直到今天在臺灣「中央研究院」還保留著這一建制。

據顧頡剛日記所示，蔡元培任中央研究院院長後，是以他原北京大學的三位弟子傅斯年、顧頡剛、楊振聲為「歷史語言研究所」籌備人。這三位原「新潮社」的弟子，此時都在中山大學。他們「三人即在粵商量籌備事宜」[12]隨後，他們三人返北京，傅斯年主事「歷史語言研究所」，顧頡剛、楊振聲分別到了燕京大學和清華大學。

言歷史學研究所週刊》出至一〇八期為止，後改季刊。他在日記中寫道：「這個《週刊》靠我的「挺」，居然能出到百期外，真算極不容易的事了。」見顧頡剛：《顧頡剛日記》第二卷第三四五頁。

10 胡適：《胡適全集》第三十一卷第一一二－一一三頁。

11 吳定宇主編：《走近中大》一書中收錄有肖向明：〈「民俗學」在中大〉，王文寶：〈容肇祖與中山大學民俗學會〉。四川人民出版社二〇〇〇年版。另有施愛東：〈中山大學民俗出版與中國現代民俗學的建立〉，《中山大學學報》二〇〇九年第一期。

12 顧頡剛：《顧頡剛日記》第二卷第一六〇頁。

一九四九年以後，在中山大學，陳寅恪對「獨立之精神，自由之思想」的堅守，王力對北京大學、清華大學語言學研究的承繼，都是這一學統的體現。

一九二八年清華學校改制為清華大學，此時的校長羅家倫、秘書長馮友蘭、教務長楊振聲，教師劉文典、朱自清、俞平伯均來自北京大學，除劉文典外，均是「新潮社」成員，是胡適的門生和朋友。作為文學院長的楊振聲曾回憶說，清華的國文系是在他和朱自清手中而興[13]。

接下來在「大學院」院長蔡元培的主持下，北京大學的師資又把武漢大學扶植起來。一九二八年七月組建武漢大學時，南京政府「大學院」院長蔡元培指派劉樹杞、李四光、王星拱、周覽（鯁生）、麥煥章、黃建中、曾昭安、任肯南八人為籌備委員[14]。李四光、王星拱、周鯁生是北京大學的著名教授，黃建中是北大畢業生，他們和隨後從北京大學來的王世傑、陳源為武漢大學的建設貢獻尤多。其中王世傑、王星拱、周鯁生先後做了武漢大學的校長。他們都是胡適的朋友。從自由主義的政治理念和文化精神上看，一九二八年以後，武漢大學因「太平洋」–「現代評論」派主要成員的到來而興。《太平洋》、《現代評論》雜誌的主要成員王世傑、李四光、王星拱、周鯁生、陳源、凌叔華、沈從文、楊端六、袁昌英、蘇雪林等人在這裏任教，另外兩位新文學作家聞一多、陳登恪（春隨）也相繼離開中央大學來到武大。陳源也曾邀請過顧頡剛來教中國歷史，並致信胡適，請他催促顧接受武大之聘[15]。胡適一九三〇年代曾以武漢大學的興盛，作為中國教育進步的典型向外國人展示，其中自有內在的學統關聯因素。

---

[13] 參見姜建、吳為公編：《朱自清年譜》第八十頁，安徽教育出版社一九九六年版。朱自清進清華是胡適推薦的。他在給胡適的心中說：「承先生介紹我來清華任教，厚意極感。」見耿雲志主編：《胡適遺稿及秘藏書信》第二十五冊第二九三頁，黃山書社一九九四年版。

[14] 《國立武漢大學一覽》（民國廿四年）第十二–十三頁。

[15] 耿雲志主編：《胡適遺稿及秘藏書信》第三十五冊第八十二頁。

當然，隨後武漢大學中文系抗衡新文學的傳統國學的力量一直很強大，連蘇雪林也必須研究古典文學，才能立身。聞一多無法立身，只好選擇離開。因為黃侃（一九二八年離開）及弟子劉賾（博平，一九一七年畢業於北京大學）的古漢語研究和教學，吳宓清華學校的同學劉永濟的古典文學研究和教學，一直是中文系的優勢和主力。

在蔡元培的主導下，一九三〇年九月二十一日，國立青島大學正式成立。前兩任校長是蔡元培的北大學生楊振聲、趙太侔。一九三〇年代，新文學作家雲集，文學之盛，得力於北大的學統的傳承。特別是一九三〇年代前半期，楊振聲、趙太侔、王統照、聞一多、梁實秋、沈從文、方令孺、鄧以蟄、張道藩、陳夢家、洪深、老舍等在此設壇，師生（學生如臧克家）互動，有矛盾，有故事，更有文學的創造。

抗戰勝利後的一九四五年底，北京大學出身的魏建功到臺灣推行國語，並執教臺灣大學。一九四九年一月二十日，傅斯年出任臺灣大學校長，將北京大學的大學精神和部分師資（如毛子水、錢思亮、姚從吾、臺靜農）帶進了台大。一九五〇、一九六〇年代堅守自由主義學統的殷海光、李敖均出自台大。

保守的「學衡派」的學脈在大學空間的分佈

南京高師－東南大學－中央大學、浙江大學、中正大學、中國文化大學的人文學科是一個學統。

蔣夢麟看到北京大學幫助中山大學、武漢大學興盛後，約胡適去辦浙大文科不成，[16]使得浙大在動盪中徘徊八年之久，一九三六年陳佈雷向蔣介石推薦了原東南大學的教授，此時任南京中央研究院氣象研究所所長的竺可楨。一九三六年四月浙大新聘竺可楨為校長後文科迅

[16] 胡適日記一九二八年三月二十五日記有：「蔣夢麟有信來，說要辦浙江大學文理科，要我去辦哲學，與外國文學兩門。我回信辭了，薦通伯任外國文學，哲學請他自兼，請單不庵幫管中國哲學的事。」見《胡適全集》第三十一卷第九頁。

通伯即陳西瀅，浙江大學未聘他，胡適將其推薦到武漢大學。

速崛起，師資主要是原南京高師－東南大學的畢業生和中央大學的教授。竺可楨從中央大學帶來了兩任文學院院長梅光迪、張其昀，中文系、外文系系主任郭斌龢（一度代理校長），教育系系主任、教務長鄭曉滄。抗戰時期「學衡派」成員主要集中此校。這一時期，在浙大的「學衡派」成員計有梅光迪、張其昀、郭斌龢、張蔭麟、王煥鑣、繆鉞、王庸、陳訓慈八人。[17]

抗戰時期江西的中正大學因原東南大學教授胡先驌而興（「學衡派」主要成員胡先驌為校長、王易為文學院長）。

一九六二年張其昀在臺北陽明山創辦中國文化學院（一九八〇年改為中國文化大學），他說自己這樣做，一方面紀念他的老師柳翼謀在南京高師－東南大學開設中國文化史課程（他為老師修建紀念堂「劬堂」），同時也是為了弘揚中國文化。

這一學統的大學文科與北京大學、中山大學、武漢大學、清華大學、臺灣大學的另一學統有明顯的對立和人員聘任上的矛盾。這在兩大學統的教授的回憶錄中都有明顯的說辭。一九二八年五月二十一日，胡適在南京中央大學演講時，特別提到五四時期，「南高以穩健、保守自持，北大以激烈、改革為事。這兩種不同之學風，即為彼時南北兩派學者之代表」。一九三五年胡先驌為紀念南京高師二十周年所作的〈樸學之精神〉一文，也有意從學術精神上分出北京大學與南京高師－東南大學不同來。他說：

> 當五四運動前後，北方學派方以文學革命、整理國故相標榜，立言務求恢詭，抨擊不厭吹求。而南雍師生乃以繼往開來，融貫中西為職志。王伯沆先生主講四書與杜詩，至教室門為之塞，而柳翼謀先生之作《中國文化史》，亦為世所宗仰，流風所被，成才者極眾。在歐西文哲之學，自劉伯明、梅迪生、吳雨

[17] 這裏只討論文科，竺可楨興對浙江大學的全面振興還包括他從中央大學請胡剛復到浙江大學做理學院長。

> 僧、湯錫予諸先生主講以來，歐西文化之真實精神，始為吾國士大夫所辨認，知忠信篤行，不問華夷，不分今古，而宇宙間確有天不變道亦不變之至理存在，而東西聖人，具有同然焉。自《學衡》雜誌出，而學術界之視聽以正，人文主義乃得與實驗主義分庭抗禮。[18]

胡先驌是激烈的反對新文化，特別是謾罵新詩，堅持寫舊體詩的「學衡派」成員。他作為科學家的人文關懷主要是對新文化運動的批評和制衡。當他有機會做校長，辦大學時，更是要體現他對南京高師－東南大學文化保守精神的守護。新文化運動高潮過後，兩大學統的初步形成：北京大學以激烈、改革為事，南京高師－東南大學以穩健、保守自持。後來的發散則是隨這兩條理路延伸和被繼承。這是大學空間裏特有的兩大學統形成的基礎。

文化形態

激進與保守作為一種文化姿態在大學校園的展示

在現代文化轉型過程中，所形成的激進、自由與保守三位一體的文化結構，實際上也是一個能動的變數，三者有互相對立、互相牽扯，互為制衡依存的複雜關係，有時甚至是互相滲透轉化。所謂激進與保守只是一個相對的說辭。特殊的文化結構中，因時間、語境的不同會有不同表現形態，沒有絕對的激進、保守的人物。北京大學激進的大本營中，仍有辜鴻銘的辮子和梁漱溟的文化守成。僅國文系就有劉師培和黃侃的保守，更有自由戀愛、自由婚姻倡導者胡適的包辦婚姻。以至於在老師指導下學生團體中有「新潮社」與「國故社」的對立（對立的師生中又有明顯的相容並包，如後者的成員羅常培隨後成為胡適

---

[18] 胡先驌：〈樸學之精神〉，《國風》第八卷第一號（一九三六年一月一日）。

派文人的重要成員）。激進與保守在北京大學國文系的對立之勢結束的明顯標誌，是劉師培的病逝和黃侃的出走。從此在文史哲多個領域同時開進的胡適的思想與學術成為北京大學文科「一貫的主導思想」[19]。

說北京大學的激進與南京高師－東南大學－中央大學的保守，不是單一的所指，是體現在一所大學的整體辦學理念、學風、學科和教授及學生的發展趨向上。就文學觀念、歷史觀念、倫理觀和社會變革企圖而言，都存在有明顯的差異或對立。特別是五四時期所形成的整體文化觀念的對立，為以後的大學學統的形成起到了關鍵的作用。後來所顯示出諸多對立、矛盾和衝突，都是有來歷的。

激進與保守的對立，自然也影響到抗戰時期「學衡派」成員集聚的浙江大學。據顧頡剛日記所示，一九四〇年四月二十七日，清華研究院國學門第二屆畢業生劉節（子植）在成都對顧頡剛說自己在浙江大學曾受到的排擠：「子植見告，渠去年到浙大，彼校罵胡適之、罵顧頡剛，成為風氣。嫌彼與我接近，曾為《古史辨》第五冊作序，強其改變態度，彼不肯，遂受排擠。」[20]

浙江大學一九四〇年二月在貴州省的遵義湄潭落定，《思想與時代》便於一九四一年八月在浙大文學院創刊。《思想與時代》沒有發刊詞，但每期有「歡迎下列各類文字」（列有六項）的啟事。胡適認為其中的前兩項就是他們的宗旨：一、建國時期主義與國策之理論研究。二、我國固有文化與民族理想根本精神之探討。

一向對「學衡派」的文化保守主義不滿的胡適，此時由「學衡派」同人新創辦的《思想與時代》的「保守」、「反動」傾向而引起警惕（到美國哈佛大學訪問研究的張其昀帶來了刊物，送給卸任大使胡

---

19 胡適日記中的粘貼剪報顯示：「一九五一年十一月十四日，北京大學湯副校長[沈按：湯用彤]召集了十三位老教授，座談北大一貫的主導思想問題。通過老教授們的親身體驗，並著重從歷來的代表人物來進行分析的結果，公認胡適是一個具有代表性的，在舊學術界集反動之大成的人物。」胡適：《胡適全集》第三十四卷第一四八頁，安徽教育出版社二〇〇三年版。

20 顧頡剛：《顧頡剛日記》第四卷第三六八頁。

適）。他在日記中寫道：「此中很少好文字。如第一期竺可楨兄的〈科學之方法與精神〉，真是絕無僅有的了（張蔭麟的幾篇『宋史』，文字很好。不幸他去年死了）。張其昀與錢穆二君均為從未出國門的苦學者；馮友蘭雖曾出國門，而實無所見。他們的見解多帶反動意味，保守的趨勢甚明，而擁護集權的態度亦頗明顯。」[21]

顧頡剛和他老師胡適對此刊物的反應是一致的。他在日記中寫道：「張其昀有政治野心，依倚總裁及陳布雷之力，得三十萬金辦《思想與時代》刊物於貴陽，又壟斷《大公報》社論。賓四、賀麟、蔭麟等均為其羽翼。賓四屢在《大公報》發表議論文字，由此而來。其文甚美，其氣甚壯，而內容經不起分析。樹幟讀之，甚為賓四惜。謂其如此發表文字，實自落其聲價也。」[22]

南京高師－東南大學在新文化運動中的保守，主要是在文史學科。哲學和教育學反倒有非常新的質變。劉伯明開的西洋哲學，湯用彤的佛學史，使得原以儒學為宗，金陵佛學為盛影響下的東南大學的哲學系，有相容並包的大氣象顯示。教育學科更一度為實驗主義新教育的重要陣地。

思想操練

實驗主義、自由主義作為一種思想資源與發散途徑

一切所謂的主義在現代中國都是待實踐檢驗證明的學說而已，沒有絕對的真理。這是五四一代啟蒙思想家都認識到的知識常識。胡適、

21　胡適：《胡適全集》第三十三卷第五二四頁。

22　顧頡剛：《顧頡剛日記》第四卷第六〇二頁。樹幟是辛樹幟（一八九四～一九七七），中國農業史學家、生物學家。一九二四年赴英國倫敦大學和德國柏林大學專攻植物分類學。一九二七年回國後，歷任中山大學生物系教授和系主任、國立編譯館館長，西北農林專科學校校長、中央大學教授兼主任導師，國立蘭州大學校長。一九四九年後任西北農學院院長。

魯迅等尤其清醒。陳獨秀是在一九四〇年代才明白。一九二一年七月胡適在《東方雜誌》第十八卷第十三號刊有〈杜威先生與中國〉，他將杜威的實驗主義哲學方法概括為「歷史的方法」和「實驗的方法」。胡適言簡意賅，說實驗的方法有三個層次：

> （一）從具體的事實與境地下手；（二）一切學說理想，一切知識，都只是待證的假設，並非天經地義；（三）一切學說與理想都須用實行來試驗過；實驗是真理的唯一試金石。[23]

一九七八年五月十一日，開啟中國思想解放運動最響的春雷為〈實踐是檢驗真理的唯一標準〉。這篇《光明日報》評論員的文章與胡適所說的「一切學說與理想都須用實行來試驗過；實驗是真理的唯一試金石」的主旨完全一致。從一九二一到一九七八，歷史的時空是五十七年。這就是胡適思想的力量，是先知既穿透歷史又發散到現實的力量。曾被批判的杜威、胡適的實驗主義思想方法，在中國歷史變革的關鍵時刻，發揮了巨大的威力。

在北京大學，校長蔡元培之後，從蔣夢麟、胡適到馬寅初，都是留學美國哥倫比亞大學的東方學子，實驗主義（一九四九年以後作為馬列主義的對立物批判時習慣用「實用主義」）、自由主義的哲學和教育理念、方法被引進到校園，形成具有北京大學特色的實驗主義、自由主義的思想力量，後來演化為一種大學精神，並形成傳統。南京師範學院院長陳鶴琴在一九五五年二月二十八日《文匯報》的批胡文章中說：「通過杜威當年的一個反動思想大本營——哥倫比亞大學，中國學生留學在那裏的經常有三百人之多，從辛亥革命起一直到解放以前，這三十多年來，上萬的中國留學生帶回杜威反動實用主義主觀唯心論思想和杜威反動實用主義教育思想。其中最顯著的當然

---

[23] 胡適：《胡適全集》第一卷第三六一－三六二頁。

要算杜威在中國的幫兇胡適了。」[24]這只是一個例子，背後是更大的學統。

新人文主義、民族主義作為一種思想資源與發散途徑

在南京高師－東南大學也有郭秉文、陶行知引進的實驗主義，但最終為這所大學所拒絕，一九二五年郭秉文被迫離開，主張新人文主義的「學衡派」成員胡先驌、梅光迪等均對他表示過不滿。陶行知的實驗主義教育理念無法在這所大學推行下去，只好另創辦曉莊師範學校。大學一方面具有相應的包容性，同時也顯示出每個大學自身的文化根基和學統。

南京高師－東南大學是新人文主義的積極倡導者「學衡派」的大本營，一九二七年以後隨國民黨定都南京，它自身中央大學地位的確立，新人文主義者向民族主義順勢轉化，具有文化保守主義的鮮明特性。《國風》的創辦，便顯示出其教授群體的整體的民族主義傾向。一九三一年以後，因外敵入侵，民族矛盾的激化，兩所大學都有相應的民族主義的高漲，但都是政治所催化，北京大學對自由主義的堅守，中央大學對民族主義的守護，各自表現出不同的路向。這可從相關的刊物和言論，特別是校長的辦學理念（羅家倫所謂「民族主義」的大學觀）看出。而羅本人是胡適的弟子，他又絕對與「學衡派」反對新文化－新文學的行為保持距離。

張其昀在杭州為一九四七年一月《思想與時代》寫的〈復刊辭〉中進一步指明了刊物宗旨。他說就過去幾年的工作而言，本刊所追求的目標就是「科學時代的人文主義」[25]。《思想與時代》「以溝通中西文化為職志，與二十年前的《學衡》雜誌宗旨相同」[26]。

---

24 此文被胡適引用。胡適：《胡適全集》第二十六卷第三〇三頁。

25 張其昀：〈復刊辭〉，《思想與時代》第四十一期。

26 張其昀：〈《中華五千年史》自序〉（一）《張其昀先生文集》第二十冊第一〇八四一頁，中國文化大學出版部一九八九年版。

刊物派別

《新青年》、《新潮》等作為大學空間裏的思想舞臺

北京大學教師中的「新青年」雜誌同人和學生中的「新潮社」成員，在思想和學術的發散上，具有明顯的傾向性，圍繞刊物的群體活動，表現出極大的派別特點。這是一個需要偉人同時又產生偉人的思想變革時代，是「大河之旁必有大城」的特殊時刻。相關的研究成果多已達成共識，這裏從略。

《史地學報》、《學衡》、《國風》、《思想與時代》等作為大學空間的另類舞臺

東南大學時期學生中的「史地學會」，教師中的「學衡社」；中央大學時期教授群體中的「國風社」；浙江大學一九四〇年代的「思想與時代」雜誌社；中正大學的「文史季刊」社，都很明顯地成為這一學統展示的陣地，並保持相對的連貫性，和學統的承傳性。張其昀說《思想與時代》「與《學衡》及《國風》雜誌宗旨相同，以溝通中西文化為職志」[27]。王易為中正大學《文史季刊》所做的〈發刊辭〉也明顯昭示出與《學衡》的文化精神聯繫。

據當時在東南大學西洋文學系讀書的胡夢華的〈評《學衡》〉一文所示：「《學衡》未面世以前，就有人鼓吹：《學衡》出版以後，對於現在的新文化運動要下一針砭，並養成一種反現在潮流的學風。」[28]事實上，《學衡》雖然標榜「融化新知，昌明國粹」，但出版後的首要工

---

[27] 張其昀：〈六十年來之華學研究〉，《張其昀先生文集》第十九冊第一〇二五七頁。

[28] 胡夢華、吳淑貞合著：《表現的鑒賞》第一四三頁，一九八四年自費再版本（臺灣）。

作就是批評、攻擊新文化運動帶來的白話新文學、新學潮、新學風。「反現在潮流的學風」是《學衡》的主要精神。胡夢華的言論反映出的是東南大學內部立場。再看校外的一種意見。據李健新發現的張謇佚箚披露，一九二二年十月二十五日，南通名流張謇在收到柳翼謀寄贈的《學衡》雜誌後有一封回信，盛讚《學衡》及東南大學。他說《學衡》雜誌「論新教育、論白話詩，乃無一非吾意所欲言。不意近日白門乃有此勝流，群口之樂也。望更寄全分三部，欲分與中學、師範諸校，為流行病之藥。吾惡知惡風之不已侵吾域耶？得此庶以為自證，以同自衛」[29]。張謇此時在南通辦有師範學校，他的門生江謙為南京高師的首任校長。他個人的言論在當時一部分舊學者和社會名流中頗具代表性。

所以胡先驌在一九三四年所刊的《梅庵憶語》中說《學衡》雜誌「刊行之後，大為學術界所稱道，於是北大學派乃遇旗鼓相當之勁敵矣」[30]。胡適卻不是這樣看的。他認為此時已經過了文學革命的討論期，反對黨已破產，白話文早在一九二〇年一月也通過政府教育部門的指令，順利進入小學一、二年級的教科書。可以說北大學派已經牢牢掌握了當時的話語權。他們除了像魯迅、胡適那樣說幾句諷刺的話外，不屑與「學衡派」人物爭辯。以至於梅光迪在〈九年後之回憶〉和〈人文主義和現代中國〉兩文中也承認，他們這種保守的反新文化－新文學的人文主義運動是失敗的。首先是「中國領導人的失敗」[31]。他們沒有認識到歷史大趨勢上的敗北，而是尋找些個人的因素，如梅光迪與胡適「旗鼓相當」時輸在「懶」上；吳宓「以拜倫自況，而發生一段羅曼史，似尤非白璧德先生信徒所宜有之事也」[32]。

---

29 李健：〈由張謇佚箚看其對《學衡》及新文化運動的態度〉，《史學月刊》二〇〇五年第8期。

30 胡宗剛撰：《胡先驌先生年譜長編》第八十二頁，江西教育出版社二〇〇八年版。

31 羅崗、陳春豔編：《梅光迪文錄》第二三六頁，遼寧教育出版社二〇〇一年版。

32 胡宗剛撰：《胡先驌先生年譜長編》第八十四頁。

南京高師－東南大學與北京大學兩者由一九二〇初期的南北對立，發展到一九三〇、一九四〇年代的教授聘任和學術思想的持續交鋒。新舊思想的交鋒，新文學的試驗與舊文學的堅守，都在這兩大高校系統的學術陣地上呈現。

先看因環境所迫導致的教授流動。

五四高潮過後，國文系的吳梅、黃侃，歷史系陳伯弢（漢章）、朱希祖都離開了北京大學，最後融入東南大學－中央大學（吳是一九二二年秋，黃、陳是一九二八年春，朱是一九三四年）。相反，在南京高師－東南大學任教的心理學教授，信奉希臘人的理想，要美的靈魂藏在美的軀殼裏的詩人陸志韋，因胡適的推薦，《渡河》一九二三年七月在白話新詩的出版陣營亞東圖書館出版，出版後又得到胡適在日記中的二度稱讚[33]。其新文學活動卻得不到東南大學師生的響應，一九二七年離開了南京到燕京大學任教。這位燕京大學的校長，因寫新詩而對語音學發生興趣，導致他一度從事專門的古音學研究。他離開東南大學是有原因的。這在他詩集《渡河》的〈自序〉、〈我的詩的軀殼〉中早有預示。他從不為反對新文學的《學衡》寫文章，他在〈我的詩的軀殼〉中說自己所在東南大學的「朋輩中排斥白話詩的居大多數」[34]，他自己的意見和那些朋輩們正好相反。他還特別表示：「無論如何，我已走上了白話詩的路，兩三年來不見有反弦更張的理由」[35]。恰如〈自序〉中所言：「我的做詩，不是職業，乃是極自由的工作。非但古人不能壓制我，時人也不能威嚇我。」[36]這種果斷與決絕，與他十年前求學時因信奉基督教而被嘉業堂堂主劉承幹中斷經濟資助的情形一樣，外在的壓力難改其志。「渡河」對於一個從傳統向現代詩壇過渡的詩人，和追求從此岸到彼岸的基督徒來說，自然是一個頗有寓意的過程。他

[33] 胡適：《胡適全集》第三十卷第四十二頁。

[34] 陸志韋：《渡河》第八頁，亞東圖書館一九二三年版。

[35] 陸志韋：《渡河》第十頁。

[36] 陸志韋：《渡河》第五頁。

說自己是耶穌的信徒，但在詩歌中並不擁護什麼宗教制度。因此「我依舊是自由人」[37]。

吳梅、黃侃、陳伯弢、朱希祖到南京立足的關鍵，是他們有共同的文化保守立場，這就使得他們的身份、學術和情誼能夠真正融入這所大學。而顧頡剛抗戰時期到重慶的中央大學歷史系，只是暫時的過客，無法真正將自己的身份、學術理念和情誼融入。

再說聘任時的矛盾鬥爭。

先是一九二五－一九二六年間清華大學對吳宓推薦的東南大學教師柳翼謀的拒絕。後來是一九四〇年代中央大學對清華學校畢業生的拒絕。尤其是中央大學校長顧毓琇推薦梁實秋到校任教時，遭到以樓光來為首的文史教授的強烈抵制。梁實秋在清華學校讀書時，是屬於新文學派。一九二六年九月－一九二七年四月梁實秋在東南大學任教。他在《槐園夢憶》中說：「我拿著梅光迪先生的介紹信到南京去見胡先驌先生，取得國立東南大學的聘書。」[38]但他並不適應此時東南大學的人文環境，也從不為《學衡》寫文章，只是編了一本《白璧德與人文主義》的文集。他到上海後，成了胡適領導的《新月》的總編輯。他在《影響我的幾本書》中列了八本書，排在前三位的是《水滸傳》、《胡適文存》、白璧德的《盧梭與浪漫主義》。他說胡適影響他的地方有：明白清楚的白話文、獨立思考的思想方法和認真嚴肅的態度。

在抗戰勝利中央大學南京複校時，學統和派系之間的矛盾曾集中暴發出來。一九四七年夏，胡小石任中文系主任時，在聘用教授上就明顯地傾向出身原東南大學－中央大學的教師和弟子。原北大畢業生楊晦、清華畢業生吳組緗的落聘就是一例。

我在《「學衡派」譜系——歷史與敘事》中有關張其昀的章節中曾引用局外人徐復觀的說辭，明確指出，北京大學「新青年派」與南京

---

37 陸志韋：《渡河》第七頁。

38 《梁實秋文集》編輯委員會編：《梁實秋文集》第三卷第五四二頁，鷺江出版社二〇〇二年版。

高師－東南大學「學衡派」的矛盾、衝突，一直延續到一九四九年以後臺灣的文化教育界。張其昀一九五四－－九五八年出任國民黨政府教育部長時，在台的昔日北京大學學子十分緊張，他們極力主張胡適自美國回台出任「中央研究院」院長，以求教育、學術界的力量平衡。[39]

學術範式

新材料、新問題作為北方學人「預流」的基本要求

魯迅、錢玄同作為章太炎的門生，是從傳統學術領域出來投身新文學陣營的。他們對新舊交替時代的學術有真切的瞭解。錢玄同在一九三七年為《劉申叔先生遺書》寫序中明確指出：「最近五十餘年以來，為中國學術思想之革新時代。其中對於國故研究之新運動，進步最速，貢獻最多，影響於社會政治思想文化者亦最巨。」[40]從胡適派學人「整理國故」中「疑古」精神和科學方法，到清華研究院時期王國維、陳寅恪的提出「預流」標準和「二重證據」法（釋證、補證、參證、互證），在北京大學－清華大學形成新的學術風尚和範式。

陳寅恪在〈陳垣《敦煌劫餘錄》序〉中說：「一時代之學術，必有其新材料與新問題。取用此材料，以研求問題，則為此時代學術之新潮流。治學之士，得預於此潮流者，謂之預流（借用佛教初果之名）。其未得預者，謂之未入流。此古今學術之通義，非彼閉門造車之徒，所能同喻者也。」[41]他所說的新材料主要是指殷商考古（甲骨文等）、敦煌文獻和明清內閣檔案。

---

39 沈衛威：《「學衡派」譜系——歷史與敘事》第四八二－四八三頁，江西教育出版社二〇〇七年版。

40 錢玄同：《錢玄同文集》第四卷第三一九頁，中國人民大學出版社一九九九年版。

41 陳寅恪：《金明館叢稿二編》第二六六頁，生活•讀書•新知三聯書店二〇〇一年版。

在北京大學，胡適是新的學術思想的倡導者，他以批判的科學的理性精神為導向，成為「二十世紀中國學術思想史上的一位中心人物」[42]，他說：「我們的使命，是打倒一切成見，為中國學術謀解放。」[43]王國維先後是北京大學研究所國學門的通訊導師和清華學校研究院的住校導師，同時也是新的學術方法的典範的開創者和實踐者[44]。他的研究方法，陳寅恪在〈王靜安先生遺書序〉中總結為：取地下之實物與紙上之遺文互相釋證。取異族之故書與吾國之舊籍互相補正。取外來之觀念，與固有之材料互相參證[45]。受胡、王影響的學生很多。其中顧頡剛、傅斯年通過《北京大學研究所國學門週刊》的〈一九二六年始刊詞〉（一九二六年一月一日）、《國立第一中山大學語言歷史學研究所週刊》的〈發刊詞〉（一九二七年十一月一日）和《歷史語言研究所工作之旨趣》（一九二八年十月），將他們的學術思想和方法的路向明確規定為：歷史文獻考證＋田野調查。顧頡剛明確地說明後者的工作就是：到古文化遺址發掘、到民眾中調查搜集方言、到人間社會中採風問俗。這樣就可以打破偶像，擯棄成見，建設「新學問」[46]。從而形成了這樣一種嶄新的學術規範：古代歷史、古文字學研究中地下之物與地上之文互相釋證；音韻學研究中歷史文獻考證與活的方言調查整理相結合；社會史、文明史研究中文獻記錄的雅文化與民間現實存在的俗文化的互相參證，即書寫歷史與口傳歷史的的互相參證（如妙峰山傳說、孟姜女故事、白蛇傳等）。文史研究中的以詩證史或史詩互證。

---

42 語出余英時：〈中國近代思想史上的胡適——《胡適之先生年譜長編初稿》序〉，胡頌平編著：《胡適之先生年譜長編初稿》第五頁，聯經出版事業公司一九八四年版。

43 胡適：《胡適全集》第二十九卷第七二五頁。

44 一九一七年，胡適考察了上海的出版界後得出的結論是：「文學書內，只有王國維的《宋元戲曲史》是很好的。」一九二二年八月二十八日胡適在日記中寫到中國現今的學術界「只有王國維最有希望」。

45 陳寅恪：《金明館叢稿二編》第二四七頁。

46 顧頡剛：〈發刊詞〉，《國立第一中山大學語言歷史學研究所週刊》創刊號（一九二七年十一月一日）。

舊學的繼承與堅守作為「東南學風」的立足點

柳翼謀、王伯沆及東南大學師生所彰顯反對北京大學新文學、新文化運動所體現出學術精神，用梁啟超的話來說就是「從不對於國學輕下批評」的「東南學風」。

梁啟超一九二三年一月九日在東南大學「國學研究會」做〈治國學的兩條大路〉時說：「這邊的諸位同學，從不對於國學輕下批評。這是很好的現象。自然，我也聞聽有許多人諷刺南京學生守舊，但是只要舊的是好，守舊又何足病詬？所以我很願此次的講演，更能夠多多增進諸君以研究國學的興味。」[47]柳詒徵在〈送吳雨僧之奉天序〉中說：「梅子吳子同創雜誌曰《學衡》以詔世，其文初出，頗為聾俗所詬病。久之，其理益章，其說益信而堅，浮薄怪謬者屏息不敢置喙。則曰，此東南學風然也。」[48]

傳統學術的所謂經、史、子、集的「四部」之學，在民國初年（一九一二）教育部《大學令》中轉變為文、理、法、商、醫、農、工的「七科」之學，人文學科的大人文優勢，雖然不像理、法、商、醫、農、工那樣是西化的學科設置，仍保留有中國傳統的人文學者文史哲兼通的自身特性，但學科本身屬性上也發生了重要的質變。現代人文學術和傳統人文學術的重要區別在於科學、民主觀念的彰顯，代表傳統學術向現代新學術轉折並為之確立學術範式的王國維、陳寅恪本是「學衡派」的成員，但他們的學術工作卻和北方現代新學術的重要人物胡適有思想、方法上的共性。王國維的學術工作在章太炎、黃侃看來就是新學。儘管王國維不主張將學術分出個新舊、中西、有用無用來，他在章黃學派看來仍然是胡適的同類。黃侃也曾嘲笑王國維求新，他在一九二八年六月十八日的日記中寫道：「國維少不好讀注疏，中年乃治經，倉皇立說，挾其辯給，以炫耀後生，非獨一事之誤而已。始

47 梁啟超：《飲冰室合集》第五冊第一一九頁，中華書局一九八九年版。
48 柳詒徵：〈送吳雨僧之奉天序〉，《學衡》第三十三期（一九二四年九月）。

西域出漢晉簡紙，鳴沙石室發得臧（沈按：藏）書，洹上掊獲龜甲有文字，清亡而內閣檔案散落於外，諸言小學、校勘、地理、近世史事者，以為忽得異境，可陵傲前人，輻湊於斯，而國維幸得先見。」[49]

王伯沆是以講授「四書」著名，人稱「王四書」，他以繼承明清以來的評點學見長，不做長文或專門著作。柳翼謀以史學見長，他的學術精神基本上是傳統的繼承，在方法上僅吸收了由歐洲傳入日本的宏觀寫史之法（表現在他寫的《歷代史略》、《中國文化史》、《國史要義》中），他的《歷代史略》就是「根據日本那珂通世的《支那通史》增刪而成」[50]。他的歷史研究是傳統的文獻整理考證式。胡適在肯定他的《中國文化史》是「開山之作」，承認所開的「文化史」體例的同時，也指出其中的新材料不夠。胡適以自己「疑古」的立場批評柳翼謀由「信古」的立場所導致的對甲骨文、金文等可信史料沒能接受。說柳翼謀的《中國文化史》中前二十一章，所用材料多很可疑，其論斷也多不可信，這是全書最無價值的部分。他說：「近年新舊石器時代的文化都有多量的發現，殷墟史料的研究也有長足的進步，金文的研究也同時有不少的新成績，這都是《學衡》雜誌時代所能料到的。」同時又指出：「柳先生是一位不曾受過近代史學訓練的人，所以他對於史料的估價，材料的整理，都不很謹嚴。例如研究佛教史，材料何患缺乏，何至於徵引到楊文會的《十宗略說》和謝無量的《佛學大綱》？此種間接而又間接的書，豈可用作史料？」[51]柳翼謀的史學觀和學術

---

49 見黃侃：《黃侃日記》第三〇二頁，江蘇教育出版社二〇〇一年版。

50 區志堅：〈歷史教科書與民族國家形象的營造：柳詒徵《歷代史略》去取那珂通世《支那通史》的內容〉，收入冬青書屋同學會編：《慶祝卞孝萱先生八十華誕——文史論集》，江蘇古籍出版社二〇〇三年版。劉龍心在《學術與制度：學科體制與中國史的建立》第九十三頁中也指出：「柳詒徵的《歷代史略》改寫自那珂通世的《支那通史》，除了元、明兩卷為柳詒徵所增輯外，大體上只有章節標題有所更動而已。」遠流出版事業有限公司二〇〇二年版。

51 胡適：〈評柳詒徵編著《中國文化史》〉，《清華學報》第八卷第二期（一九三三年六月），見胡適：《胡適全集》第十三卷第一五一頁。

方法的影響主要是南京高師－東南大學時期，他的學生繆鳳林、劉掞藜將其學統加以繼承。柳翼謀與劉掞藜師徒的歷史觀和治史方法都十分相似。劉掞藜的《史法通論》與柳翼謀史學原理多相同之處。他在《史地學報》上發表有〈史法通論——我國史法整理〉一文，文章對「史法」的論述分為：弁言、史學、史識、史體、通史、史限、詳略、史才、史文、史德、自注、史論、史稱、闕訪、史表、史圖、紀元、敘源、句讀[52]。柳翼謀一九四〇年代在重慶中央大學講學的講義出版時名為《國史要義》，其中十部分的章節是：史原、史權、史統、史聯、史德、史識、史義、史例、史術、史化。[53]師生兩人的相同之處頗多可見一斑。

而黃侃是以「小學」的音韻、訓詁和「經學」見長，他和同門汪東在南京中央大學時期是章黃學派的重要力量，與蘇州章太炎的「章氏國學講習會」互動，形成了一九三〇年代前期東南文化保守的新氣象和「民族主義」文化陣營的國學支撐。

儒教觀

反孔批儒作為文化革命的興奮點

《新青年》因孔教會成立、袁世凱稱帝、張勳復辟而奮起反孔，鼓吹思想革命。在北京大學，從《新青年》時期的陳獨秀、吳虞、胡適、魯迅（兼課）、周作人到文革後期的「四皓」（馮友蘭、魏建功、林庚、周一良），中山大學的楊榮國，有一個十分明顯的反孔批儒的師承線索。當然，兩個時期的歷史背景不同，有主動與被動之別。北京

52 《史地學報》第二卷第五、六期。

53 柳詒徵：《國史要義》，華東師範大學出版社二〇〇〇年版。我對此問題的詳細討論，先行刊出的有〈學分南北與東南學風——現代大學學術的南北差異〉，《新國學研究》第四輯，人民文學出版社二〇〇六年版。

大學是新文化運動的大本營，思想革命的中心任務之一是反孔、批孔。打孔家店是北大一部分教授的重要活動。反孔、批孔是文化激進主義的顯現行為之一。一九七〇年代中國大地的「評法批儒」、批孔浪潮，同樣是初瀾於北大。特別是胡適，直到晚年，仍然拒絕擔任臺灣「全體大專院校校長集會」發起組織的「孔孟學會」的發起人。他在致梅貽琦的信中說：「我在四十多年前，就提倡思想自由，思想平等，就希望打破任何一個學派獨尊的傳統。我現在老了，不能改變四十多年的思想習慣，所以不能擔任『孔孟學會』發起人之一。」[54]因為他覺得「過於頌揚中國傳統文化了，可能替反動思想助威」。

尊孔作為文化保守的立足點

一九〇六－一九一一年任兩江優級師範學堂監督的李瑞清在〈諸生課卷批〉中主張「奉孔子為中國宗教家，吾願吾全國奉孔子為教主」[55]。兩江優級師範學堂改制為南京高師時，校長江謙為南高寫的校歌歌詞中有「千聖會歸兮集成於孔」。尊孔成為這所學校的的傳統。

一九二二年一月在東南大學創刊的《學衡》，第一期所登的圖片是孔子和蘇格拉底。《學衡》是公開表示尊孔的，這和《新青年》是公然的對立。「學衡派」成員中的哈佛大學白璧德門徒，受導師的影響較大。因為「白璧德倡導新人文主義，對於孔子備極推崇，以孔子為人文主義極大權威」[56]。為《學衡》寫文章的沈曾植、朱祖謀、陳三立、張爾田、孫德謙同時也是一九一二年十月七日在上海發起成立的「孔教會」的重要成員。其中沈曾植、朱祖謀、陳三立位列十三位發起人之中。沈曾植本人也是一九一五年袁世凱稱帝，一九一七年張勳復辟的積極支持者，其文化保守的性質十分明顯。張爾田、孫德謙為一九一三年

54 胡適：《胡適全集》第二十六卷第四一五頁。

55 李瑞清：《清道人遺集》卷二第四十一頁，中華書局一九三九年版。

56 張其昀：〈《梅光迪先生家書集》序〉，《張其昀先生文集》第二十一冊第一一四三九頁。

二月創刊的《孔教會雜誌》的編輯。張、孫兩人為《學衡》寫文章，是吳宓一九二三年九月三日親自到上海約成的。

在五四新文化運動的反孔、打孔家店高潮時，柳翼謀開始在南京高師講中國文化史，他說：「孔子者，中國文化之中心也。無孔子則無中國文化。自孔子以前數千年之文化，賴孔子而傳；自孔子以後數千年之文化，賴孔子而開。即使自今以後，吾國國民同化於世界各國之新文化，然過去時代之與孔子之關係，要為歷史上不可磨滅之事實。」[57]一九三二年九月二十八日是孔子的誕辰，中央大學的教授在《國風》第三號出了「聖誕特刊」，以紀念孔子。卷前有孔子像、曲阜孔林照片各一幅。

從南京高師－東南大學的柳翼謀到中央大學的張其昀、郭斌龢，發展到中國文化大學時期的張其昀的尊孔，「文革」時期的原「學衡派」成員吳宓（西南師範學院教授）反對批孔，一九八〇年代（南京大學校長）匡亞明的《孔子評傳》，形成了這一學統與北京大學的尖銳對立。

另外，一九四九年以後被經常提及的「新儒家」中，熊十力、方東美、唐君毅都有過中央大學執教或讀書的經歷。

倫理觀

非孝作為反傳統的興奮點

新青年同人（陳獨秀、吳虞、胡適、魯迅等）一開始就以強烈、高調的姿態，批判禮教吃人，主張幼者本位、反對做孝子賢孫、反對四代同堂、反對納妾纏小腳等等。這對傳統的倫理道德觀，具有極大的衝擊力和瓦解力。魯迅批判禮教「吃人」時，借「狂人」之口，說「我也吃過人」，呼籲「救救孩子」。隨之魯迅在〈我們現在怎樣做父

---

[57] 柳詒徵：《中國文化史》第二六三頁，上海古籍出版社二〇〇一年版。

親〉一文中強調，做父親的要「用無我的愛，自己犧牲於後起新人」，盡理解、指導、解放的責任。「覺醒的父母，完全應該是義務的，利他的，犧牲的」。解放子女的形象說法就是：「自己背著因襲的重擔，肩住了黑暗的閘門，放他們到寬闊光明的地方去；此後幸福的度日，合理的做人。」[58]

胡適不贊同把「兒子孝順父母」列為一種信條，他對自己的兒子的教訓是：「我要你做一個堂堂的人，不要你做我的孝順兒子」。他尤其強調做父母的，對於子女決不可居功，決不可市恩，千萬不可把自己看做一種「放高利債」的債主，而要徹底解放孩子。

五倫本位作為「學衡派」成員對傳統的守護

五倫本位是柳翼謀的倫理觀和歷史觀，他認為中國文化的核心是五倫，他的歷史研究和文化史著述都以此貫穿（如《國風》第一卷第三號的〈明倫〉）。他的這一思想直接影響和左右了他的學生，和他所在學校的學風，以至於形成學統。一九二四年二月九日、十二日、十四日的《時事新報‧學燈》上連載柳翼謀的講演《什麼是中國的文化》，就明確指出中國文化中作為價值體系的三綱五常是起決定性的作用。他說：「倫理上講孝，是要養成人們最純厚的性質，人之孝敬父母，並沒有別種關係，只是報償養育之恩。」所以說：「現在小學校裏所用的教科書，不是貓說話，就是狗說話，或者老鼠變成神仙，這一類的神話，對於中國的五倫，反是一點不講，實在是大錯特錯。……他們由國民學校畢業之後，固然不配做世界上的人，更不配做中國的國民，豈不是要變成貓化狗化畜牲化的國民麼？」這顯然與胡適、魯迅、周作人等所強調的幼者本位相對立的。因為五倫的父子綱常是以父親為本位的。而此時教育部所統一管制的小學教科書也正是胡適派文人所參與編寫的。

---

58 魯迅：《魯迅全集》第一卷第一四〇頁，人民文學出版社一九八一年版。

歷史觀

疑古、釋古史觀的集中體現

「古史辨」討論是在北京大學、東南大學的師生胡適、錢玄同、顧頡剛、魏建功等與柳翼謀、劉掞藜、繆鳳林之間展開的。北京大學一方的懷疑與東南大學一方的信奉，形成尖銳的對立，並由此引發「整理國故」運動的深化。一九二一年七月三十一日，胡適應劉伯明主持的東南大學暑期學校的邀請，演講〈研究國故的方法〉。他的「研究國故的方法」分為四個層次：

> 一、歷史的觀念：「一切古書皆史也。」二、疑古：「寧可疑而過，不可信而過。」三、系統的研究：「要從亂七八糟裏尋出個系統條理來。」四、整理：「要使從前只有專門學者能讀的，現在初學亦能瞭解。」[59]

這其中含有懷疑、批判的精神和科學的方法。在「古史辨」論爭中所產生的南北「對立」，顧頡剛明確地認識到其中的關鍵「是精神上的不一致」[60]。錢玄同、魏建功都感受到了「我們的精神與他們不同的地方」[61]。

一九三〇年七月，清華大學的陳寅恪提出歷史研究中要有「瞭解之同情」，對「古史辨」及「整理國故」運動的偏頗和局限提出了相應

---

59 胡適：《胡適全集》第二十九卷第三九二頁。

60 顧頡剛：〈答柳翼謀先生〉，《北京大學研究所國學門週刊》第十五、十六期合冊（一九二六年一月二十七日）。收入《古史辨》第一冊，北京樸社一九二六年版。

61 魏建功：〈新史料與舊心理〉，《北京大學研究所國學門週刊》第十五、十六期合冊。收入《古史辨》第一冊。

的修正。陳寅恪在〈馮友蘭著《中國哲學史》審查報告〉中提出：「凡著中國古代哲學史者，其對於古人之學說，應具瞭解之同情，方可下筆。」[62]而「瞭解之同情」一語的源流來自德國啟蒙時代的重要思想家赫爾德。最早將此術語用於中國學界的是東南大學學生胡夢華發表在一九二二年四月二十九日《時事新報・學燈》上的〈評《學衡》〉一文中。他在文中強調：「批評者第一要素是瞭解的同情。」[63]

信古史觀的集中體現

南京高師－東南大學師生「從不對於國學輕下批評」的「信古」史觀，多是在傳統史學中打轉，這在柳翼謀、劉掞藜幾乎相同的歷史研究方法上有特別的昭示。這一學統的歷史觀念直接受制於柳翼謀，影響到他後來的一代學生。先有柳翼謀發表在《史地學報》創刊號上〈論近人講諸子之學者之失〉，對胡適歷史研究的批評；繼之是「古史辨」討論中的對立；到一九三〇年代繆鳳林對傅斯年民族史觀的批評（繆對傅《東北史綱》的批評文章，也曾請示過黃侃[64]。他除了在《大公報・文學副刊》的長文連載外，還在中央大學的文學院的《文藝叢刊》[65]上刊登〈評傅斯年君《東北史綱》卷首〉）；以及吳宓的道德救國[66]與胡適的民族反省[67]的不同理路，都反映出兩大學統史學觀念的差異。

---

62 先刊《大公報・文學副刊》第一三二期，一九三〇年七月二十一日；後登《學衡》第七十四期，一九三一年四月，易名〈馮著《中國哲學史》審查報告〉。

63 此文收入胡夢華、吳淑貞合著：《表現的鑒賞》，現代書局一九二八年版。此處的引文是用一九八四年的自費再版本（臺灣）第一四五頁。

64 黃侃：《黃侃日記》第八八五頁有「繆贊虞以駁傅某《東北史綱》一文見示」。

65 《文藝叢刊》第一卷第一期（一九三三年十一月）。

66 吳宓：〈道德救國論〉，《大公報・文學副刊》第二一四期。

67 在一九三二年九月十八日，為紀念「九・一八」國恥一周年，他為《獨立評論》作了〈慘痛的回憶與反省〉。他從甲午中日戰爭談起，四十年奇恥大辱，是「我們的老祖宗造孽太深了，禍延到我們今日」。隨後胡適連續發表了三篇論信心與反省的文章。

文學觀

白話詩文、話劇的試驗

在胡適「一代有一代之文學」的進化文學觀念的指導下，新文學是先在北京大學的校園由師生共同試驗，再推向社會。新文學第一個十年的文學中心在北京，也主要是由北大、清華、女師大（廬隱、馮沅君、蘇雪林等）、燕京大學（冰心、凌叔華等）這幾所大學的師生們發散到報刊上。其中出版發行十二期的《新潮》是北京大學校園新文學最積極的追隨者和實踐者的陣地。隨後的胡適的弟子門生朱自清在清華大學、沈從文（先被胡適聘為上海中國公學講師）和蘇雪林在武漢大學開設新文學研究，一九三一年北京大學國文系開設「新文藝試作」，都是這一學統的體現。據周作人致俞平伯的書信可知，在國文系新添新文藝試作一項是文學院院長兼中國文學系主任胡適的提議。[68]從當時的課程表看，參與開設這門課的七位教授胡適、周作人、俞平伯（散文）、徐志摩、孫大雨（詩歌）、馮文炳（小說）、余上沅（戲曲）全是新文學作家，他們在傳統知識基礎上，追求創新，特別是新文學的創造。

第一個十年，北京以外對新文學的響應主要是上海的多所高校、杭州一師、武昌高師。上海、杭州的師生，是新文學新生力量，雖沒有像北京大學那樣與新文化合力，形成文學的主流話語，但為一九二七年以後，新文學的中心南移奠定了基礎。一九二四－一九二五年間，新文學作家楊振聲、張資平、郁達夫先後在武昌高師任教，在他們的影響下，形成了學生新文學社團「藝林社」，並培養了胡雲翼、劉大杰、賀揚靈等青年作家。這曾引起後來任教於武漢大學文學院的沈從文的注意，他在〈湘人對於新文學運動的貢獻〉一文中，特別提到由於新

[68] 孫玉蓉編纂：《俞平伯年譜》第一四〇頁，天津人民出版社二〇〇一年版。

文學作家的授課，「學生文學團體因之而活動」[69]。武昌高師的新文學力量，形成一個獨特刊中刊的現象。即他們的新文學社團「藝林社」在北京的《晨報副刊》上創辦了《藝林旬刊》。[70]

一九三〇年代前半期的青島大學，新文學作家雲集，師生互動，一時之盛。楊振聲、趙太侔、王統照、聞一多、梁實秋、沈從文、方令孺、鄧以蟄、張道藩、陳夢家、洪深、老舍、臧克家等，有矛盾，有故事，更有文學的創造。

古典詩詞曲的堅守

「學衡派」把持南京高師－東南大學到中央大學的校園，不允許新文學進課堂。中央大學畢業生錢谷融在〈我的老師伍叔儻先生〉一文中特別指出：「中央大學中文系一向比較保守，只講古典文學，不講新文學。」[71]。首先站出來反對新文學的是胡先驌，他在《南京高等師範日刊》上發表有〈中國文學改良論〉（上）[72]。當白話新詩歌風行五年以後，與新文學極端對立的南京高師－東南大學的學生在一九二一年十月二十六日《南高東南大學日刊》刊出的「詩學研究號」，仍主張寫舊體詩。《學衡》一九二二年一月創刊後，胡先驌連載批評胡適〈嘗試集〉的長文。同年，當胡適作序推薦出版汪靜之的新詩集《蕙的風》後，首先引起東南大學西洋文學系梅光迪、吳宓的學生胡夢華的批評，隨之招來北京大學師生魯迅（兼職）、周作人、章衣萍等人的反擊，引發文學的「道德批評」法則的討論。

一九一九年秋與李劼人一同赴法國留學的「少年中國學會」成員李思純（哲生），在留學期間關注國內文字改革和詩歌創作，寫於一九

69 沈從文：《沈從文文集》第十二卷第一九八頁，花城出版社、生活·讀書·新知三聯書店香港分店一九八四年版。

70 我的學生史建國以此撰寫有碩士論文（二〇〇四年）；陳璐以〈國立武漢大學與新文學〉為碩士論文題目（二〇一〇年）。

71 錢谷融：《閒齋憶舊》第一四四頁，上海人民出版社二〇〇八年版。

72 後被《東方雜誌》第十六卷第三號（一九一九年三月）轉載。原刊時間未查得。

二〇年九月十九日巴黎的〈詩體改新之形式及我的意見〉，他首先申明「詩的本體不外是兩方面。一面是屬於思想的，所謂文學的內容。一面是屬於藝術的，所謂文學的外象。內容的方面，是詩的精神，外象的方面，是詩的形式」。在推崇中國古典詩歌前提下，他說了這樣一段話：「我以為在舊詩那樣固定的形式之下，還能自由運用，以極精巧的藝術，做到了無不能達之意境。那樣藝術的美妙可驚，我們只有佩服。反言之，在我們現在這樣自由的詩體，無格律的束縛，盡可以縱筆所之，而反做不出更好的詩來，真可以羞慚而死了。」[73]李思純最後明確提出了「今後之要務」：一、多譯歐詩輸入範本。二、融化舊詩及詞曲之藝術。這和吳宓「舊瓶裝新酒」的詩學主張是一致的。他隨後寫於一九二〇年十月十五日的〈抒情小詩的性德及作用〉，首先是拿胡適說事，認為胡適的「也想不相思，可免相思苦，幾次細思量，情願相思苦」便是「失之過愚」的一個證據。他認為「天籟自鳴」的民謠都是最好的抒情詩，因為有文學上所謂的「修辭立誠」的「立誠」因素。詩的作用完全以抒情為主，抒情之極，至於失之過愚。[74]一九二三年夏回國後，他到東南大學西洋文學系任教，成為「學衡派」的成員，開始在《學衡》上連載他的舊體詩和譯稿《仙河集》(即《法蘭西詩歌集》)，便是實踐他所提出的「要務」。從他在《學衡》雜誌上的行為來看，他並沒在新詩的形式創造上有進一步的努力，而是回到舊體詩寫作的老路上了。他自己的立身的專業是歷史學，但對舊體詩詞情有獨鍾。他在東南大學只教了一年書便離去，也沒有激烈的反對新文化的言論，只是推崇古典詩詞方面與胡先驌、吳宓接近，在胡先驌出國，邵祖平與吳宓發生矛盾後，負責《學衡》雜誌「詩錄」欄目的編選。[75]胡先驌、吳宓、李思純都是終生堅持寫舊體詩詞（李的兒子李祖楨說他父親留下有近千首詩，近百闋詞）。

---

73 《少年中國》第二卷第六期（一九二〇年十二月十五日）。
74 《少年中國》第二卷第十二期（一九二一年六月十五日）。
75 吳宓：《吳宓詩集・空軒詩話》第一五三頁，中華書局一九三五年版。

第一個十年，東南大學只有師生五人是新文學陣營的積極分子：心理學教授陸志韋、一九二五年自德國留學回來的哲學教授宗白華，學生盧前、侯曜、顧仲彝。宗白華出國前是上海《時事新報・學燈》的編輯，因和郭沫若、田漢合作出版通信集《三葉集》而引起文壇的關注，一九二三年繼陸志韋之後在亞東圖書館出版新詩集《流雲》。他一九二五年到東南大學後就不再寫新詩了，只是一九二八年將《流雲》印了新版。事實上當時在東南大學寫新詩的教授只有陸志韋一人。

一九二八年東南大學改名為中央大學後，聞一多、徐志摩各在外文系任教一年，寫新詩的學生有陳夢家、方瑋德、汪銘竹、沈祖棻、常任俠等，寫劇本的有陳楚淮，但新文學沒有形成勢力，反倒是文學的古典主義復活，並表現出強大的陣勢（陳夢家、方瑋德的新詩，陳楚淮的劇本，又通常被「新月派」所統攝）。具體呈現在：以黃侃為首組織的詩社（「上巳社」、「禊社」）；以吳梅為首組織的詞曲社（「潛社」）。在這種古典主義的氛圍中，盧前一九二六年在南京印行新詩集《春雨》，一九二九年編輯完第二本新詩集《綠簾》（一九三〇年開明書店版）後，全力轉向詞曲創作，成為吳梅所感歎的弟子中「唐生圭璋之詞，盧生季野之曲，王生駕吾之文，頡可以傳世行後，得此亦足自豪矣」[76]；原來寫作白話新詩的沈祖棻也走上了寫《涉江詞》的路。[77]

在新文學的第二個十年間文學的京海之爭時，南京的文學的古典主義的復活和民族主義的倡導成為特殊的一個文學高地。新文學的第三個十年，中央大學延續排斥新文學的學統，浙江大學、中正大學因「學衡派」成員集聚，仍是堅守文學的古典主義，大多數文科教授熱衷古典詩詞寫作。《國立中正大學校刊》、《文史季刊》上更有校長、植物學家胡先驌帶頭寫作的古典詩詞。

---

[76] 盧前：《盧前詩詞曲選》第二頁，中華書局二〇〇六年版。
[77] 沈衛威：〈文學的古典主義的復活〉，《文藝爭鳴》，二〇〇八年第五期。

「國語統一」、「文學革命」與中文系課程的建制
——早期國立大學的課程建設

一

「國語統一」是現代統一的多民族國家文化建設的重要標誌，如同統一貨幣和度量衡那樣重要。據「國語統一」運動的親歷者黎錦熙翔實的《國語運動史綱》所示，「國語運動」開始於一八九七年，先知者的宣傳當屬一八九六年十一月《時務報》上刊出的維新派梁啟超的〈沈氏音書序〉，文中提出「此後吾中土文字，於文質兩統，可不偏廢，文與言合，而讀書識字之智民，可以日多矣」[1]。即隨後所謂的「言文一致」。當時雖無「國語」之說，但在對「白話」重視的言論中，和「詩界革命」、「小說界革命」的呼聲裏，都蘊含著對新的思想和新的文體期待。裘廷梁在〈論白話是維新之本〉一文中，把中國不富強的原因歸結為「此文言之為害矣」[2]。黃遵憲主張的「我手寫吾口」[3]和梁啟超的「新文體」，為詩體的解放和文體解放，開啟了一條嘗試的路子。

1 黎錦熙：《國語運動史綱》，黎澤渝、劉慶俄編：《黎錦熙文集》（下）第八十一頁，黑龍江教育出版社二〇〇七年版。梁啟超：《飲冰室合集‧飲冰室文集之二》第一冊第二頁，中華書局一九八九年版（據一九三六年版影印）。

2 郭紹虞主編：《中國歷代文論選》第三九九－四〇三頁，上海古籍出版社一九七九年版。

3 黃遵憲著、錢仲聯箋注：《人境廬詩草箋注》卷一第十五頁，古典文學出版社一九五七年版。

一九〇三年叫出「國語統一」[4]這個口號的是「桐城派」後期作家、京師大學堂總教習吳汝綸。同年，直隸大學堂學生何鳳華等上書袁世凱，請他奏明皇上，「頒行官話字母，設立國語學科，以開民智而救大局」[5]。

一九一二年中華民國政府由南京北遷後，教育部總長蔡元培便著手準備成立「讀音統一會」。十二月，教育部成立「讀音統一會籌備處」，由吳敬恒（稚暉）任主任，並制定讀音統一會章程八條。章程確立了讀音統一會的職責，就是要審定每一個字的標準讀音，作為「國音」。同時議定各省兩名代表，蒙、藏和華僑各一名，專家若干人，於一九一三年二月十五日－五月二十二日，在北京開會，審定生字讀音，和注音字母。[6]

一九一五年，教育部總長張一麐（公紱），呈請袁世凱批准設立注音字母傳習所（所長王璞），希望能夠「借語言以改造文字，即借文字以統一語言；期以十年普及全國」[7]。

同時，「文學革命」的問題在美國的留學生胡適、梅光迪等人中開始引起討論。國內以《甲寅》派政論家黃遠庸（遠生）的主張最為明確。他在為梁漱溟《晚周漢魏文鈔》寫的序言和〈新舊思想之衝突〉、〈致《甲寅》雜誌記者〉等文章中，指出「今欲發揮感情，溝通社會潮流，則必提倡新文學」[8]；「今欲濬發智慮，輸入科學，綜事布意，明

---

4 黎錦熙：《國語運動史綱》，黎澤渝、劉慶俄編：《黎錦熙文集》（下）第九十七頁。

5 黎錦熙：《國語運動史綱》，黎澤渝、劉慶俄編：《黎錦熙文集》（下）第九十九頁。近有劉進才：《語言運動與中國現代文學》第二十三－三十七頁，詳論此事。中華書局二〇〇七年版。

6 黎錦熙：〈論注音字母〉，黎澤渝、劉慶俄編：《黎錦熙文集》（下）第三六四頁。

7 黎錦熙：〈論注音字母〉，黎澤渝、劉慶俄編：《黎錦熙文集》（下）第三七四頁。

8 黃遠庸：〈《晚周漢魏文鈔》序〉，《遠生遺著》卷二第三五五頁，上海中國科學公司一九三八年版（這裏據上海書店影印本）。

白可觀，則必提倡一種近世文體」[9]。特別是他的〈致《甲寅》雜誌記者〉兩封信，被胡適稱之為「中國文學革命的預言」[10]。

一九一六年十月，黎錦熙、汪懋祖、朱文熊、彭清鵬等在京人士成立中華國語研究會。[11]一九一七年十二月十一日，黎錦熙、陳頌平、董茂堂等國語研究會成員，與北京大學國文門研究所國語部沈尹默、錢玄同、劉半農、朱希祖、胡適等聯合，在國史編纂處討論國語統一之事，國語研究會會長、北京大學校長蔡元培出席指導。[12]

一九一七年一月，北京大學文科學長陳獨秀主持的《新青年》上刊發出胡適的〈文學改良芻議〉，掀起文學革命的浪潮，極大地引發了社會的文化變革，並推進了國語運動的展開。胡適也一下子被推倒了國語統一和文學革命的潮頭。

刊發在一九一八年四月十五日《新青年》第四卷第四號上的〈建設的文學革命論——國語的文學‧文學的國語〉一文，胡適首先強調，自己在〈文學改良芻議〉中所提出的八不主義，都是從消極的，破壞的一方面著想的。

> （一）不做「言之無物」的文字。（二）不做「無病呻吟」的文字。（三）不用典。（四）不用套語爛調。（五）不重對偶——文須廢駢，詩須廢律。（六）不做不合文法的文字。（七）不摹仿古人。（八）不避俗話俗字。[13]

---

9 黃遠庸：〈《晚周漢魏文鈔》序〉，《遠生遺著》卷二第三五六頁。

10 胡適：〈五十年來中國之文學〉，《胡適全集》第二卷第三一〇頁。

11 黎錦熙：《國語運動史綱》，黎澤渝、劉慶俄編：《黎錦熙文集》（下）第一二六頁。

12 王世儒編撰：《蔡元培先生年譜》（上）第二〇一－二〇二頁，北京大學出版社一九九八年版。

13 胡適：〈建設的文學革命論——國語的文學‧文學的國語〉，《胡適全集》第一卷第五十三頁，安徽教育出版社二〇〇三年版。

現在胡適便把這「八不主義」都改為肯定的口氣，又作出四條概括：

> （一）要有話說，方才說話。（二）有什麼話，說什麼話；話怎麼說，就怎麼說。（三）要說我自己的話，別說別人的話。（四）是什麼時代的人，說什麼時代的話。[14]

胡適明確強調，他所提倡的文學革命，只是要替中國創造一種國語的文學。有了國語的文學，方才可有文學的國語。要做到這一點，胡適特意提出了這個完備的方案（節錄）：

> （一）工具：多讀模範的白話文學；用白話作各種文學。
>
> （二）方法：
>
> 1、集收材料的方法：推廣材料的區域；注意實地的觀察和個人的經驗；要用周密的理想作觀察經驗的補助。2、結構的方法：剪裁；佈局。3、描寫的方法：寫人；寫境；寫事；寫情。4、翻譯西洋文學：只譯名家著作，不譯第二流以下的著作；全用白話韻文之戲曲，也都譯為白話散文。
>
> （三）創造。[15]

黎錦熙在《國語運動史綱》一書中特別強調，胡適的「這篇文章發表後，『文學革命』與『國語統一』遂呈雙潮合一之觀」[16]。

---

[14] 胡適：〈建設的文學革命論——國語的文學・文學的國語〉，《胡適全集》第一卷第五十三頁。引文稍有省略，省略部分為胡適對「八不主義」改為肯定口氣的說明。

[15] 胡適：〈建設的文學革命論——國語的文學・文學的國語〉，《胡適全集》第一卷第六十一六十八頁。

[16] 黎錦熙：《國語運動史綱》，黎澤渝、劉慶俄編：《黎錦熙文集》（下）第一二八頁。

一九一八年十一月二十三日，以教育部總長傅增湘（沅叔）的名義，頒佈《教育部令第七五號》，正式公佈注音字母。

時值一九一九年，「國語統一」、「言文一致」運動和《新青年》的「文學革命」運動完全合作。僅「國語研究會」的會員就增加至九千八百八人。[17]一九二〇年，「國語研究會」的會員達一萬二千人。一九二一年，「國語研究會」在上海成立支部。一九二二年，「國語研究會」出版了會刊《國語月刊》。一九二五年六月十四日，錢玄同與黎錦熙主編的《京報》副刊之一《國語週刊》創刊發行。與此同時，新文學陣營的文學社團大量湧現，文學刊物也如雨後春筍。

二

胡適隨文學革命的首倡而被北洋政府教育部聘為「國語統一籌備會」成員。這是他由文學革命向「國語統一」和國語教育滲透所邁出的關鍵一步。為此，胡適十分積極地為「國語統一」獻計獻策。一九一九年十一月二十九日，他為「國語統一籌備會」起草了標點符號議案修正新案。[18]這份由馬裕藻、周作人、朱希祖、劉復、錢玄同、胡適作為「提議人」，並由胡適最後修正的《請頒行新式標點符號議案》（修正案），在一九二〇年二月，以《教育部通令採用新式標點符號文》作為「訓令第五十三號」發出。訓令稱此令是「據國語統一籌備會函送新式標點符號全案請予頒行等因」而頒發。[19]

一九一九年十一月三十日，胡適開始為「國語統一籌備會」[20]起草議案。十二月二十一日，繼續為「國語統一籌備會」[21]謀劃。一九二〇

17 黎錦熙：《國語運動史綱》，黎澤渝、劉慶俄編：《黎錦熙文集》（下）第一二八一—二九頁。

18 胡適：《日記　一九一九年》，《胡適全集》第二十九卷第二十五頁。

19 阿英編選：《中國新文學大系・史料・索引》第二四〇頁，上海良友圖書印刷公司一九三六年版。

20 胡適：《日記　一九一九年》，《胡適全集》第二十九卷第二十六頁。

年五月二十一－二十四日，「國語統一籌備會」在北京召開大會。作為「國語統一籌備會」的大會主席，在他的主持下，各項議案得以順利通過。[22] 依照章程，此次會議上推舉張一麐為會長，袁希濤、吳敬恒為副會長。

其中馬裕藻、周作人、朱希祖、劉復、錢玄同、胡適等提出的〈國語統一進行方法〉的議案中的「第三件事」為「改編小學」課本。理由是「統一國語既然要從小學校入手，就應該把小學校所用的各種課本看作傳佈國語的大本營；其中國文一項，尤為重要。如今打算把『國文讀本』改作『國語讀本』」[23]。

這項一九一九年底已經議定的議案，先行由「國語統一籌備委員會」組織委員會呈部施行。一九二〇年一月二十四日以代理教育部總長（教育次長代理部務）傅嶽棻（治薌）的名義，發出《教育部令第七號》，通令全國各國民學校先將一、二年級的國文改為語體文：

> 案據全國教育會聯合會呈送該會議決推行國語以期言文一致案，請予采擇施行；又據國語統一籌備會函請將小學國文科改授國語，迅予議行各等因到部。查吾國以文言紛歧，影響所及，學校教育固感受進步遲滯之痛苦，即人事社會亦欠具統一精神之利器。若不急使言文一致，欲圖文化之發展，其道無由。本部年來對於籌備統一國語一事，既積極進行，現在全國教育界輿論趨向，又咸以國民學校國文科宜改授國語為言；體察情形，提倡國語教育實難再緩。茲定自本年秋季起，凡國民學校一二年級，先改國文為語體文，以期收言文一致之效。合亟令行該□轉令遵照辦理可也。[24]

---

[21] 胡適：《日記　一九一九年》，《胡適全集》第二十九卷第四十三頁。

[22] 胡適：《日記　一九二〇年》，《胡適全集》第二十九卷第一七三－一七七頁。

[23] 黎錦熙：《國語運動史綱》，黎澤渝、劉慶俄編：《黎錦熙文集》（下）第一五二頁。

[24] 黎錦熙：《國語運動史綱》，黎澤渝、劉慶俄編：《黎錦熙文集》（下）第一五三頁。書中附有《教育部令第七號》原文。

胡適認為「這個命令是幾十年第一件大事。他的影響和結果，我們現在很難預先計算。但我們可以說：這一道命令把中國教育的革新至少提早了二十年」[25]

同日發出〈教育部令第八號〉，通令全國改小學「國文」科為「國語」科，「首宜教授注音字母，正其發音。次授以簡單語詞語句之讀法、書法、作法。漸授以篇章之構成。並採用表演、問答、談話、辯論諸法，使練習語言。讀本宜取普通語體文，避用土語，並注重語法之程式。其材料，擇其適應兒童心理並生活上所必需者用之。」[26]

同年四月，教育部召集各省有志研究國語的人，在北京辦了一個國語講習所。胡適在這裏面講演十幾次。他在為這個講習所《同學錄》寫的序言中強調：「推行國語便是定國語標準的唯一方法；等到定了標準再推行國語，是不可能的事。」[27]

此後，胡適被聘為中小學十一年學制方案的起草人。[28]

隨之胡適有意識地將國語由小學教育、大學教育試驗、整理國故和新文學作家的文學創作嘗試，做一整合，並推向整個國民教育。試圖將文學的雅俗，教育的長幼，學術的新舊，完全打通，以求新文化運動狀態下全社會的動員。他在一九二一年八月五日《國語運動與國語教育》的演講中有如此明確的思路：

一、國語運動：

（一）白話報時代：以白話為「開通民智」的利器。

（二）字母時代：以簡字或拼音文字為不識字人求知識的利器。

（三）讀音統一會：謀國語的統一，作注音字母。

---

[25] 胡適：〈《國語講習所同學錄》序〉，《胡適全集》第一卷第二二四頁。

[26] 黎錦熙：《國語運動史綱》，黎澤渝、劉慶俄編：《黎錦熙文集》（下）第一五三頁。書中附有《教育部令第八號》原文。

[27] 胡適：〈《國語講習所同學錄》序〉，《胡適全集》第一卷第二二七頁。

[28] 胡適：《日記　一九二八年》，《胡適全集》第三十一卷第一一六頁。

（四）國語研究會：①推行注音字母。②以國語作教科書。

（五）國語文學的運動：以前皆以國語為他們小百姓的方便法門，但我們士大夫用不著的，至此始倡以國語作文學，打破他們與我們的區別。以前尚無人正式攻擊古文，至此始明白宣言推翻古文。

（六）聯合運動：今日與今後。

二、國語教育：

（一）國語不止是注音字母。

（二）國語教育不單是把文言教科書翻成白話。

（三）國語教育當注重「兒童的文學」，當根本推翻現在的小學教科書。盧騷說，「教育兒童不可圖節省時間，當糟蹋時間。」此意最宜注意。[29]

國語統一運動中的一股重要的推動勢力是在北京的幾位大學教授組成的「數人會」。一九二五年九月二十六日，有志於研究國音與國語的黎錦熙、劉復、林語堂、趙元任、錢玄同、汪怡六人，成了「數人會」。相約每月開會一次，每人擔任輪值主席，拿一個問題來討論。[30]其中汪怡對注音和速記貢獻尤多。

至一九二六年，教育部國語統一籌備會佈告，決定推行王璞、趙元任、錢玄同、黎錦熙、汪怡、白鎮瀛為起草委員所修訂的國語標準音，即以北京語音為標準，羅馬字母辨認拼切。[31]

「國語統一」與「文學革命」合流之後所帶來的巨大變化，顯現在小學、中學和大學教育的各個層面，同時也帶動了圖書出版、報刊傳媒的迅猛發展。一切都呈現出嶄新的面貌。僅大學中文系的文學課

---

29 胡適：《日記　一九二一年》，《胡適全集》第二十九卷第三九九－四〇〇頁。

30 錢玄同：〈記數人會〉，《錢玄同文集》第三卷第二九二－二九三頁，中國人民大學出版社一九九九年版。

31 黎錦熙：《國語運動史綱》，黎澤渝、劉慶俄編：《黎錦熙文集》（下）第一八九－一九二頁。

程、語言課程建設而言，北京大學、北京高師、清華學校（大學）的教授們，貢獻最大，並由此帶動起方言調查、歌謠的搜集整理。隨之而起殷商考古、敦煌文獻整理、明清大內檔案整理和方言調查，共同形成語言學研究中的文獻整理＋田野調查的學術研究模式，將傳統的「小學」（文字、音韻、訓詁）研究提升為參與民族國家重建過程中的文化支柱地位，使得科學落後的中國，因自身的人文學術研究的崛起，而能夠參與世界文明的「對話」。北京大學也因此而確立了文學研究、語言學研究近百年來的絕對強勢。

三

但「國語統一」和「文學革命」合流的歷史的進程中，也遭遇了反對之聲。因為「思想解放即從文字的解決而來；解決之後，新機固然大啟，就是一切舊有的東西，都各自露其本來面目」[32]。林紓文化貴族式的傲慢與偏見，以及由此發出的謾罵，引起了新文化陣營的強力反攻。他的這種反對力量，反而加速了「國語統一」和「文學革命」的進程。

一九二二年一月南京東南大學創辦的《學衡》，針對胡適及新文學、新文化運動開火，一九二四年十一月北京臨時政府成立後，代表反「國語」勢力的章士釗到京就任司法總長，並於次年四月十五日兼任教育總長，以《甲寅》擺出「虎陣」，成為「國語運動的攔路虎」[33]。反對力量形成南北夾擊新文學和國語運動的聲勢。針對反「國語」、反

[32] 黎錦熙：《國語運動史綱》，黎澤渝、劉慶俄編：《黎錦熙文集》（下）第一二八頁。

[33] 魏建功：〈打倒國語運動的攔路虎〉，《國語週刊》第十二期（一九二五年八月三十日）。《魏建功文集》第五卷第四三三－四三四頁，江蘇教育出版社二〇〇一年版。魏建功〈繼往開來出力多〉一文中說自己是一九二八年回北京大學服務，「追隨本師錢玄同先生從事『國語運動』」。《魏建功文集》第五卷第五八九頁。

「新文學」的勢力，胡適坦然應對，他在一九二二年所著的〈五十年來中國之文學〉一文中認為文學革命已經大勝，過了討論的時期，進入創作的試驗和收穫期了，反對黨已經破產。[34]黎錦熙說他們新文化陣營應對反對勢力的聯合作戰計畫，是布出了三道防線：白話文、國語教科書（包括一切國語讀物）、教育法令。黎錦熙特別強調白話文是第一道防線，「擔任的軍隊是急先鋒的新文學家，不曾落伍的教育界，受了訓練的青年們。總司令胡適之（胡先生擔任這路總司令，並不是誰派的，也不是大家推舉的，尤不是他自己要幹的，乃是敵軍只認他為總司令）」[35]。因為《學衡》、《甲寅》的火力就是直接對準他發的。

這時，出陣迎敵的先鋒大將，仍是錢玄同。當年，文學革命初瀾，他欲置「選學妖孽」、「桐城謬種」於死地。如今是在《京報》上創辦《國語週刊》，作為「大家發表關於國語的言論機關」和與敵人交火的陣地。一九二五年六月十四日《國語週刊》的發刊辭中說道：

> 一、我們相信這幾年來的國語運動是中華民族起死回生的一味聖藥，因為有了國語，全國國民才能彼此互通情愫，教育才能普及，人們的情感思想才能自由表達。所以我們對於最近「古文」和「學校的文言文課本」陰謀復辟，認為有撲滅它之必要；我們要和那些僵屍魔鬼決鬥，拼個你死我活！
>
> 二、我們相信正則的國語應該以民眾的活語言為基礎，因為它是活潑的，美麗的，純任自然的，所以我們對於現在那種由古文蛻化的國語，認為不能滿足；我們要根據活語言來建立新國語。
>
> 三、我們相信中華民族今後之為存為亡，全靠民眾之覺醒與否；而喚醒民眾，實為知識階級唯一之使命。……講到喚

---

[34] 胡適：〈五十年來中國之文學〉，《胡適全集》第二卷第三四二頁。

[35] 黎錦熙：《國語運動史綱》，黎澤渝、劉慶俄編：《黎錦熙文集》（下）第一六六頁。

> 醒民眾，必須用民眾的活語言和文藝，才能使他們真切地瞭解。……[36]

《國語週刊》先是作為《京報》副刊之一種出版。自一九二五年六月十四日－十二月二十七日，共出版二十九期。一九二六年四月，《京報》也被張作霖查封停刊。一九三一年九月五日《國語週刊》又作為《世界日報》的副刊新出第一期。以後一直出到三百期（一九三七年七月）[37]。抗戰期間，《國語週刊》在陝西南鄭復刊（一九四一年三月八日），一九四四年一月改在甘肅蘭州，又相繼出版發行六十期（一九四一年三月八日－一九四六年五月十日）。

一九二五年九月二日錢玄同在為顧頡剛編選的《吳歌甲集》所寫的序言中，明確指出他認為的「國語應該具有三個美點：活潑，自由，豐富」。他說自已有「國語熱」，所以連帶著有「國語文學熱」。「我極相信文學作品對於語言文章有莫大的功用，它是語言文章的血液。語言文章缺少了它，便成了枯槁無味的語言文章：低能兒的語言」。國語文學應當用「真的活人的話語」來做。[38]

三年前，《學衡》出來反對新文學與新文化時，魯迅、周作人都有積極的回擊。吳宓、梅光迪、胡先驌、柳翼謀、胡夢華的言論都引起了周氏兄弟尖銳的批評。魯迅（署名「風聲」）在《晨報副鐫》上的文章就有：〈估《學衡》〉，一九二二年二月九日。〈「一是之學說」〉，一九

[36] 錢玄同：〈《國語週刊》發刊辭〉，《錢玄同文集》第三卷第一五六－一五七頁。

[37] 《國語週刊》南鄭版第一期（民國三十年三月八日）有黎錦熙著《國語週刊南鄭版發刊詞》，開頭說：「國語週刊是教育部國語推行委員會的一個機關報，是民國二十年九月在北平發刊的，到二十六年七月，恰出到三百期，而『七七』國難□，停版。二十九年七月，教育部令本會擴大組織，調整工作，召開第二屆全體大會於重慶，本刊就在二十九年雙十節的前一日，□刊於中央日報。」（原引文中有兩個未顯示的字的表示為□）若按照黎錦熙的話，是出版三〇〇期，但就目前所看到的材料，是到第二八六期（一九三七年四月三日）。

[38] 錢玄同：〈《吳歌甲集》序〉，《錢玄同文集》第三卷第三六一－三七三頁。次序言的摘錄先刊發在一九二五年九月六日《國語週刊》第十三期上。

二二年十一月三日。〈對於批評家的希望〉，一九二二年十一月九日。〈反對「含淚」的批評家〉，一九二二年十一月十七日。

同年，周作人以「式芬」的筆名在二月四日《晨報副鐫》和二月十三日《時事新報‧學燈》上發表〈《評嘗試集》匡謬〉。胡適在日記上認為周的文章是持中的，公正的。二月十二日周作人又以「仲密」為筆名在《晨報副鐫》刊出〈國粹與歐化〉，反對梅光迪關於模仿的主張。四月二十三日《晨報副鐫》又刊出周作人（仲密）的〈思想界的傾向〉的文章，悲觀地說：「現在思想界的情形，……是一個國粹主義勃興的局面；他的必然的兩種傾向是復古與排外。」因仲密文章中提到《學衡》，所以胡適在二十七日《晨報副鐫》上刊出〈讀仲密君《思想界的傾向》〉，做針對性的回應。他說梅光迪、胡先驌「不曾趨時而變新，我們也不必疑他背時而復古」。「知道梅、胡的人，都知道他們仍然七、八年前的梅、胡。他們代表的傾向，並不是現在與將來的傾向，其實只是七八年前——乃至十幾年前——的傾向。不幸《學衡》在冰桶裏擱置了好幾年，遲到一九二二年方才出來，遂致引起仲密君的誤解了」[39]。

隨後周作人變換筆名又刊登多篇批評文章，僅《晨報副鐫》上就有多篇。沈雁冰針對梅光迪及其他「學衡派」同人也有多次尖銳的批評[40]。

如今周作人是《國語週刊》的作者，同時針對《甲寅》的反對之聲，寫了多篇回擊文章。魯迅和胡適的態度相似，不屑與復古勢力和

---

39 胡適：〈讀仲密君《思想界的傾向》〉，《胡適全集》第二十一卷第二六五頁。此問題的詳論參見沈衛威：《「學衡派」譜系——歷史與敘事》第四四八－四五〇頁，江西教育出版社二〇〇七年版。

40 郎損：〈評梅光迪之所評〉，《時事新報‧文學旬刊》第二十九期（一九二二年二月二一日）。郎損：〈近代文明與近代文學〉，《時事新報‧文學旬刊》第三十期（一九二二年三月一日）。郎損：〈駁反對白話詩者〉，《時事新報‧文學旬刊》第三十一期（一九二二年三月十一日）。冰：〈「寫實小說之流弊」？〉，《時事新報‧文學旬刊》第五十四期（一九二二年十一月一日）。雁冰：〈文學界的反動運動〉，《文學週報》第一二一期（一九二四年五月十二日）。

反對新文學的章士釗等再戰。他在給《國語週刊》主編錢玄同的信中說道：「此輩已經不值駁詰，白話之前途，只在多出作品，使內容日見充實而已」[41]。同時在一九二五年八月二十八日《莽原》週刊第十九期上刊發的〈答 KS 君〉一文中，再此強調，「因為《甲寅》不足稱為敵手，也無所謂戰鬥」；「倘說這是復古運動的代表，那可是只見得復古派的可憐，不過以此當作訃聞，公佈文言文的氣絕罷了」[42]。

四

從傳統經、史、子、集的「四部」之學，經晚清到民國初年（一九一二）教育部《大學令》確立的文、理、法、商、醫、農、工的「七科」之學的轉變，中國文學系在文科建制中也日趨獨立。北京大學（前京師大學堂）的文科「課程」設置，也就自然成為國內新起大學的效仿榜樣。這裏，我專門找來北京大學文科中國文學系一九一九年九月－一九二〇年六月的學年（一二三年級）課程：

> 科學概論（一、二，王星拱）。哲學史大綱（一，胡適）。社會學大意（一、二、三，陶孟和）。文字學（二、三，錢玄同）。文學史（三，吳梅）。文學史（二，劉毓盤）。中國詩文名著選（一，朱希祖）。中國文學史（一，朱希祖）。中國文學史要略（一，朱希祖）。歐洲文學史（一，周作人）。十九世紀文學史（二，周作人）。詩（二、三，黃節）。文（二、三，劉毓盤）。詞曲（二、三，吳梅）。[43]

---

41 魯迅：〈致錢玄同〉，《魯迅全集》第十一卷第四五二頁，人民文學出版社一九八一年版。

42 魯迅：〈答 KS 君〉，《魯迅全集》第三卷第一一二頁。

43 〈文科中國文學系第三二一學年課程時間表〉，《北京大學日刊》一九一九年十月二十五日。

這份課程表中沒有劉師培和黃侃。因為劉師培此時病重，一九一九年十一月二十日病逝。黃侃一九一九年七月底即離開北大到武昌高師任教。[44]

據北京大學一九二一年十月制定的《中國文學系課程指導書》所示，已經為現代大學，確立基本的模式和內容，並且是循序漸進，層次分明。[45]

---

44 黃焯：《黃季剛先生年譜》，《黃侃日記》第一一一五頁，江蘇教育出版社二〇〇一年版。

45 據《中國文學系課程指導書》（十年十月訂），《北京大學日刊》一九二一年十月十三日所示，具體科目如下：

科目	教員	單位
文字學概要 （說明音形義之大略，俾得應用之以讀古書）	沈兼士、馬裕藻	四
古籍校讀法（乙）（述前代學者治學之方法）	馬裕藻	一
文學史概要（乙）（說明中國文學之流別及其利弊）	朱希祖	三
詩文名著選 （選授歷代詩文之名著，藉以知文學之梗概）	吳　虞、劉毓盤	四
以上為本系一年生必修之科目（入外國文學諸系及史學系哲學系者，選修）		
文字學 A 音韻（乙）	錢玄同	3
文字學 B 形義	沈兼士	3
經學通論 A 今文家學說	崔　適	3
經學通論 B 不分今古文家學說	陳漢章	3
史傳之文（或選讀各史，或專讀一史，或兼讀數史）	張爾田	三
諸子之文 （或選讀各家論文，或專讀一家，或兼讀數家）	吳　虞	三
詩（乙）	黃　節	三
騷賦		二
詞	劉毓盤	三
戲曲	吳　梅	三
雜文	吳　虞	三
外國文學書之選讀	周作人	三
戲曲史	吳　梅	二
詞史	劉毓盤	二
歐洲文學史	周作人	三
普通音理及和聲學初步	蕭友梅	三

在文學課、語言課之外的第三類的「雜文學之類」，即後來又統稱為「古籍校訂」或「文獻學」。

這份課程表和課程指導書中教師，黃節(《兼葭樓詩》)、劉毓盤(《濯絳宧詞》)、張爾田（《初日山房詩集》)、吳梅（《霜崖詩錄》、《霜崖曲錄》、《霜崖詞錄》)都是詩人，擅長詩詞或詞曲，且在各自的學術領域，有專門的研究。

中國古聲律（凡今日以前中國所傳之聲律皆屬）	吳　梅	二
以上為本系二三年生選修之科目		
文學史概要（甲）	朱希祖	三
古籍校讀法（甲）	馬裕藻	一
以上為二年生補修之科目		
文字學（音韻）（甲）	錢玄同	3
詩（甲）	黃　節	三
戲曲（甲）	吳　梅	二
小說史（甲）	周樹人	一
以上為三年生補修之科目		

凡有　符者，必須兼作劄記。有　符者，得自由為作文之練習。(沈註：原課表「有　符者」實際上沒有顯示出來)。

本系待設及暫闕各科要目如左(沈按：原文為豎排文字)。本學年若有機會，擬即隨時增設。

文學概論、經學通論、古文家學說、解詁之文一切解經詁史之文、小說、詩史、小說史（乙）、新詩歌之研究、新戲劇之研究、新小說之研究

中國文學之特別研究科目假定如左（擬自下學年起逐漸增設）：

第一類　文字學之類

甲骨金石文字及說文解字諸書、古韻學及切韻以降韻學諸書、爾雅以次詁訓諸書、發音學之研究、閏音之研究、方言之研究、語法之研究

第二類　純文學之類

詩經、樂府詩、騷賦、古今謠諺、兩漢迄唐諸名家詩、唐以降諸名家詩、唐以降諸名家律詩、唐宋金元以降諸名家詞（附清）、元明清諸名家戲曲、唐以前諸小說、唐以後諸小說

第三類　雜文學之類

書禮周官左傳國語及漢以前諸史志、兩漢迄唐史志諸書(正史以外諸史志皆屬之)、唐律等書、易春秋及周秦諸子（儒、道、墨、名、法及其他)、唐以前儒名法及雜家、魏晉玄言、佛學經論譯者、兩漢迄唐議禮論政之文、宋明諸儒語錄、周髀算經及九章算術諸書、素問靈樞諸書、大小戴記及春秋公羊穀梁傳、兩漢迄唐解經詁史之文、唐宋人筆記、清儒考訂之文、昭明文選派之文、唐宋八家及桐城派之文

沈兼士、馬裕藻、朱希祖、崔適、陳漢章、錢玄同、周樹人、周作人均是浙江人，章太炎的同學或弟子，所以被視為浙江派取代「桐城派」文人，控制北京大學中國文學系。日後教育界鬧風潮時，出現的「某籍某系」之說便是此現象的特指。

王星拱、陶孟和留學英國，胡適留學美國，蕭友梅留學日本、德國，其他有海外留學經歷的人都是從日本回來的，除四川人吳虞外，多章太炎的弟子。他們與晚清反滿革命有關，自然也是與浙人蔡元培出任教育部總長、北京大學校長有最為密切的關係。

胡適、周樹人（魯迅）、周作人、錢玄同，都是新文學作家，沈兼士、馬裕藻、朱希祖雖不創造新文學作品，但是新文學陣營的盟友。蕭友梅是著名的音樂教育家。吳虞是被胡適稱之為「只手打孔家店的老英雄」。他們共同處在新文化的陣營裏。

特別是胡適的《哲學史大綱》這門課，是先在哲學系贏得信譽，才在中文系開設，並成為文科的品牌課程。一九一七年九月留美歸來進入北京大學的胡適，知道傅斯年、顧頡剛、毛子水等人的國學基礎，均在他之上。原來講中國哲學的陳漢章，從伏羲講起，講了一年，只講到「洪範」。胡適接課後，拋開以前的課本，重編講義，第一講是「中國哲學結胎的時代」，用《詩經》作時代的說明材料，丟開唐、虞、夏、商，從周宣王講起。這樣一改，對一般人充滿三皇五帝的腦筋，是一個嚴重的打擊。據顧頡剛〈《古史辨》自序〉所言，正是胡適「有眼光，有膽量，有斷制」[46]的思想方法，贏得了學生的信賴和支持，站穩了北大的講臺。五四運動中傅斯年、顧頡剛、毛子水、羅家倫、楊振聲等最著名的幾個人物都是他的門生。學生中的傅斯年（北京大學代校長、臺灣大學校長）、羅家倫（清華大學校長、中央大學校長）、楊振聲（青島大學校長），後來成為著名大學的校長，承傳他的辦學理念，聘請新文學作家到大學執教（朱自清、俞平伯進清華，沈從文、聞一多、梁

[46] 顧頡剛：〈《古史辨》自序〉，《古史辨》第一冊第三十六頁，北京樸社一九二六年版。

實秋等進青島大學等)，並將新文學研究和創作指導，推進到大學中文系。胡適還推薦新文學作家陳源（西瀅）出任武漢大學文學院院長，使得沈從文、蘇雪林得以被聘任，並將「新文學研究」課，開進武大。

一九二一年十月，東南大學正式成立，原南京高等師範學校與之兩名稱並存，一九二二年十二月六日兩校評議會、教授會聯席會議通過，南京高師歸入東南大學。

國文系首任系主任是原兩江師範學堂學生，一九一七年夏畢業於北京大學哲學門（後又為文科研究所研究生）的陳中凡（鍾凡）。他實際是回自己的母校任教。吳梅是從北京大學到東南大學執教，所以他的詞曲課從北大開到東大。

據一九二三年四月印行的《國立東南大學一覽》所示，此時（一九二三年一月統計）國文系的師資為：

陳鍾凡（斠玄）　系主任、教授
顧　實（惕森）　國文教授
陳去病（佩忍）　詩賦散文教授
吳　梅（瞿安）　詞曲國文教授
周　盤（銘三）　國語主任教員
邵祖平（潭秋）　國文助教
周　澂（哲準）　國文助教

國立東南大學國文系課程開設可以參考和比擬的只有國立北京大學中國文學系。[47]

---

[47] 課程有詳細的內容，這裏引用文字有省略，詳見《國立東南大學一覽》，東南大學編印，一九二三年四月（南京大學圖書館藏)。國文系開設的課程為五類，分別是：

本科學生課程（第一類)：

國學概要一（群經通論)、國學概要二（諸子通論)、國學概要三（史傳通論)、國學概要四（典籍總略)、散文一（經典解詁之文)、散文二（學術思想之文)、相同之處顯而易見，這是東南大學學習北京大學，取法北京大學的結果。因為國立北京大學中文系有其首先創辦的示範作用。不同之處在於，北京大學中國文學系計畫開設的「新詩歌之研究、新戲劇之研究、新小說之研究」，是新文化運動和新文學運動的大勢所趨。這恰恰是東南大學「學衡派」成員所排斥、所反對的東西。因為此時東南大學西洋文學系的教授梅光迪、吳宓正主持《學衡》雜誌。國文系的任課教授中，陳去病、顧實曾留學日本。其中陳去病又是「南社」著名詩人。此時顧實還撰寫有〈東南大學國學院整理國學計畫書〉[48]，其主旨與北京大學同人所倡導的「整理國故」的主張，特別是與〈國立

散文三（傳記之文）、散文四（書牘雜文）、古今詩選、歷代賦選、詞選、曲選、小說選

輔系學生自選課程（第二類）：

文字學、聲韻學、訓詁學、文章學、詩賦通論、詞學通論、歷代文評

他科學生自選課程（第三類）：

中國文學史、詩賦史、詞史、曲劇史、小說史

本科學生研究科目（第四類、第五類）：

三禮文、春秋三傳文、論語文、群經文、國策文、史記文、漢書文、三國志文、晉書宋書文、老子文、莊子文、墨子文、孟子文、荀子文、韓非子文、呂子文、周秦諸子文、賈誼文、淮南文、揚雄文、曹植文、陸機文、漢魏名家文、六朝文、韓愈文、柳宗元文、唐宋名家文、文選派之文、唐宋八家派之文、詩經、楚辭、漢魏樂賦、建安七子詩文、阮嗣宗詩、陶淵明詩、謝康樂詩、八代名家詩、文選派之詩、李太白之詩、杜子美之詩、唐宋名家詩、江西派詩、元明清名家詩、唐五代詞、北宋人詞、南宋人詞、宋元以來名曲、宋以後小說、本國人論東西洋各國之文、外國人研究中國文學之情形、特別研究

這五類課程是國文系學生所必修、選修的課，之所以又分出類別中第二類、第三類，是分別供同學科輔系（如歷史、哲學）學生和不同學科的他科學生選修的。

此史料我第一次使用是在〈文科建制與中文系課程設置的經典化過程——從東南大學－中央大學到南京大學〉，《文學評論叢刊》第一一卷第一期（二〇〇八年）。

48 初刊東南大學主辦的《國學叢刊》第一卷第四期（一九二三年十二月）。一九二四年三月十五日、十八日，《北京大學日刊》第一四二〇、一四二二號作為「專件」分兩期連載。

北京大學研究所整理國學計畫書〉（民國九年十月）[49]也存在著巨大的差異。「古史辨」的討論，就是在北京大學與南京高師－東南大學的師生之間展開的。古史觀念中南北分歧被顧頡剛稱之為「精神上的不一致」[50]。這就形成了胡適所說的：「南高以穩健保守自持，北大以激烈改革為事。這兩種不同之學風，即為彼時南北兩派學者之代表。然當時北大同人，僅認南高為我們對手，不但不仇視，且引為敬慕，以為可助北大同人，更努力於革新文化。」[51]

晚清的排滿革命運動中，以章太炎為首的革命派，強調並提升漢語言文字的特殊地位，使之成為民族革命的一種文化力量的整合和鬥爭策略，但進入民國，特別是五四運動之後，以白話為主體的「國語統一」運動，和「新文學」建設，極大地消解了章黃學派的地位和學術範式。一九二八年黃侃到中央大學後對傳統「小學」的堅守和章太炎始終排斥甲骨文，都是文化守成的明顯實例。

據一九二三年四月印行的《國立東南大學一覽》所示，國文系為配合新興的國語運動，特別是一九二〇年一月教育部通令小學一、二年級課本廢除古文改用國語後的實際需要，為本系國語組開設了十門課程：

> 注音國語、實用國語會話、國語語法、國語教學法、小學國語試驗、國語語音學、中國語音史、中國語言史、方言研究、國語問題

原南京高師的課程是師範體系，國立東南大學成為綜合大學之後，這份國文系課程，是陳中凡參照國立北京大學中國文學系課程設置而制定的。特別是為國語組開設了十門課程，更是國文系系主任陳鍾凡受

49 〈國立北京大學研究所整理國學計畫書〉（民國九年十月），《北京大學日刊》一九二〇年十月十九日。此計畫為馬敘倫所撰。

50 顧頡剛：〈答柳翼謀先生〉，《北京大學研究所國學門週刊》第十五、十六期合冊（一九二六年一月二十七日）。

51 胡適：〈在中央大學宴會上的演說詞〉，《胡適全集》第二十卷第一〇八頁。

北京大學的影響，順應時代潮流。但他一九二四年十一月到新成立的廣東大學任文科學長後，東南大學國語組的課程體系便落空了。他也再沒能回到東南大學－中央大學任教。東南大學－中央大學中文系，也就一直處在排斥新文學並不允許其進入課程體系中保守狀態。

此時南京東南大學的學生來源，保留了一九〇二年南京興學時三江（江蘇、安徽、江西）師範學堂的生源特點，又增加了浙江的學生。這樣一來，在東南大學讀書的學生中有江淮方言、吳方言、徽州方言、贛方言、客家話（部分江西學生）等幾大語言壁壘。在大學和師範教育系統首先推行的國語運動，是新文化－新文學進入教育體制的一個重要環節，也是為提高全民文化素質和教育普及所邁出的關鍵一步，更是統一的多民族國家文化認同和文化建設的基礎性工作。

實際上，這份課程設置有許多理想的成分，有「取法其上」的較高要求。如當時的師資就根本無法開出「本國人論東西洋各國之文」、「外國人研究中國文學之情形」這樣的課程。一九三〇年代，北京大學中文系有類似「外國人研究中國文學之情形」的課程開出。如曾留學英法的劉複所開的「歐文所著中國學書選讀」、曾留學日本的錢稻孫所開的「日本文所著中國學書選讀」。

五

歷史進入一九三〇年代後，「國語統一」被「革命文學」及「文藝大眾化」運動所挾持，進而有些更為激進的態勢。此時的「國語統一」主要依靠教育法令和教科書來保障。其中教科書的編輯出版者，大都是新文學作家和語文教育家，具有中小學教育的實際經驗。如「開明本」的教科書，就是葉紹鈞、夏丏尊、朱自清、朱光潛、豐子愷、俞平伯、劉大白等當年白馬湖畔「春暉中學」同人努力的結果。朱自清、朱光潛、俞平伯、劉大白隨後在大學中文系，繼續推進新文學研究和課程的開設。

這裏我選用一九三一年九月十四日《北京大學日刊》登出的北京大學文學院中國文學系（一九三一年九月至一九三二年六月）的課程（沈按：下面是將課表分解，課時和學分略）來看，其與時俱進，對一九二一年的課程有較多的修改，引進了許多新課。[52]

---

[52] 〈二十年度北京大學理文法學院各系課程大綱〉，《北京大學日刊》一九三一年九月十四日所示：

共同必修課科目

中國文字聲韻概要（沈兼士、馬裕藻）、中國詩名著選（附實習）（俞平伯）、中國文名著選（附實習）（林損）、中國文學史概要（馮淑蘭）

一、分類必修及選修科目

A 類

語音學（劉復）、語音學實驗（劉復）、言語學大意（暫停）、中國文字及訓詁（沈兼士）、石文研究（沈兼士）、甲骨及鐘鼎文字研究（商承祚）、說文研究續（三）（錢玄同）、中國音韻沿革（錢玄同）、清儒韻學書研究（三）（馬裕藻）、古音系研究（三）（魏建功）、中日韓字音沿革比較研究（三）（金九經）、中國古代文法研究（鄭奠）、滿洲語言文字（壽春）、蒙古語言文字（奉寬）、西藏語言文字（未定）

凡注（三）字者，為三年以上之科目。

B 類

中國文學

毛詩續（三）（黃節）、楚辭及賦（張煦）、漢魏六朝詩（黃節）、唐宋詩（林損）、詞（俞平伯）、戲曲及作曲法（許之衡）、先秦文（林損）、漢魏六朝文（劉文典）、唐宋文（暫停）、近代散文（周作人）、小說（俞平伯）、修辭學（下學期開）（鄭奠）

中國文學史

中國文籍文辭史（傅斯年）、詞史（趙萬里）、戲曲史（許之衡）、小說史（暫停）

文學批評

文學概論（徐祖正）、中國古代文學批評（暫停）

文學講演（臨時通知，不算單位）

新文藝試作（單位未定）

C 類

目錄學（余嘉錫）、校勘學（暫停）、古籍校讀法（余嘉錫）、經學史（馬裕藻）、國學要籍解題及實習（鄭奠）、考證方法論（上學期開）（鄭奠）、三禮名物（吳承仕）、古聲律學（許之衡）、古曆學（范文瀾）、古地理學（鄭天挺）、古器物學（暫以歷史系的金石學代之）、歐文所著中國學書選讀（劉復）、日本文所著中國學書選讀（錢稻孫）

其中開設「中日韓字音沿革比較研究」的金九經是朝鮮人。他與此前到朝鮮京城帝國大學（今首爾大學）法文學部任中國語講師的北京大學中國文學系的畢業生魏建功相識（一九二七年）。金九經一九二七年九月辭去帝國大學圖書館的職位，一九二八年到北京求職，經魏建功介紹，住在未名社。他在北京結識胡適、魯迅、周作人、錢稻孫、劉半農、臺靜農、韋素園、韋叢蕪等。一九二八年，魏建功回北京大學中國文學系任教，隨後便介紹金九經到北大教授日語和朝鮮語。在北京期間金九經幫助胡適校寫整理出版敦煌寫本《楞伽師資記》（胡適從倫敦大英博物院、巴黎國立圖書館帶回的兩個影印本）[53]。他也曾到瀋陽、長春的大學任教，輯譯《滿洲祭神祭天典禮》。回國後從教於京城帝國大學。

上述表中的「單位」指的是課時。A 類為語言學科的課程。語言文字學研究一直是北京大學的強項，並形成傳統。尤其是滿、蒙、藏少數民族語言文字的研究，是他們的特色。實際上，A、B、C 三類課程就是語言文字、文學、古籍校訂三組。

僅從上述開課的教師看，俞平伯、劉複（半農）、馮淑蘭（沅君）、傅斯年、魏建功、周作人、錢玄同都是新文學作家。劉複所開的「語音學實驗」就是從英法大學學來的。相比之下，此時由東南大學易名中央大學的國文系，則是絕對排斥新文學的。

而上述課程表所列的「新文藝試作（單位未定）」，一周後就得到落實。在《北京大學日刊》一九三一年九月二十四、二十五、二十六連續三日登出一九三一年九月二十三日擬定的「國文學系佈告」：

一、共同選修課科目（他系開設，本系學生必須選修外國語文一二種）
二、國語（為本校各系開，本系一年級學生須選作文）
三、外國語（另有規定）
四、畢業論文（大四開始）

此史料我第一次使用是在〈現代大學的知識體系與新文學的生存空間——以六所國立大學中文系課程為例〉，《揚子江評論》二〇〇七年第二期。

[53] 胡適：〈《楞伽師資記》序〉，《胡適全集》第四卷第二五七頁。

新文藝試作一科暫分散文、詩歌、小說、戲劇四組。每組功課暫定為一單位（每一單位一小時或二小時）。諸生願選習此科者，可各擇定一組（多至兩組）。將平日作品一篇繳至國文系教授會，俟擔任指導教員作評閱後加以甄別。合格者由本學系佈告（其一時未能合格者可至下學期再以作品請求甄別）。學年終了時，以試作之平均分作為成績（但中途對於試作不努力者，如作輟無恒或草率從事之類，得令其停止試作）

本學年擔任指導教員

散文（胡適　周作人　俞平伯）、詩歌（徐志摩　孫大雨）、小說（馮文炳）、戲曲（余上沅）、

（以後增聘教員，隨時由本學系佈告）

九月二十三日[54]

北京大學的文學課如此，語言文字學科的強勢也在逐步擴大。據長期追隨錢玄同從事「國語運動」的魏建功所述，一九一九年羅常培從北京大學中國文學系畢業（升入哲學門研究生），他入北京大學預科。隨之他便參與「整理國故」的討論，和「國語運動」的國語推廣。一九三〇年代中期，北京大學曾參與過新文學運動的老一輩教授，多不再課堂第一線執教，課程轉進一個新階段，開始分文學、語言文字、古籍校訂三組。他和羅常培於一九三六年合擬的《中國文學系語言文字學組課程總綱》，分為：中國語言學、中國文字學。並細分為二三門課程。[55]

54　〈國文學系佈告〉，《北京大學日刊》一九三一年九月二十四、二十五、二十六日連續刊登。

55　魏建功：〈繼往開來出力多〉，《魏建功文集》第五卷第五九一頁的具體內容如下：

甲　中國語言學

A　語言

一　語言學（二、三）＊〇 二

二　語義學（訓詁）（二、三）＊二

三　中國訓詁學史綱（三）＊〇 二

這一課程綱要長期指導北京大學中文系的語言學科。一九四九年以後，中國大學的語言學科，北京大學始終保持絕對的強勢，是有歷史積澱和學術傳承的。至於「現代漢語」取代「國語」,「現代文學」取代「新文學」作為課程名稱的時間及客觀因素，隨後將著重討論。

六

相對北京大學中文系的課程而言，由原南京高師－東南大學改制的中央大學中文系的課程，就顯得保守多了。

四　方言研究（二）二
五　東方語言研究
六　漢語學擇題研究（聯綿格、般周詞類）（三、四）＊〇 二
七　中國文法研究（古文法、現代語法）（三、四）＊〇 二
B　聲韻
一　語音學（附實驗）（一、二）＊〇 三
二　中國聲韻學概要（橫的敘述）（一）＊〇 二
三　中國聲韻學史綱（縱的敘述）（二）＊〇 二
四　古音考據沿革（三、四）＊〇 三
五　韻書系統（三、四）＊〇 三
六　等韻圖攝及音標運動（三、四）＊〇 三
七　域外中國音韻論著研究 二
八　方言調查實習　二
九　聲韻學・擇題研究（漢魏六朝音）（三、四）＊〇 二
乙　中國文字學
一　中國文字學概要（一）＊〇 二
二　漢字變遷史綱（二）＊〇 二
三　中國文字學史（三、四）＊〇 三
四　古文字學導論（三、四）＊〇 二
五　甲骨文字研究　三
六　鐘鼎文字研究　三
七　文字學擇題研究（三、四）＊〇 二
加＊者必修。分年者加一、二、三、四字樣。照分年必修之規定如有應修未修者，必須補修。
教育系輔系生選習科目加〇，除一年級功課須必修，餘為選修。

先看一九三二年秋冬學期（一九三二年九月－一九三三年一月）中央大學文學院中國文學系的課程一覽（沈按：因表格佔據大量篇幅，下面是將課表分解，課時和學分略）：

> 各體文選一（錢子厚）、各體文選二（黃耀先）、國學概論一（錢子厚）、國學概論二（黃耀先）、方言（或文字學）（汪旭初）、文學史綱要（胡小石）、目錄學（汪辟疆）、修辭學（王曉湘）、文學研究法（黃季剛）、練習作文（王伯沆）、漢書（黃季剛）、音韻學（黃季剛）、周以後文學（胡小石）、詩歌史（汪辟疆）、唐詩（陳仲子）、詩名著選（汪辟疆）、樂府通論（王曉湘）、宋詩（陳仲子）、詞曲史（王曉湘）、詞學通論（吳瞿安）、專家詞（夢窗）（吳瞿安）、南北詞簡譜（南詞）（吳瞿安）、論孟舉要（王伯沆）、毛詩（陳仲子）、莊子（徐哲東）、左傳（徐哲東）、書經舉要（王伯沆）、漢魏六朝詩（伍叔儻）、鐘鼎釋文名著選（胡小石）、楚辭（徐哲東）[56]

北京大學與中央大學中國文學系的課程相比，差別很大。後者沒有新文學研究的課程，一九二八年中央大學所確立的課程中有「甲骨文研究」，這是一九二〇年代「清華國學研究院」時期，王國維、陳寅恪所達成共識並反覆強調的「三大新學問」之一。但這一學期中央大學中國文學系沒有開設，隨後長時間也沒能開設，胡小石只開了「鐘鼎釋文名著選」。這與「章黃學派」排斥甲骨文有關[57]。汪旭初（東）、黃季剛（侃）為章太炎的弟子。汪旭初長期為中文系主任。

---

56 《國立中央大學日刊》一九三二年十月七日。

57 章太炎是始終排斥甲骨文的。在一九三五年九月十六日蘇州開講的「章氏國學講習會」第一期中，有《小學略說》。據王乘六、諸祖耿記錄，孫世揚校的《章氏國學講習會講演記錄》所示，章太炎說：「至如今人嘩傳之龜甲文字，器無徵信，語多矯誣，皇古占卜，著龜而外，不見其他。……獸骨龜厭，紛然雜陳，稽之典籍，何足信賴？……至於龜甲，則矯誣之器、荒忽之文而與此同時，也是相鄰學校的私立金陵大學中國文學系，所開設的課程就與北京大學中國文學系有趨同的地方。這是教會大學的開放性和創新性的另一表現形態。

先說私立金陵大學中國文學系的師資：

胡光煒（小石）兼任教授
佘賢勳（磊霞）講師
吳　梅（瞿安）兼任教授
吳徵鑄（白匋）助教
胡翔冬（俊）教授
高炳春（柳橋）講師
張守義（君宜）講師
黃　侃（季剛）兼任教授
劉繼宣（確杲）教授
章樹東助理員[58]

這三位兼任教授，都是中央大學中國文學系的教授。以下課程的具體內容可以顯示出兩校中國文學系區別：

已。」引自南京大學中文系古典文學教研室、南京大學學報編輯部編印《章太炎先生國學講演錄》（內部交流・非賣品）第二〇－二一頁。另外，一九三五年六月至八月章太炎與金祖同有四封討論甲骨文的通信，他說：「甲骨之為物，真偽尚不可知，其釋文則更無論也。」見馬勇編：《章太炎書信集》第九六〇頁，河北人民出版社二〇〇三年版。

據《黃侃日記》所示，他晚年對甲骨文的看法有所轉變。他購買了多種有關甲骨文的書，但多沒有來得及讀。楊樹達在《積微翁回憶錄》一九三六年十二月二十七日的日記中記有：「林景伊來，告余云：黃季剛於沒前大買龜甲書讀之。嘗語渠云：『汝等少年人盡可研究甲骨，惟我則不能變，變則人將詆譏我也。』……余謂，季剛始則不究情實，痛詆龜甲，不免於妄；繼知其決非偽物，則又護持前錯，不肯自改，又不免於懦矣。」見楊樹達：《積微翁回憶錄・積微居詩文鈔》第一二六頁，上海古籍出版社一九八六年版。

58 《私立金陵大學一覽》（一九三三年六月）第三八四－三八五頁。

> 補習班國文、各體文選（上下）、文字學大綱、目錄學、文學概論、現代文藝、古代詩選、唐詩選、賦選、高等作文、文學史（上下）、詞選、諸子文選、小說選、小說概論及小說史、文藝批評、說文、聲韻學、訓詁學、經學通論及經學歷史、詩學概論、詞學通論及詞史、金元戲曲選、曲學概論及曲史、專家詞、屈原賦、專家詩、專家文、甲骨文、鐘鼎文、專經研究、諸子專著研究、佛教文學、國文教學法、畢業論文[59]

這裏的「現代文藝」，是「講授近代文學之源流及轉變趨勢並選讀批評近代文學家作品」。「高等作文」是「講授國文作法每兩周並須作文一次以資實習」。「國文教學法」是「研究教材之選擇及支配並實習教授方法」。所謂的「現代文藝」和「國文作法」，以及「國文教學法」都是新的東西，與國語運動和新文學的關係極為密切。課程中的「甲骨文」為胡小石所開設，在保守的國立中央大學中文系沒法開，他只好在私立金陵大學中文系開講。

七

接下來看師範大學中文系的課程設置。

錢玄同，長期在北京高等師範學校（北平師範大學）任教，他和黎錦熙一直是中文系（國文系）的兩大台柱。也可以說是中文系的核心人物，具有絕對的話語權。一九二八年以後，錢玄同任中文系系主任，黎錦熙出任文學院院長。一九三七年，國立北平大學、國立北平師範大學和國立北洋工學院西遷組建國立西北聯合大學，黎錦熙出任文學院院長、師範學院院長。

為配合文學革命，錢玄同一九二二年發表了著名的〈漢字革命〉一文，提倡寫「破體字」和「白字」。這樣做符合漢字「六書」中「假

59 《私立金陵大學一覽》（一九三三年六月）第一六四－一七〇頁。

借」的演進規律，和造字方法。一九三五年，他又起草了《第一批簡體字表》。這裏我選用黎錦熙、錢玄同為師範大學擬定的課程大綱暨〈師範大學國文系科目表說明書〉，看其中的內涵：（具體內容見附注）。[60]

---

[60] 〈師範大學國文系科目表說明書〉，《西北聯大校刊》一九三八年八月十五日第一期，第四十一－五十頁（此表由我的博士生趙林同學提供）。

師範大學國文系科目表說明書

國立北平師範大學文學院院長

國立西北聯合大學國文系主任　黎錦熙

國立北平師範大學國文系主任　錢玄同　擬

（甲）本系設置目標

造就中等學校國文科教師，並培養學生用歷史的態度與科學的方法研習中國古今語言文字，以解決今後國文的新趨向之能力。

（乙）本系課程要旨

因為中等學校的國文教材，語體文與文言文並選，關於文體，則記敘文，抒情文，說明文，議論文等等都要分別講授，高中的國文課程，則純文藝及關於文學源流，學術思想的文章，都要選講其代表作品並須酌授文字學所以本系的教材，包括（一）語言文字學，（內分字形音韻義訓，文法諸項），（二）文學（內分文學史，文論修辭學，各體作品諸項），（三）學術思想（整理方法及分析評訓並重）三類，其內容注重歷史的變遷，使學生明瞭本國的語文，文學，思想各方面演進的真理，至於文學的技術，則各隨其性之所近，自由習作但以能勝指導中等學校學生作文之任為畢業生的最低限度。學生中如有願作窄而深的研究者，於達到三類平衡的標準之外仍得專精一類，以資深造。

（丙）科目表

年級	必修科目	每週時數		學分	總數	選修科目	附注
		上學期	下學期				
一年級	中國文字學概要	二	二	四	二二	散文選 駢文選 新文學概要 白話文選 簡體字研究及練習 - - - - - 甲骨金石文字研究 中國修辭學 詩歌史	選修科目－略分三階段（以虛線為界）第一階段一年級以下皆可選修。第二，二年級以下選；第三，三、四年級選。每門
	國語發音學概要	二	二	四			
	古今文法比較	二	二	四			
	中國文學史大綱	三	二	五			
	書目舉要	二	三	五			

二年級	古今音韻沿革	二	二	四	一八	三百篇選 辭賦選 漢魏六朝詩（兼樂府）選 唐宋已降詩選 詞選 戲曲選 小說史 專言研究	學分，於設置時酌定。或逐年間年或三年一設，或刪並，或增析隨時酌定之。 習作－選修科目之「散文選」「白話文選」均附習作，凡一年級生國文寫作程度過低者，必選。 此外，「駢文選」「詩賦選」「詞選」「戲曲選」「小說選」等，則由選修學生自由習，交任課教員評改。 參考－除有習作之各門外，無論必修選修，凡授課一小時時至少須參考自習一小時，始為一學分。
	文體源流	二	二	四			
	周至唐思想概要	三	三	六			
	經學史略	二	二	四			
三年級	文字形義沿革	二	二	四	一九		
	文學概論	二	二	四		周秦古音研究 近代語研究 中國文學理論史 古書校讀法 國文教材及語文工具研究	
	宋元明思想概要	二	二	四			
	清代思想概要		二	二			
	諸子概論	二	二	四			
四年級	國文教學法	二		二	九		
	國文試教及討論			六			
	專題研究			一			
	以上合計必修六十八學分					以上選修各門每人合計至多得選至三十學分至少選足二十二學分。	總計本系必選修以九十四學分為准，約占畢業總學分百分之七十

由於師範大學培養師資的特殊屬性，中文系的課程就具有相應獨立性。國語發音學概要、新文學概要、白話文選、簡體字研究及練習等課程，是培養教師「解決今後國文的新趨向之能力」的基本訓練，這和國立綜合大學中文系的培養目標是不同的。「甲骨金石文字研究」課程的開設，是北方學人對新材料、新學問重視的體現。

綜上所示，現代大學「七科」之學的確立，有六科都是純粹的西學。大學學科建制過程中，日本式的師範教育（一九一二年確立的六所高等師範：北京高師、南京高師、瀋陽高師、武昌高師、成都高師、廣東高師）體制的影響逐步消退，被德國和美國的學科體制取代。一九二七年以後，除北京高師變為師範大學外，都改制為綜合大學。各家中國文學系也取法北京大學的中文系課程體系，在文科建制中也日趨獨立。我此前曾專門討論過北京大學、中央大學、中山大學、武漢大學、浙江大學、清華大學六所國立大學中文系一九三〇年代的課程，分辨了各校中文系課程的差異及原因。這裏我所要強調的是，中文系的課程是最具中國特色，和具有同西學並立、對峙的強勢。中國語言、文學和典籍，是中華民族的文化載體和精神傳承的依託。中文系課程由北京大學所確立的文學課、語言課、典籍整理三個板塊，正是統一

（丁）說明書（按：此處從略）

（戊）附注

（一）師範大學有修養類之公共科目（如社會科學概論，自然科學概論，哲學概論，黨義，衛生，體育等）。約占畢業總學分百分之十；又有專業類之公共科目（如教育概論，教育史，教育行政，中等教育，師範教育等），約占畢業總學分之百分之二十（國文試教六學分另計在本系學分之內），其科目表及說明書另具，此概在略。

（二）他系學生以國文系為副系者，應分年將國文系一年級必修科目計算及四年級之國文教學法（並試教）完全畢業，此外任選何門，或不復選概聽其便。

（三）民廿六度國立西安臨時大學（廿七年三月部令改名西北聯合大學）國文系科目表亦適用之。但實際課程，略有變動。

（四）戰期中應添授之民族文學抗戰文藝及對民眾宣傳之語文研究與訓練等，概包括於關係之各科目中，不另設立科目。

的多民族國家文化重建和多民族團結融合過程中，各家大學中文系取法的依據。北京大學中文系百年來一直堅持這種學科建制。同時，國語統一、文學革命所帶來的新的課程，以及「三大新學問」也進入中文系的課程體系，強化了中文系學科的前沿性、時代性和學術性，造就出陳寅恪所看重的掌握「新材料」，發現「新問題」，得時代學術之新潮流的一代學人。同時也實現了胡適所希望的中國人自己的人文學科與西方人文學科的平等對話。

兩代人的集體記憶與反芻
——評劉再復《現代文學諸子論》

一、詩人之文與學者之詩

我讀劉再復的學術著作，也讀他的散文。我總覺得他的詩人氣質濃的化不開，也可以說他是位地地道道的詩人。他的學術文章深刻、激情而又多文采。大氣的宏論，細密的解讀，他都來得。他的求真、求善、求美的個人品行和文風，以至於在文中不自覺的留下一些沉重的道德說教和悲天憫人的人文關懷。面對太多的意識形態的干預，人性的醜惡和「黑染缸」文化的強大污染力，他的道德勇氣既顯得難能可貴，又顯得蒼白無力。這決不是劉再復的錯，而是我們這個社會的悲。作為受五四新文學精神養育並研讀新文學的我輩後生，我常想起並認同魯迅的那句讓人後背發涼的痛苦的自省：「我也吃過人。」也正是從劉再復為人、為文、為父的本我中，我理解他對晚年巴金的敬重，感受到了他與晚年巴金心靈的相通。這些都被他淋漓盡致地表達在〈巴金的意義〉中[1]。他像魯迅筆下的「過客」，從一九八〇年代以後的中國走向世界，又背付著感時憂國的沉重，如屈原般苦吟騷賦。讀他的文章，我感受到他是那麼的痛苦、焦慮、孤獨和悲愴。以至於我對我的學生說，讀劉再復的文章太沉重了。儘管他十分欣賞、認同高行健所說的「寫作可以逃逸到更深的感受中」[2]。但他「逃逸」的「感受」，讓我感受到的是他摯愛的魯迅的《野草》心境。

---

[1] 劉再復：《現代文學諸子論》第四十三－五十四頁，牛津大學出版社（香港）二〇〇四年版。

[2] 高行健：〈論文學寫作〉，《沒有主義》第六十七頁，聯經出版事業股份有限

劉劍梅曾說她走上學習、研究文學的路，全是為了父親。於是，中國文學研究領域多一位才女，也同時多了一道美好、溫馨的人文景觀。劉劍梅為父親劉再復的這本文集寫有〈引論〉，使我感到劉家有女已長成。五年前讀她與父親的通信集《共悟人間——父女兩地書》，也偶爾從網上讀到她的散文，看到的是一個成長中的劉劍梅。《父女兩地書》的責任編輯高國平研究郭沫若，是我的現代文學同道，也是提攜我的上海文藝出版社的前輩。我因《無地自由——胡適傳》、《自由守望——胡適派文人引論》和「百年文潮」叢書與他相識。《父女兩地書》出版後，我先買了一本，讀後發現有校對、印刷錯誤，與責任編輯通信，他在改過後寄我一本新的。劉劍梅在美國讀書的老師葛浩文、王德威是我真正的同行，葛浩文、王德威分別與我在東北流亡文學研究、茅盾研究中有過神交，或學術上的「支援」。劉劍梅的博士學位論文〈革命與情愛：文學史、女性身體與主題重述〉是研究「革命加戀愛」這一文學現象的。她的導師王德威對這一問題有專門的討論。其中共同的興奮點是左翼文學的一位關鍵人物茅盾，聯通了我和王德威。王德威說是我的《茅盾傳》和與秦德君的對話錄向學界提供了新的材料，讓他重新對茅盾產生了進一步研究的興趣和可能，所以當我的《吳宓傳》二〇〇〇年印行臺灣版時，他欣然做序。

劉再復是我讀研究生時號稱（現代文學研究）隊伍三千人的「禁軍教頭」。他去國前的著作，我大都讀過。現代文學研究隊伍是政治－意識形態的一支內在力量，類似文學禁軍。慈眉善目的劉再復當年的地位似八十萬「禁軍教頭」，豹子頭林沖。他也是被逼上梁山的。劉再復雖在皇家統領過禁軍，但他是一位本色而又保持著童心的值得敬重的學者，沒有被「黑染缸」污染，如今仍是。二〇〇六年年初他回大陸講學，從報導上看，他仍是那樣富有激情和童心。

二〇〇〇－二〇〇一年在劉再復與夏志清兩位重量級學者之間發生了關於對魯迅、丁玲、張愛玲、趙樹理評價的爭論。作為農民的兒子，

公司二〇〇一年版。

劉再復是以巨大的道德熱情在為趙樹理說話，《現代文學諸子論》一書中收錄有他的長文。國共兩黨的政治鬥爭對文學研究的直接影響力，至今仍是無法抗拒或回避的。學者不分大小，必須要面對這一歷史和現實。政治這個「檮杌」真是厲害！我們這裏可以有不去理它的自由。

劉再復研究中國現代文學的文章，我在大陸零星讀到些，一九九四年結集的《放逐諸神——文論提綱和文學史重評》，是我在海外執教時才有機會讀到的。從中國現代小說的政治式寫作和廣義革命文學的理性批判，到對大陸一九四九年以後詩文中「新台閣體」和丁玲、周立波小說的革命暴力敘事的批評，進而提出「告別革命」和「放逐諸神」。由對二十世紀下半葉中國文學中謳歌文學和挽歌文學兩大現象的反思，他進入了能夠「直面自身和直面信念」[3]的理性的自由境界。

劉再復和馬悅然是高行健的中外知音，是最早發現高行健的文學價值並一直關注他的學人。劉再復有《論高行健狀態》、《高行健論》等專著，他是「到處逢人說項斯」。《現代文學諸子論》中收錄有〈論高行健狀態〉之後寫的四篇關於高行健的文章，頗見功力，也頗具獨到的見識。從劉劍梅的〈引論〉中得知，高行健把諾貝爾文學獎獎章的副章贈送給了劉再復，並伴有一幅「得一知己足矣」的中國文人特有的字墨之禮。真是情深深，意濃濃。天下誰人不識君，唯獨我們鎖國門。大方本無隅，為何獨見大國無大氣。

劉再復在隨後的文章中坦言他從高行健的各種文本和直接的交流中感受到的共悟共鳴的大快樂。他說：「行健與我是同齡人，又在同一塊土地上生長出來並共同穿越過一個時代的大苦難；同在太上老君的煉丹爐裏歷經了漫長的內心煉獄，再閱讀煉獄夥伴用文字呈現的內心世界，感到特別親切又特別能夠理解，那些在別人眼裏的晦澀處，對於我卻是明亮的。所有包裹著硬殼的堅果，於我都不是苦果。」[4]

3 劉再復：《放逐諸神——文論提綱和文學史重評》第四四九頁，天地圖書有限公司一九九四年版。

4 劉再復：《高行健論》第七頁，聯經出版事業股份有限公司二〇〇四年版。

劉再復認同高行健對禪宗的體悟：活生生的佛就在自己的心中。「自由不在身外而在身內，一切都取決於自己的心靈狀態」[5]。高行健追求並得到了「大自在和大自由」[6]。針對高行健的創作，劉再復提出了「文學狀態」、「內心煉獄」、「內在主體際性」、「普世性寫作」、「黑色鬧劇」等多個原創性關鍵字。他認為「文學狀態是一種非功利，非功名的狀態；是一種從政治權力和市場權力逃離出來的高度自由的表達狀態；也是一種在生命深處保持本真本然的人性狀態」[7]。因此，劉再復認為高行健是「一個最具有文學狀態和最具有徹底的文學立場的中國作家」[8]。他還用這樣一段話揭示高行健的世界觀和創作觀：

> 確定「自救」先於救世，並確認自救最重要的是從自我的牢籠中與自我的地獄中「逃亡」出來，又確認這種救贖方式是作家贏得精神自由的最切實的途徑，這是高行健最基本的世界觀與人生觀，也是他的創作觀。[9]

高行健的原話是：

> 救國救民如果不先救人，最終不淪為謊言，至少也是空話。要緊的還是救自己。一個偌大的民族與國家，人尚不能自救，又如何救的了民族與國家？所以，更為切實的不如自救。
>
> 文學便是人精神上自救的一種方式。不僅對強權政治，也是對現存生活模式的一種超越。[10]

---

[5] 劉再復：《現代文學諸子論》第六十八頁。
[6] 劉再復：《現代文學諸子論》第六十八頁。
[7] 劉再復：《現代文學諸子論》第七十一－七十二頁。
[8] 劉再復：《現代文學諸子論》第七十一頁。
[9] 劉再復：《現代文學諸子論》第一〇九頁。
[10] 高行健：《巴黎隨筆》，《沒有主義》第二十頁。

作為戲劇家的高行健，在奧尼爾所歸結的「人與上帝」、「人與自然」、「人與社會」、「人與他人」四種現代戲劇傳統之外，又創造了「自我與自我」(「真我與假我」) 的第五種主題關係，並形象地將其展示為「自我乃是自我的地獄」。這是對薩特「他人是自我的地獄」的更高一個存在層面的發展[11]。同時也是得自禪宗的啟示。

在具有自由和革命狂熱傳統的法國，卻有思想家巴斯卡所謂「人是會思想的蘆葦」的警世之言，因為他同時指出人在大自然和社會大潮流面前的脆弱。二十世紀的的藝術家在尼采宣佈「上帝死了」之後，大都有「超人」的瘋狂，即「革命的狂熱」。高行健給「革命狂」的藝術家開出的藥方，就是「回到脆弱的個人」[12]。他認為「藝術家其實同常人一樣脆弱，承擔不了拯救人類的偉大使命，也不可能救世」[13]。人之所以偉大，是因為他思想。同時說人脆弱，是他們相對於大自然和社會大潮流，如同蘆葦。會思想的人就像風中的蘆葦，最需要的恰恰是靈魂的自救和自審。因此，劉再復說：

> 高行健在中國禪宗文化支援下的「自救」意識與「自救」文字，給人類精神文化提供了別一境界，也給靈魂對話創造了一種新的形式[14]

高行健的思想與文學理念既是現代的，也是傳統的，更是傳統在獨異的個體的藝術創造中的現代轉化。他能夠以文學的獨創性將中文寫作和中國文學帶向世界，首先得益於他一九五〇－一九六〇年代可以通過法語瞭解西方文學，那個專制封閉的時代，沒有封閉住他的思想和文學閱讀。

---

11 劉再復：《現代文學諸子論》第一〇三頁。
12 劉再復：《現代文學諸子論》第一二〇頁。
13 劉再復：《現代文學諸子論》第一二一頁。
14 劉再復：《現代文學諸子論》第一三一頁。

我和高行健在大陸的多位家人都很熟悉，對他的大陸經歷和教育背景有專門的研究。

我和劉再復一樣喜愛高行健的作品。我曾為碩士研究生開過一學期的「高行健研究」學位課程。二〇〇六年在韓國外國語大學中文系，我和李永求教授聯合指導一位臺灣的留學生研究高行健的小說（碩士論文）。二〇〇七年我的一位博士生以《論高行健文學的獨創性》獲得博士學位（大陸首位）。

《現代文學諸子論》中收錄有〈魯迅與胡適比較——和李澤厚的對話〉。他們由李慎之給舒蕪的信作為對話的引子。李慎之的言論也曾引起大陸魯迅研究者的不滿，但「不滿者」的言論也都是因為自己是魯迅研究者而能接近魯迅，夠不著胡適。李澤厚、劉再復分別是一九八〇年代中國學術界哲學、文學研究的領軍人物，我輩學子當年是沒有機會「一識韓荊州」。一九九九年六月，在臺北訪學時才得以與李澤厚相識。與劉再復至今未曾見過面。劉再復是以魯迅研究出道的，李澤厚一九八〇年代也寫過論魯迅的文章。也許是專業關注不同的緣故，他們對胡適說的話，有不得要領之處。

前引高行健的「自救」之說，實際上胡適早在一九一八年所寫的〈易卜生主義〉一文中，就借易卜生之說，提出了「救出自己」的主張。胡適說易卜生主義就是健全的個人主義，並強調「世上最強有力的人就是那個最孤立的人」。胡適說：

> 社會是個人組成的，多救出一個人便是多備下一個再造新社會的分子。[15]
>
> 發展個人的個性，須要有兩個條件。第一，須使個人有自由意志。第二，須使個人擔干係，負責任。[16]

---

[15] 胡適：《胡適全集》第一卷第六一三頁。
[16] 胡適：《胡適全集》第一卷第六一四頁。

胡適一九三〇年在〈介紹我自己的思想〉一文裏發出有更強烈的聲音：

> 歐洲有了十八、九世紀的個人主義，造出了無數愛自由過於麵包，愛真理過於生命的特立獨行之士，方才有今日的文明世界。
>
> 現在有人對你們說：「犧牲你們個人的自由，去求國家的自由！」我對你們說：「爭你們個人的自由，便是為國家爭自由！爭你們自己的人格，便是為國家爭人格！自由平等的國家不是一群奴才建造得起來的！」[17]

這就是胡適思想的力量。

不說這些沉重的話題，來看《現代文學諸子論》中〈金庸小說在二十世紀中國文學史上的地位〉。大陸學者范伯群提出過中國現代文學發展史上雅與俗的「兩個翅膀論」。劉再復在文中提出了二十世紀中國文學中來自西洋文學影響下形成的「新文學傳統」，和繼承、改造舊文學的「本土文學傳統」。金庸是繼承和發揚「本土文學傳統」的傑出代表。劉劍梅在〈引論〉中還寫到他父親在另一篇文章中說，金庸在一個「典型」（韋小寶）和兩大「人物系列」（男性英雄與超凡女性）之外，還「貢獻了一種只屬於金庸名字的沒有歐化痕跡和意識形態痕跡的白話文體，在現代書寫中保持和發展漢語的韻味和魅力」。劉家父女都是金庸的讀者和研究者，自然也是營造「金學」的主力。

二、兩代人的文體記憶

我是一九六二年初出生的人，那是一個真正的饑餓的歲月。祖母實際上是被餓死的。父親是軍人，在北京某軍事研究所幹份閒差，母

[17] 胡適：《胡適全集》第四卷第六六三頁。

親在鄉下生了我。我的「童子功」不是子曰詩云，更不可能是「貓寧」(早上好)、「三開友」(謝謝)。我是讀毛主席（後來也不說毛澤東，只會說毛主席）的書，說的毛主席的話長大的。我在那個特殊的時代，是背他老人家的語錄和選集，背樣板戲唱詞。我常常嚮往的是原本沒有的「過目不忘」、「過耳不忘」的記憶「神童」。上中小學時，一到寫作文的時候，老是耳邊響起毛主席的教導。高中沒畢業，就去學醫了。考大學前，數理化全荒廢了，我硬是拿出背毛主席〈論十大關係〉的勁頭，把一個綠色小本的成語詞典背了下來，並在惡補的狀態下，迅速拿下〈長恨歌〉、〈琵琶行〉等詩文。老師讓我們中學生背「十大關係」，現在想來真是沒用，可我當時逞記憶力強的一時之能，硬是背下來。那些東西沒有用了，有用的是那小本成語詞典（後來見到該書的編者之一魯國堯先生，我說你的書我中學時能背下來)。後來從事文學研究，我說自己少年時代，記憶力特好，卻沒有背子曰詩云，記了許多現在沒有用的東西，不敢去幹古典文學的活兒，只能讀研現代文學了。這都是實話。沒想到的是，我背的毛主席著作和上大學讀的如周揚，還有俄國別、車、杜等人的「經典」文論（自己要學著寫評論文章，曾反復閱讀、琢磨他們如何寫，從摹仿開始，特別要學習他們的表達方式)，卻讓我在異國他鄉讀劉再復的文章時「耳邊響起」。我如今得來的是曾經付出的功夫，真是功不唐捐！

我這幾天讀劉再復的文章，只要是讀到他的宏觀論述或高度概括的段落，就「耳邊響起毛主席的教導」。仔細一看，原來劉再復寫作時一定也是「耳邊響起」。那種特殊年代的特殊影響所留給劉再復的寫作印跡，即便是去國十多年仍無法擺脫。看來毛文的力量真是大。這是我的父輩和我這一代人的「文體記憶」，誰都無法擺脫。劉再復文章如今仍有「毛體」的絕對文風——主要是文辭上的，而非內容。我不知劉再復自己是否能感覺得到。毛的影響無處不在，就像你在中國必須使用人民幣一樣，大頭像就伴隨你的日常生活。

劉再復自己決非等閒之輩，他是靠一支筆幹上文學的「禁軍教頭」，飛越「白虎堂」後，手持一支筆，單騎走天涯。一九八〇年代，剛過不惑之年的劉再復就得到胡喬木、周揚的賞識，幹上社科院的文學所所長，那在當時絕對是「禁軍教頭」，豹子頭林沖的位置。自然也惹得不少老先生們，如姚雪垠、陳湧等人的發酸。

一九八八年十一月，我隨我的博士研究生導師葉子銘老師到廈門參加關於茅盾的討論會，並到葉老師的泉州老家走了一趟。因會上林興宅來看望葉老師，我把同行關於福建出理論家和現代文學專家的議論，說給他聽（二〇〇二年十月我又對陳曉明說了）。我說的話使葉子銘老師不好正面回答，他只輕聲對我說：「周揚很賞識劉再復。」回到南京後，我與葉老師和師母，又談起這個話題。葉老師說當年他隨葉以群編《文學基本原理》，還當面接受過周揚的指示。師母插話說：「那你怎麼不和衛威說說你在上海那陣子，還常和姚文元見面的事？」

「那時，姚文元和我都很年輕。他還是在從宣傳幹事到文藝處長的過程，和後來的事不相干。不過，我倆當時就有點不大同道。儘管都研究現代作家，我是肯定茅盾，他是批判巴金。我與上海文藝界很熟，文革開始，他發跡我落難後，上海的朋友傳說我自殺了。徐景賢對人說，看看葉子銘這樣的白專典型有什麼好？」

「要是和他們好上了，那就沒有我們今天的事了。」師母說完笑了。

葉老師接著對我說，周揚人很厲害，文藝界的人都怕他。不過現在他是真的失語了。

周揚何人？那可是毛澤東文藝思想的代言人，周揚曾權傾一時，他的話對文藝界來說，決定每個人的生殺，有「文藝沙皇」之稱。

毛澤東是新文化運動養育的，在國共合作時曾任宣傳部代部長，在沒有秘書寫文章之前就練就了一手好的白話文。他的文章大氣磅礴，善於用排句，有話語的絕對霸氣。連胡適也認為他的弟子門生和旁聽生中，毛澤東的詩雖有用錯韻腳而白話文寫的最好。

一九四〇年一月，毛澤東在延安發表了著名的〈新民主主義論〉，其中對魯迅作出了最高的評價：

> 魯迅是中國文化革命的主將，他不但是偉大的文學家，而且是偉大的思想家和偉大的革命家。魯迅的骨頭是最硬的，他沒有絲毫的奴顏和媚骨，這是殖民地半殖民地人民最可寶貴的性格。魯迅是在文化戰線上，代表全民族的大多數，向著敵人衝鋒陷陣的最正確、最勇敢、最堅決、最忠實、最熱忱的空前的民族英雄。魯迅的方向，就是中華民族新文化的方向。[18]

看一下劉再復寫於二〇〇三年九月的〈巴金的意義〉，其中引述他自己一九八六年在「新時期文學十年」大型學術會議上的主題發言。其中有他對巴金的評價：

> 可以說，他晚年創作的這些現代散文，是五四以來繼魯迅的雜文之後我國最傑出的現代散文，是我國現代散文史出現的又一座高峰。這些散文是時代的產物，是中華民族在十年浩劫中的眼淚所凝聚的晶品，是中國知識份子付出巨大代價而獲得的文化報償。在巴金的散文中，有一顆從煉獄中昇華了的最清醒、最純潔、最美麗的靈魂。[19]

活脫脫的一個「毛體」。他是用毛澤東評價魯迅的文體方式來評價巴金的。毛澤東連用七個「是」，五個「最」。劉再復連用五個「是」，四個「最」。因為巴金的地位不可以比魯迅高。也都將魯迅、巴金的名字與「中華民族」緊緊地聯在一起。

---

[18] 毛澤東：〈新民主主義論〉，《毛澤東選集》第二卷第六九八頁，人民出版社一九九一年版。

[19] 劉再復：《現代文學諸子論》第四十八頁。

毛澤東於一九三八年十月發表的〈中國共產黨在民族戰爭中的地位〉一文，其中有這樣一段話：

> 使馬克思主義在中國具體化，使之在其每一表現中帶著必須有的中國的特性，即是說，按照中國的特點去應用它，成全黨亟待瞭解並亟須解決的問題。洋八股必須廢止，空洞抽象的調頭必須少唱，教條主義必須休息，而代之以新鮮活潑的，為中國老百姓所喜聞樂見的中國作風和中國氣派。[20]

後來周揚等人用「為中國老百姓所喜聞樂見的中國作風和中國氣派」的話作為標準來評價為農民寫作的趙樹理。劉再復在一九九八年化用這句話來評價通俗文學作家金庸：

> 他真正繼承並光大了文學巨變時代的本土文學傳統；在一個僵硬的意識形態教條無孔不入的時代保持了文學的自由精神；在民族語文被歐化傾向嚴重侵蝕的情形下創造了不失時代韻味又深具中國風格和氣派的白話文；從而將源遠流長的武俠小說傳統帶進了一個全新的境界。[21]

毛澤東用「教條主義」，劉再復用「意識形態教條」；毛澤東用「洋八股」，劉再復用「歐化」；毛澤東用「中國作風和中國氣派」，劉再復用「中國風格和氣派」。

這是什麼時候？是一九九八年。

周揚的文章也深深地影響著劉再復。一個敢為趙樹理講公道話的人，一定熟悉當年周揚對趙樹理的高度評價。當高行健得諾貝爾文學

---

20 毛澤東：《毛澤東選集》第二卷第五七四頁。

21 劉再復：《現代文學諸子論》第一三四頁。

獎時，劉再復用當年周揚評價趙樹理的說話方式來評價高行健。先看周揚之說。

周揚在一九四六年發表〈論趙樹理的創作〉的中說：「趙樹理，他是一個新人，但是一個在創作、思想、生活各方面都有準備的作者，一位在成名之前已經相當成熟了的作家，一位具有新穎獨創的大眾風格的人民藝術家。」[22]《李有才板話》「是一篇非常真實地，非常生動地描寫農民鬥爭的作品，簡直可以說是一個傑作」[23]。他的作品「決不是普通的通俗故事，而是真正的藝術品，它們把藝術性和大眾性相當高度地結合起來了」[24]。「他竭力使自己的作品寫得為大眾所懂得。他不滿意於新文藝和群眾脫離的狀態。他在創作上有自己的路線和主張。同時他對於群眾的生活是熟悉的。因此他的成功並不是偶然的。這正是他實踐了毛澤東同志的文藝方向的結果。……『文藝座談會』以後，藝術各部門都得到了重要的收穫，開創了新的局面，趙樹理同志的作品是文學創作上的一個重要收穫，是毛澤東文藝思想在創作上實踐的一個勝利。我歡迎這個勝利，擁護這個勝利！」[25]

劉再復說：

> 高行健得獎之後，我講兩個最重要的觀點：其一，這是我們母親語言（漢語）的勝利；其二，這是瑞典學院評獎史上的一個傑作。因為它獎給了一個最具有文學狀態和最具有徹底的文學立場的中國作家。[26]

看周揚－劉再復兩人用的四個關鍵字：人民藝術家－中國作家，傑作－傑作，狀態－狀態，勝利－勝利。

---

[22] 周揚：《周揚文集》第一卷第四八六－四八七頁，人民文學出版社一九八四年版。
[23] 周揚：《周揚文集》第一卷第四八七頁。
[24] 周揚：《周揚文集》第一卷第四九八頁。
[25] 周揚：《周揚文集》第一卷第四九八頁。
[26] 劉再復：《現代文學諸子論》第七十一頁。

實際上他所說的兩個觀點的原文出自刊載《明報》二〇〇〇年第十一號的〈新世紀瑞典文學院的第一篇傑作〉：

> 高行健的作品是傑作。瑞典文學院作出選擇，把諾貝爾文學獎授予高行健，這一行為本身，也是一個傑作，而且是新世紀新千禧年的第一篇傑作。這是因為，瑞典文學院在今天利欲橫流的世界裏，它通過自己的選擇，旗幟鮮明地支持自由寫作、自由表達的權利，表彰了最有文學立場、最具文學信念的作家，有力地肯定了人性的尊嚴與文學的尊嚴。[27]
>
> 我對高行健一直評價很高，認為他是一個全方位取得卓越成就的作家與藝術家。
>
> ……
>
> 他的作品浸滿中國的禪味和母語的韻味。因此，他的成功，是我們母語語言的一次勝利。[28]

上引這三段，從用詞、語氣，特別是文脈文氣上感覺，更是活脫的「周體」，是〈論趙樹理的創作〉的一個典型的文體翻版。這時，我又想起了一九八八年十一月我老師葉子銘先生對我說的「周揚很賞識劉再復」。所謂「賞識」一定是雙方，「一頭熱」成不了事。因此，由後來劉再復文章中透出的周揚文體的影響力斷定，劉再復是熟悉和充分吸收過周揚文章的。劉再復在《周揚的傷感》一文中說他自己在海外「想起周揚時，心倒會熱起來」。因為他曾多次「代周揚立言」。他說：「八十年代即周揚的晚年時期，在五十歲上下的新一代人中，我應當是與他的思想聯繫較多的一個人。我為他起草過〈學習魯迅的懷疑精神〉、紀念魯迅誕辰一百周年的報告、紀念左聯成立五十周年的報告

27 劉再復：《高行健論》第二〇一頁。
28 劉再復：《高行健論》第二〇四頁。

等。最後一次是第五次全國文代會的報告。」[29]本文中，我也曾談到劉再復對趙樹理的肯定。而當時對趙樹理做了最充分肯定就是周揚。劉再復在自己研究趙樹理的文章中也回應和引用了周揚〈論趙樹理的創作〉。研究時參考引用的多是觀點和方法，而自己寫作時學習、模擬的則是文體。「學習、模擬」有時是不自覺的，是一種文體的記憶的反芻，不由自主的。我自己寫文章時也時常會有這種現象，當時寫作並沒有感到，也沒有去臨時類比，靠語言的自然表達。當文章寫好後，卻發現一些句子，特別是文氣和用詞有從他人他文學來的痕跡。

「文革」時，時常看大字報，聽大辯論。大家所學所用的都是毛澤東的文章，語氣、文體的學習、引用和模擬是一種正常現象。這種記憶是兩代人的集體記憶，只不過大多數人沒有反芻的機會，劉再復和我等少數個人有這種機會罷了。

二〇〇〇年十月十六日，劉再復在香港《明報》世紀副刊發表的〈最有活力的靈魂〉中說高行健是中國作家中最有活力的靈魂，是堅忍不拔的毅力支撐其自由創造的天才活力。劉再復在〈最有活力的靈魂〉一文中，借用我所熟悉的毛澤東〈紀念白求恩〉（一九三九年十二月二十一日）中話語方式，表達了對高行健的敬重（我把這種表達簡稱為「五個人」）。毛澤東說：

> 現在大家紀念他，可見他的精神感人之深。我們大家要學習他毫無自私自利之心的精神。從這點出發，就可以變為大有利於人民的人。一個人能力有大小，但只要有這點精神，就是一個高尚的人，一個純粹的人，一個有道德的人，一個脫離了低級趣味的人，一個有益於人民的人。[30]

劉再復的表達是：

---

[29] 劉再復：《西尋故鄉》第二一三頁，天地圖書有限公司（香港）一九九七年版。
[30] 毛澤東：《紀念白求恩》，《毛澤東選集》第二卷第六六〇頁。

> 如果認真地讀完他的全部作品，就會感到這些作品的作者，是一個真正自由的人，一個渾身燃燒著熱血但筆端極為冷靜的人，一個高舉個性旗幟卻拒絕尼采式個人主義的人，一個勇於質疑社會卻更勇於質疑自我的人，一個不斷創新卻又最守漢語法度的人。[31]

所以，我發現劉再復的文章中有兩個語言表達系統同時存在。一個是「毛體」(以至於可以說「周體」)對他宏觀結論性（定性、定位）的表達方式的直接影響，一個是他自由自在的個體言說。二者並不矛盾，有時結合得很好。他能如此消解兩個語言表達系統的內在張力，也真是件不易的事。

他論現代文學諸子，涉及魯迅、巴金、張愛玲、趙樹理、高行健、金庸、李劼。其中對巴金、金庸、高行健的結論性評價是借用「毛體」、「周體」作為表達句式。

當然，毛體的這種聯排句式，也有國外的文學大家應用過，不可能是來自毛體的影響。前「蘇聯」的流亡作家約瑟夫・布羅斯基一九八七年在諾貝爾文學獎領獎時的演講〈美學乃倫理之母〉中，曾把自己說成是「一個相當保持私人性的人，一個終生偏愛私人狀態而不願擔當任何社會重要角色的人，一個在這種偏愛方面走得相當遠——至少遠到離開祖國飛人，一個寧做民主制度下一事無成的徹底失敗者也不在暴政下或當烈士或當人上之人的人」[32]。這是一個曾為舉世矚目過的演講。

慈眉善目的劉再復，有著綿羊般的溫順和善良，但他文學事業卻是在吃著的老虎的乳汁中開始的。那文章中散發出的王者之氣，是來自老虎的乳汁，並成為揮之不去的習性，不自覺地籠罩在他的文風上。

---

[31] 劉再復：《論高行健狀態》第三十三頁，明報出版社有限公司、明報月刊（香港）二〇〇〇年版。

[32] 萬之：《諾貝爾文學獎傳奇》第三十頁，上海人民出版社二〇一〇年版。

讀他的文章，我有時總感到文中有兩個劉再復在說話，甚至覺得是兩個不同的人寫的東西。

該結束了。

重複魯迅《狂人日記》和《希望》中兩句話：

「我也吃過人。」

「這之前，我的心也曾充滿過血腥的歌聲：血與鐵，火焰和毒，恢復和報仇。」

連我這樣的小輩後生的耳邊還是經常響起一些兒時得到的「教導」，況劉再復乎！

我想到劉再復、林崗合著《罪與文學——關於文學懺悔意識與靈魂維度的考察》中關於高行健《逃亡》的一段：「自我的地獄才是最後最難衝破的地獄，不管你走到哪個天涯海角，這一地獄總是跟著你。用戲中之語言來說：你可以逃出政治極權的陰影，但是很難逃出自我的陰影。」[33]

從讀他人的文章，到學習他人寫文章的方法寫文章，我自己就有著揮之不去的「影響的焦慮」。

那個特殊的年代，只許至高無上的那個被我們歡呼為「萬歲」和「萬壽無疆」的「太上老君」有專制思想。讀大學時，我學得的「魯迅研究」是毛澤東〈新民主主義論〉的定論加瞿秋白〈《魯迅雜感選集》序言〉的分期。大學三年級時讀完《魯迅全集》和相關的研究資料，並開始讀劉再復文章。我希望自己能和劉再復一樣去熟悉魯迅、接近魯迅，但我卻沒有劉再復那樣的文學感覺和時代感，於是，我在一九八五年秋，在第二個「右派」老師任訪秋（自稱胡適的門生。胡適是任訪秋一九三六年北京大學中國文學研究所研究生畢業論文的答辯主席，另四位委員是周作人、陳寅恪、俞平伯、羅常培）的指導下與結緣胡適。

---

[33] 劉再復、林崗：《罪與文學——關於文學懺悔意識與靈魂維度的考察》第四一四頁，牛津大學出版社（香港）二〇〇二年版。

道信向三祖僧璨乞求解脫法門。

僧璨問：誰縛了你？

道信答：無人縛。

僧璨反問：何必要求解脫呢？（《五燈會元》卷一）

從南嶽天柱山歸來，我腦海裏長時間回蕩著三祖僧璨的自我解縛之說。

話說遠了，停。

當二〇〇七年二月我在吉隆玻讀到劉劍梅的文集《狂歡的女神》時，頗有一種滄桑之感，她會帶我們走出她父親的沉重的憂患和那些無法擺脫的政治陰影，感受到了新的人生風景。

史地傳記類　PC0151

大河之旁必有大城
——現代思潮與人物

作　　者 / 沈衛威
主　　編 / 蔡登山
責任編輯 / 邵亢虎
圖文排版 / 姚宜婷
封面設計 / 陳佩蓉

發 行 人 / 宋政坤
法律顧問 / 毛國樑　律師
印製出版 / 秀威資訊科技股份有限公司
114 台北市內湖區瑞光路 76 巷 65 號 1 樓
電話：+886-2-2796-3638　傳真：+886-2-2796-1377
http://www.showwe.com.tw
劃撥帳號 / 19563868　戶名：秀威資訊科技股份有限公司
讀者服務信箱：service@showwe.com.tw
展售門市 / 國家書店（松江門市）
104 台北市中山區松江路 209 號 1 樓
電話：+886-2-2518-0207　傳真：+886-2-2518-0778
網路訂購 / 秀威網路書店：http://www.bodbooks.com.tw
國家網路書店：http://www.govbooks.com.tw
圖書經銷 / 紅螞蟻圖書有限公司
114 台北市內湖區舊宗路二段 121 巷 28、32 號 4 樓
電話：+886-2-2795-3656　傳真：+886-2-2795-4100

2011 年 5 月 BOD 一版
定價：350 元

國家圖書館出版品預行編目

大河之旁必有大城：現代思潮與人物 /
沈衛威著. -- 一版.-- 臺北市：秀威資
訊科技, 2011.05
面； 公分. --(史地傳記；PC0151)
BOD 版
ISBN 978-986-221-723-8(平裝)

1.學術思想 2.知識分子 3.現代史 4.中國

112.8 100003614

讀者回函卡

感謝您購買本書，為提升服務品質，請填妥以下資料，將讀者回函卡直接寄回或傳真本公司，收到您的寶貴意見後，我們會收藏記錄及檢討，謝謝！如您需要了解本公司最新出版書目、購書優惠或企劃活動，歡迎您上網查詢或下載相關資料：http:// www.showwe.com.tw

您購買的書名：________________________________

出生日期：________年________月________日

學歷：□高中（含）以下　□大專　□研究所（含）以上

職業：□製造業　□金融業　□資訊業　□軍警　□傳播業　□自由業

□服務業　□公務員　□教職　□學生　□家管　□其它_____

購書地點：□網路書店　□實體書店　□書展　□郵購　□贈閱　□其他

您從何得知本書的消息？

□網路書店　□實體書店　□網路搜尋　□電子報　□書訊　□雜誌

□傳播媒體　□親友推薦　□網站推薦　□部落格　□其他__________

您對本書的評價：（請填代號　1.非常滿意　2.滿意　3.尚可　4.再改進）

封面設計____　版面編排____　內容____　文／譯筆____　價格____

讀完書後您覺得：

□很有收穫　□有收穫　□收穫不多　□沒收穫

對我們的建議：________________________________

____

____

____

請貼
郵票

11466
台北市內湖區瑞光路 76 巷 65 號 1 樓
秀威資訊科技股份有限公司 收
BOD 數位出版事業部

（請沿線對折寄回，謝謝！）

姓　　名：＿＿＿＿＿＿＿＿　年齡：＿＿＿＿　性別：□女　□男

郵遞區號：□□□□□

地　　址：＿＿＿＿＿＿＿＿＿＿＿＿＿＿＿＿

聯絡電話：(日)＿＿＿＿＿＿＿＿ (夜)＿＿＿＿＿＿＿＿

E-mail：＿＿＿＿＿＿＿＿＿＿＿＿＿＿＿＿